현업 기획자 도그냥이 알려주는

서비스 기획 스쿨

현업 기획자 도그냥이 알려주는
서비스 기획 스쿨

초판 1쇄 발행 2020년 6월 10일
초판 8쇄 발행 2024년 7월 10일

지은이 이미준

기획편집 도은주, 류정화
마케팅 이수정

펴낸이 윤주용
펴낸곳 초록비책공방

출판등록 2013년 4월 25일 제2013-000130
주소 서울시 마포구 동교로23길 53 지남빌딩 308호
전화 0505-566-5522 팩스 02-6008-1777

메일 greenrainbooks@naver.com
인스타 @greenrainbooks @greenrain_1318
블로그 http://blog.naver.com/greenrainbooks

ISBN 979-11-86358-78-8 (03000)

어려운 것은 쉽게 쉬운 것은 깊게 깊은 것은 유쾌하게

초록비책공방은 여러분의 소중한 의견을 기다리고 있습니다.
원고 투고, 오탈자 제보, 제휴 제안은 greenrainbooks@naver.com으로 보내주세요.

현업 기획자 도그냥이 알려주는
서비스 기획 스쿨

사수 없이 시작하는
웹/앱 프로덕트 실전 입문서

이미준 지음

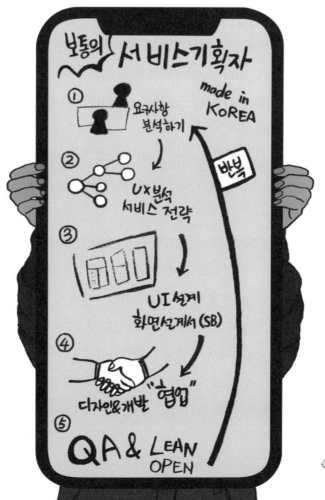

지금 우리는 디지털 프로덕트에 둘러싸여 살고 있다고 해도 과언이 아닌 시대를 살고 있다. 그리고 이와 관련한 여러 도서들이 프로덕트(제품)를 만드는 모두에게 이로운 자극을 주고 있다.

이 책은 제품의 성공담이나 멋진 환상을 말하고 있지는 않다. 오히려 서비스 기획자로서 혹은 그 길을 가려는 이들이라면 누구나 가질 법한 염려를 마주하는 것에서부터 시작하여 제품 개발 프로세스의 순서에 맞게, 기획자라면 마주하게 될 현실을 풀어내고 있다. 그렇기에 디지털 제품이 세상에 나오고 개선되는 모든 과정에서 기획하는 일을 업으로 삼으려는 이가 있다면, 그들에게 이 책은 입문서와 같은 역할을 할 것이다.

처음 이 길로 들어서려는 이들에게 '서비스 기획'은 포괄적이면서도 전문적인 역설을 지닌 직군일 수도 있다. 나는 그런 이들에게 확신을 주고 기반을 다질 수 있는 교육 콘텐츠를 만들고자 하는 사람이다. 나는 이론이나 겉핥기가 아니라 실무에 준하는 간접 경험으로 성장한 후 기업에 바로 투입될 수 있도록, "기획은 원래 깨져가면서 주먹구구식으로 배우는 거야."라는 말이 더 이상 나오지 않도록, 교육과 실무의 격차를 줄여주고 싶었다. 그래서 수많은 만남과 리서치를 거쳐 콘텐츠의 방향성과 커리큘럼 개요를 잡은 뒤 이에 적합한 강사를 찾고 있었다. 그러던 중 브런치에서 어떤 글을 발견하였다. 내가 기획한 콘텐츠의 방향성과 매우 흡사한 나머지 남의 글을 읽으며 '내가 쓴 글인가…?' 싶을 정도였다. 심장이 뛰었고 '이 분을 꼭 만나야겠다!' 싶었다.

그렇게 이 책의 저자 이미준님을 만났다. 퇴근 후 찾아 뵌 그 자리에서 꽤 오랜 시간 생각을 공유하고 조언을 구했다. 나에게는 서비스 기획에 대해 그간 쌓여왔던 갈증이 해갈되는 잊지 못할 시간이었다. 참 감사한 것은 저자 또한 수차례 신입교육을 하면서 이런 교육 콘텐츠의 탄생에 갈급함이 있었다는 것이다. 그 만남이 새로운 장을 여는 계기로 다가왔다. 그렇게 논의를 거쳐 패스트캠퍼스 강사로 모시게 되었고 교육 콘텐츠가 세상에 나오게 되었다.

어떤 제품이든 제품을 출시하면 운영 및 개선 기획을 하듯 '서비스 기획 스쿨' 1기를 운영하면서는 모든 수업을 수강하고 강사님과 함께 매 회차마다 수강생들의 필요와 습득력, 콘텐츠에 대한 자체 피드백을 거쳤다. 강의가 끝난 뒤 지하철역 근처에서 콘텐츠 개선을 위한 논의를 하다 보면 어김없이 막차를 타고 귀가하곤 했다. 하지만 그 덕에 교육 콘텐츠도, 나도, 수강생들도 많은 성장을 이루었다. 교육을 수료한 수강생이 다수의 면접에서 "신입 맞아요? 이 직군에서 실무 경험 없는 것 맞죠?"라는 질문을 받곤 했으니까 말이다. 매체가 가진 한계가 있음에도 이 책에 담긴 내용에 확신이 서는 이유는 이 때문이다.

취업을 위한 풀타임 교육 콘텐츠부터 온라인 교육 콘텐츠에 이르기까지 이제껏 다양한 시도가 있었다. 그리고 지금, 책이라는 새로운 형태의 시도가 이루어지고 있다. 이 시도가 제대로 성공할지는 잘 모르겠다. 하지만 한 가지, 모든 기획자가 그렇듯 이 책의 저자인 이미준 님도 추천사를 쓰고 있는 나도 다양한 형태로 도전을 꾸준히 해나갈 것이며, 그 걸음걸음이 성공으로 나아가는 발자욱이 되리라 확신한다.

패스트캠퍼스 시니어 프로덕트 매니저
조찬일

서비스 기획 스쿨 수강생 후기

수업을 듣고 좋았던 점은 IT 부서와 협업하는 나침반을 얻었다는 점이다. IT 프로젝트에서 기획자는 어떤 역할을 하는지, 개발자는 어떤 점을 고려하고, 디자이너는 무엇을 생각하며, 그 사이에 기획자는 어떻게 프로젝트를 이끌어가야 하는지에 대해 이해를 했다고 할까? 이런 감각은 코딩 지식처럼 배운다고 쌓을 수 있는 것이 아니어서 실제 회사의 업무를 실습하고 피드백을 받아야 깨우칠 수 있었다. 나는 IT 부서가 아닌 일반 제조업의 사업기획 담당자일 때 수업을 들었는데, 홈페이지나 회사 시스템 개선과 같은 IT 부서와 관련한 프로젝트를 진행할 때 큰 도움이 되었다. 상품기획이나 전사직원교육과 같은 IT 기획이 아닌 업무에서도 수업에서 배운 방법론을 활용해 훨씬 효과적으로 처리할 수 있었다. 이 책을 읽는 독자들도 저자의 노하우와 경험이 생생하게 전해질 거라고 생각한다.

- 2기 김승현(퍼시스)

서비스 기획 실무자로서 매번 업무에서 생기는 답답한 고민들이 서비스 기획 스쿨 수업을 듣고 해소되었다. 디자이너와 개발자 등 팀원들의 언어를 이해하고, 하나의 목표를 향해 즐겁게 전진할 수 있는 현업 전문가의 디테일한 스킬을 배울 수 있었다. 기획자라면 알아야 할 기본부터 심화까지, 업무에 적용 가능한 제대로 된 프로세스를 알고 싶다면 저자의 놀라운 노하우를 만나보라. 마켓에 대한 이해도를 높이는 방법부터 직접 결과물을 만들기까지 서비스 기획자에게 필요한 모든 경험을 통으로 가져올 수 있다.

- 3기 이현승(걸스인텍 서울 공동지부장)

IT 회사를 다니고 있던 나는 UX 교육을 받으라는 미션을 받아 자의반 타의반 수업을 듣게 되었다. 수업에 들어가기 전에 주어졌던 사전 과제는 "회사가 나를 여러 방법으로 괴롭히는구나."라는 느낌까지 들게 했다. 심지어 동기들과 나이 차이도 많이 나서 첫 수업은 내내 어색하기만 했다. 하지만 과정이 끝나고 지금 드는 생각은 "가길 잘했다."이다. 비록 젊은 동기들에 비해 연식이 오래되어 따라가기 힘들었지만 이제는 회사에 있는 디자이너와 기획자를 이해할 수 있기 때문이다. 당시의 각오와는 다르게 UX 기획자로 살고 있진 않지만 사내교육만큼은 지금도 현장 위주의 프로세스를 적용하고 있다. 우리 회사 마케터, UI/UX 담당자와 원활한 업무 협의가 이루어질 수 있는 것도 서비스 기획 스쿨 덕분이었다고 생각한다. 실무자가 전하는 교육은 대단히 효과적이며 파급력이 어마어마하다. 현장 위주의 서비스 기획 스쿨 수업이 책으로 옮겨졌다고 하니 믿음이 가지 않을 이유가 없다. 유능한 기획자가 될 수 있는 방법을 알려줄 만한 사람도 흔치 않지만, 실제 기획자의 일이 어떤 것인지 알려주는 매체도 흔치 않다. 리얼한 기획자의 삶을 알려주는 이 책은 기획자의 길을 가고자 하는 사람이라면 꼭 읽어봐야 한다고 생각한다.

- 4기, 윤명중(엔쓰리엔클라우드, AI플랫폼사업본부 이사)

서비스 기획자의 정의부터 꼼꼼하게 잡아준 덕분에 처음 직무 방향성을 잡는 데 큰 도움이 되었다. 기획자라면 고민하게 되는 부분을 미리 접할 수 있어서 좋았다. 책으로 서비스 기획 스쿨을 접하는 분들도 서비스 기획자라면 생각해볼 만한 점들을 같이 고민해볼 수 있을 것이라 생각한다. 현장에서 부딪히는 것 말고는 서비스 기획을 제대로 알 수 있는 길이 드문데, 서비스 기획 스쿨 책이 나온 것은 참 환영할 만한 일이다.

- 5기 지윤혜(서비스 기획자)

서비스 기획,
리얼하게 보여드립니다

화려한 스포트라이트, 멋진 단상, 아이돌이라도 된 듯 자신 있는 모습으로 등장하는 연사. 그의 한 손에는 며칠 후 출시될 멋진 웹/앱 서비스가 들려 있다. 애타게 기다렸다는 듯 환호하는 객석과 곳곳에서 터지는 카메라 플래시. 모든 이목이 집중하고 있는 이 연사가 바로 우리가 생각하는 서비스 기획자의 모습이다.

"이 과정을 다 배우고 나면 새로운 앱을 만들 수 있나요?"

나는 2017년부터 패스트캠퍼스에서 '서비스 기획 스쿨'의 서비스 기획 실무 과정을 가르치고 있다. 그럼에도 이 질문은 언제나 답하기 어렵기만 하다. 두 눈 가득 반짝반짝 기대감에 부푼 수강생의 눈빛을 실망시키긴 싫지만, 서비스 기획이란 번쩍이는 아이디어를 문서로 옮기면 짠하고 결과가 나오는 그런 종류의 일이 아니다. 아이디어를 정리하고 완벽한 전략 기획 문서를 만든다고 해도 그 서비스가 세상에 나오려면 더 많은 과정이 필요하다.

실제 서비스가 만들어지는 현장은 화려하지 않다. 서비스 오픈 시점이 다가오면 머리도 감지 못하고 졸린 눈을 비비며 모니터를 뚫어져라 바라보는 개발자, 계속되는 시안 수정에 단단히 화가 난 디자이너, 그리고 그 사이에서 멋쩍은 웃음과 미안함으로 눈치를 보며 수정을 부탁하는 기획자들만 보인다. 주니어 기획자들은 이런 모습을 보며 일을 배울 수밖에 없다. 요청하고, 부탁하고, 화를 내고, 사과하며 프로젝트를 진행시키는…. 이 다이나믹한 과정을 수없이 반복한 제련된 기획자들은 세상살이 다 겪은 사람처럼 강력한 멘탈을 자랑한다. 그리고 그렇게 성장한 기획자만이 제대로 된 서비스를 세상에 탁! 하고 터뜨린다.

화려한 서비스 런칭 발표 뒤에 숨겨진 엄청난 발길질이 세상에 보이지 않는 이유는 간단하다. 아이디어만 부각되는 것이 멋져 보이기 때문이다. 특히 우리나라에서는 겉으로 보이는 서비스의 성공만이 더더욱 강조되는 것 같다. 경영전략이나 마케팅에 비해 '서비스 기획'의 역사가 짧은 탓도 있지만, 책이든 온라인 매체든 실무와 동떨어진 해외의 선진 이론과 방법론을 소개하는 것에 집중되어있다. 혹은 눈에 보이는 디자인 산출물이나 개발언어만 강조되곤 한다. 그 속에서 고군분투하는 기획자의 발길질은 서비스의 성공을 포장하는 열정 스토리 정도로 소비되고 있다.

그래서일까. 나 역시 이 길에 들어섰을 때 왜 애자일 같은 방법론을 쓰지 않느냐고 묻거나 가시적으로 보이는 서비스만 기획하려고 욕심을 냈다. 물론 그런 프로젝트가 주니어인 나에게 떨어질 리 없다. 결국 작은 업무부터 부딪히고 일하며 내가 얼마나 IT 서비스의 구조나 비즈니스에 대한 이해가 부족했는지 깨달았다.

내 무지를 깨닫는 데는 채 한 달도 걸리지 않았지만, 서비스 기획이라는 일을 제대로 이해하고 스스로 업무를 정의하는 데는 꽤나 오랜 시간이 걸렸다. 이렇게 배워가며 주니어 기획자에서 시니어 기획자가 되어 십 년 차가 되었다. 하지만 지금도 여전히 일해보기 전에는 이 직무에 대해 이해하고 공부할 루트가 거의 없다. 회사마다 서비스를 이루는 조직과 상황이 다르고, 여전히 체계화시키기 어려운 부분이 많기 때문이다.

현실이 이러함에도 나는 후배들이 나보다 조금이라도 쉽게 서비스 기획을 배웠으면 했다. 그래서 평범한 서비스 기획자들의 고민과 일상을 '보통의 UX 기획자'라는 이름으로 브런치(brunch.co.kr/@windydog)에 쓰기 시작했다. 세상을 바꾼 엄청난 서비스를 만든 사람은 아니지만 대한민국 서비스 기획자의 삶을 리얼하게 보여주고 싶었다. 글은 생각보다 호응이 좋았다. 아마 내가 주니어 기획자 시절에 느꼈던 갈증을 그들도 느꼈던 것 같다.

브런치에 쓴 글이 계기가 되어 패스트캠퍼스에서 '서비스 기획 실무' 과정을 맡게 되었다. 클래스 기획자인 조찬일 매니저 님은 첫 만남에서 "실무에서 바로 일할 수 있는 기획자가 되려면 무엇이 필요한가요?"라고 물었다. 나는 기획은 기획을 해보지 않고는 배울 수가 없다고 말했다. 하나의 서비스가 나오려면 회사의 비즈니스 방향을 이해하고, 이용자를 분석하여 전략을 짜야 하며, 이를 구현하기 위해 어떤 데이터가 필요한지, 우리의 시스템은 그게 가능한지, 그리고 이것을 운영하기 위해 고객이 보지 않는 곳에서 업무자들은 어떤 일을 해야 하는지 등을 정의하고 만들어내야 한다. 이 모든 프로세스를 겪어보지 않고는 서비스 기획을 온전히 배웠다고 할 수 없다. 오랜 논의 끝에 2017년 12월 '서비스 기획 스쿨'의 강사로 참여하게 되었다. 조찬일 매니저님을 이어 김이경 매니저님과 함께 5기수 동안 250시간이 훨씬 넘게 서비스 기획 스쿨을 진행했다.

'서비스 기획 스쿨' 커리큘럼은 12주 과정으로 이루어졌다. 내가 맡은 '서비스 기획 실무' 과정은 총 17회차 수업으로 회사에 입사해서 서비스 기획 업무를 부여 받고 그 업무를 수행하는 순서 그대로 진행된다. 이 과정에서 벌어지는 협업과 문서작성은 강사인 나와 시뮬레이션하는 방식으로 꾸려진다. 마케팅 담당자 김나나 대리, 개발자 지보수 수석, 디자이너 채다홍 책임 등 가상의 협업 대상자들은 내 입을 빌어 함께 업무를 진행한다. 이 과정을 통해 수강생들은 프로젝트와 연결된 협업자들의 역할을 간접적으로나마 이해하고, 함께 일하는 방식을 배울 수 있으며, 산출물을 만들고 평가받으면서 서비스를 만들어가는 과정을 경험할 수 있다. 벌써 5기수가 졸업했고 수강생 중에는 서비스 기획자로 입사하여 업무를 시작한 분들도 제법 된다.

그 간의 과정을 통해 나 역시 이 커리큘럼이 서비스 기획 입문에 효과적이라는 확신을 어느 정도 갖게 되었다. 그래서 책을 통해 현장에 있는 것처럼 느끼게 해준다면 더 많은 주니어들이 서비스 기획에 대해 감을 잡지 않을까 싶었다. 그것이 내가 이 책을 쓴 이유다.

화려하진 않지만, 전혀 멋지지 않을 수도 있지만, 서비스 기획 업무의 실체를 '서비스 기획 스쿨' 수업에서 진행했던 순서대로 설명해보려 한다. 이 시도가 제대로 통할진 잘 모르겠다. 하지만 개개인의 성장을 직접 돕진 못하더라도 서비스 기획을 이론이 아닌 실무 관점에서 소개한다는 것만으로도 의미가 있을 듯하다. 나 또한 평범하게 일하는 '보통의 기획자'이다. 때문에 엄청난 인사이트나 결과물을 보여줄 수는 없다. 그렇지만 한국에서 서비스 기획자가 어떻게 일하는지를 알려주고 도울 수는 있다. 전체적인 흐름을 알고 일을 시작하면 시행착오는 겪더라도 다시 일어날 수 있을 것이다.

이 책의 내용은 실제 회사에서의 업무 순서와 동일하게 흘러간다. 그렇기 때문에 프로젝트 방법론이나 사용되는 툴, 관련된 기술 등을 깊게 다루지는 않는다. 키워드를 던지는 것이 목표다. 각 항목에 대한 깊은 공부는 관련 책들을 추가적으로 찾아보고 공부하기를 권한다. 이 책으로 서비스 기획이란 직무를 이해하고 싶다면 처음부터 순서대로 읽으면 좋다. 이미 서비스 기획 관련 일을 하고 있어 필요할 때마다 직무에 대한 리프레시를 하고 싶다면 해당 내용을 찾아서 읽으면 된다.

부디 이 책이 수많은 주니어 기획자에게 일을 사랑하고 꿈꾸고 배워나가는 나침반이 되었으면 좋겠다. 서비스 기획, 쿨하진 않아도 좀 괜찮은 직업이다.

서비스 기획자 도그냥, 이미준

차 례

Chapter1. 서비스 기획자는 뭐하는 사람일까

Chapter2. 서비스 기획을 위해 알아야 할 것들

Chapter3. 프로젝트 실무에 돌입하다

Chapter4. 프로젝트는 여럿이 함께

Chapter5. 서비스의 탄생

Chapter 1.
서비스 기획자는 뭐하는 사람일까

해외에는
서비스 기획자가
없다면서요?

- 서비스 기획자의 정의 -

'서비스 기획 스쿨'의 새로운 기수가 막 시작된 무렵. 클래스가 끝나고 밤 10시 반이 넘은 시간까지 수강생 C가 집에 가지 않고 나를 기다렸다. 그는 한 스타트업에서 마케팅 운영 업무를 하는 직장인이었는데, 직접 서비스를 만들 수 있는 직무로 전환하고 싶어 온 수강생이었다.

> 해외에는 서비스 기획자란 직업이 없다고 하더라고요. 나중을 생각한다면 지금이라도 UX/UI 디자인을 배우는 게 좋지 않겠냐고 하는데, 강사님은 어떻게 생각하세요? 저는 무엇이 다른지 잘 모르겠어요.

듣는 순간 머리를 한 대 맞은 기분이었다. '서비스 기획'이라는 직무를 처음 접하던 시절, 구글링을 하다가 우연히 본 글에서도 디자이너로 가는 게 어떻겠느냐는 똑같은 조언이 쓰여 있었기 때문이다. 당시 충격을 받아 이 직업을 선택하는 것이 과연 옳은 일일까 하는 쓸데없는 고민에 빠지기도 했다.

'대한민국 서비스 기획자 멸종론'은 주니어 기획자들이 한 번쯤 해보는 고민이다. 수강생 C와 나는 이런저런 이야기를 하며 지하철에 올랐고, 그때부터 우리의 긴 지하철 토크는 시작되었다. 서비스 기획자를 꿈꾸는 사람들이 갖고 있는 오해와 혼동, 주변에서 하는 말들에서 비롯된 불안이 대화에 뒤섞였다. 원래 일찌감치 내려야 했던 그는 자처해서 내가 사는 역까지 대화를 나누다가 돌아갔다.

수강생 C에게 조언하는 사람들과 마찬가지로 많은 이들이 서비스 기획자와 디자이너를 구분하지 못한다. 그래픽을 다루는 직무가 아닌데도 서비스 기획자의 업무를 UI를 설계하는 것으로 치부하거나 UX만 전문적으로 연구하는 사람으로 선을 긋는다. 하지만 실제 이 직무에 종사하는 사람들이 일하는 모습을 보면 디자인 툴을 사용하지 않는데도, 개발을 하는 직무가 아닌데도, 온라인 서비스를 만드는 프로젝트 한가운데에서 일하고 있음을 확인할 수 있다.

서비스 기획이라는 직무에 '기술'이 보이지 않기 때문일까? 이 직무에 대한 모호한 인식은 서비스 기획자를 뜻하는 수많은 명칭에서도 드러난다. 여러 기업의 구직 광고를 보면 웹기획자, 앱기획자, 웹마스터부터 시작해서 UX 기획자, UX 디자이너, UX/UI 기획자, 프로덕트 오너, 프로덕트 매니저, 서비스 기획자 등등이 나오지만 상세 설명을 읽어보면 결국은 똑같은 일을 하는 직무를 뜻한다는 것을 알게 된다. (물론 이름에 따라 강조되는 업무가 조금씩 다르기는 하다.)

다시 수강생 C의 질문으로 돌아가서, 그래서 이 서비스 기획은 한국에만 있는 직무일까? 이 글을 처음부터 읽었다면 눈치 챘겠지만 영어로 된 직무명이 있다. 적어도 내가 지향하는 서비스 기획자는 해외에서 '프로덕트 매니저Product manager'라고 불리는 사람과 하는 일이 비슷하다. 비슷하다고 말하는 이유는 외국 기업과 한국 기업의 조직 구조에서 오는 차이 때문인데, 그렇다고 해서 프로젝트 한가운데서 디자이너, 개발자와 함께 프로젝트를 만들어가는 역할이 다르진 않다.

이렇게 명확하게 해외에도 직무가 있는데 국내에만 이 직무가 있다고 믿게 되는 이유는 서구권 기업에는 존재하지 않는 '기획企劃'이라는 단어 때문이다. 그래서 IT 서비스와 관련 없는 업종에 있는 사람들은 '서비스 기획자'를 다른 기획 직무와 구분하지 못한다. 마케터 혹은 광고 기획자와 착각하거나, 컨설턴트 방식의 비즈니스 기획자나 전략 기획자와 혼동한다. 전문 서적의 도움을 받고 싶어 서점에 가보아도 '기획자'라는 이름으로 '서비스 기획자'를 소개하는 책은 제대로 없다(프로덕트 매니저나 제품 기획자라는 이름의 번역본이 더러 있을 뿐이다.). 그래서 이 일을 처음 시작할 때 외국에서 이 일을 지칭하는 이름조차 알기가 쉽지 않은 것이다.

수강생 C와의 퇴근길을 함께한 후, 서비스 기획을 가르치기에 앞서 수강생들과 서비스 기획에 대한 시각부터 맞춰야겠다고 생각했다. 같은 고민의 과정을 겪었던 평범한 대한민국 기획자로서 내가 찾아내고 공부했던 질문은 두 가지다.

> • 서비스 기획자라는 이름은 대체 어디에서 유래한 것인가?
> • 서비스 기획자는 전략 기획자나 마케팅 기획자와 무엇이 다른가?

서비스 기획자는 어디에서 유래한 것인가

다시 말하지만 서비스 기획자 무용론의 핵심은 '타이틀' 자체에 있다. 해외에는 없고 국내에만 존재하는 단어라서 서비스 기획자는 국내에만 존재하는 일시적이고 과도기적인 직무라고 치부하는 것이다. 그런데 정말 그럴까? '기획' 혹은 '기획자'라는 단어 자체의 의미를 사전에서 살펴보았다.

'기획자'는 '기획企劃을 하는 사람'이라는 의미다. 기획이란 '일을 꾀하여 계획'하는 것을 의미한다. 그리고 여기서 사용되는 계획이란 '앞으로 할 일의 절차, 방법, 규모 따위를 미리 헤아려 작정하는 것'을 의미한다. 그러니까 무언가를 '기획한다'는 말은 '목표를 위해 없었던 일을 새로이 만들고, 그것을 세부적인 계획 까지 연결하는 사람'이라고 해석할 수 있다.

> **기획**(企劃) **명** 일을 꾀하여 계획함
> **명** plan, planning, project **동** plan, design
> **계획**(計劃) **명** 앞으로 할 일의 절차, 방법, 규모 따위를 미리 헤아려 작정함,
> 또는 그 내용

'기획'이란 단어를 영어사전에서 찾아보면 마땅한 단어가 보이지 않는다. 한영사전에는 Plan이라는 단어가 첫 번째로 쓰이는데, 플랜Plan은 '계획'에 더 가까운 단어다. 흔히 시간표를 플래너Planner라고 하는 것을 떠올려보면 알 수 있다. 단순히 기획자를 Planner라고 한다면 '일을 꾀하여'라는 의미가 다소 부족해진다. 일을 꾀하는 데는 수많은 비즈니스 전략과 상황, 법적·정치적 고려와 리더십이 필요하다.

영어사전에서 볼 수 있는 또 다른 단어는 Design이다. 우리나라에서 디자인Design이란 비주얼적인 산출물을 만들어내는 것을 의미하지만 영어권에서 디자인은 복합적인 의미로 사용된다. 정책을 입안하거나 건물을 설계할 때 목표를 위해 고려된 모든 행위를 디자인이라고 포괄한다. 하지만 이 단어도 완벽하진 않다. Design이란 단어는 '일을 꾀하여'라는 의미는 내포하고 있지만 시간 순서라는 '계획'의 의도는 희석되어있다. 그리고 무엇보다 한국적 사고에서의 '디자인'이란 개념과 혼동되어 쉽게 이해되지 않는다.

그렇다면 Project라는 단어는 어떤가? 어떤 목표를 위해 프로젝트Project를 만들고 일정 순서에 맞추어 자원을 배분하여 진행한다는 점에서 기획은 '프로젝트를 설계하고 운영한다'는 의미와 적합해 보인다. 하지만 단일 단어로서의 '기

획'을 완전히 표현하고 있지는 못하다.

그런데 우리나라와 똑같은 의미의 '기획자'를 가지고 있는 나라가 있다. 예상했겠지만 바로 '일본'이다. 일본 기업에도 '기획'이라는 단어가 붙은 부서들이 있다. 그 부서들은 일상적이지 않고 일시적인 프로젝트성 업무를 하는 것을 특징으로 한다.

역사적 환경으로 미루어보았을 때 우리나라의 '기획자'라는 직무명은 서구권이 아니라 일본에서 건너왔다는 것을 짐작할 수 있다. IMF 금융위기 이후 서구의 팀제가 도입되기 전까지 우리나라 부서 제도는 일본과 거의 비슷했다. '사원 – 주임 – 대리 – 과장 – 부장'으로 이어지는 직급제는 여전히 일본과 유사하다. 기획자가 속한 팀은 핵심 전략을 설정하고 신사업을 주도하며 새로운 프로젝트를 발주하는 역할을 해왔다. 이렇다 보니 '기획자'라는 단어 안에는 '진두지휘'와 '프로젝트 제안자이자 진행자'란 의미가 함축되어있다. 이런 의미의 기획자에는 '마케팅 기획자'의 역할도, '전략 기획자'도 자연스럽게 포함된다.

문제는 우리가 말하고자 하는 서비스 기획자는 이 범주에서도 벗어난다는 점이다. 서구적 해석에서도 일치하는 단어가 없고, 익숙한 일본적 사고로도 일치하지 않는다. 한국의 서비스 기획자는 대체 무엇이 다른 것일까?

우리나라의 서비스 기획 업무는 일본식 조직구조에 서구식 업무 형태가 조합된 것이다. 초창기 온라인 서비스의 경우 내부에 인력이 없으면 에이전시와 외주 SI/SM 업체를 통해서 진행했기 때문에 이 시절의 기획자는 프로젝트 발주만 참여해도 됐다. 즉 디자인이나 개발 과정에는 크게 신경을 쓰지 않고 프로젝트에 맞추어 최종 오픈날짜와 목표가 성공적으로 완수됐는지만 체크하면 되었다. 그러나 2010년 이후 모바일을 중심으로 한 온라인 서비스가 핵심 비즈니스로 부상하고, 비즈니스 모델을 효과적으로 운영하기 위한 UX 관리 역량이 강조되기 시작하면서 기획자들은 UX와 비즈니스를 연결시키고 외주 기획자들이 했던 실제 프로젝트에도 참여하기 시작했다. 기존의 웹기획 혹은 온라인 기획에 서구의 프로젝트 매니저^{Project Manager} 역할이 스며든 것이다. 최근에는 데이터를 이용하여 의사결정구조와 UX 판단을 중요시하는 '데이터 주도형 디자인'개념까지 들어오면서 기획자의 역할이 데이터 분석까지 확장되는 실정이다.

이러한 시대적 변천사에 따라 웹을 관리하는 '웹마스터' 혹은 새로운 전략과 프로젝트를 다루는 '웹기획자'를 거쳐 UX까지 관리하는 'UX 기획자'가 되었다가 이젠 자연스럽게 '서비스 기획자'로 명칭이 변해온 것이다.

서비스 기획자는 다른 기획자와 무엇이 다른가

서비스 기획자가 탄생한 배경에 대해 내 생각을 풀어냈다. 그러자 오히려 배경지식이 풍부한 수강생들이 질문을 쏟아냈다.

> 요즘은 마케팅이나 광고 회사에서도 앱을 만들고, 전략 기획자도 신사업을 추진할 때 새로운 앱을 만들잖아요. 그렇다면 그들이 하는 일과 서비스 기획자의 업무는 무슨 차이가 있는 거죠?

수업이 시작되기 전에 수강생들에게 수강 목적이나 관심사에 대한 설문을 하는데, 이들 중에는 '서비스 기획'이라는 타이틀을 보고는 세상에 없는 것을 창조하는 방법을 알려주는 줄 알고 온 이들이 더러 있다. 질문을 던진 수강생 D는 스타트업 창업을 준비하는 예비 창업자로 이러한 케이스였다.

시중에 나와 있는 모바일 서비스에 관련된 책들은 기획자에 대한 고정관념을 심어준다. 나는 이를 두고 '잡스병^{Job's syndrom}'이라고 농담 삼아 말하는데, 마치 스티브 잡스처럼 서비스 기획자는 일상에서 어마어마한 인사이트를 얻어 새로운 것을 만들거나 누가 봐도 '와우^{wow}'할 만한 멋진 프레젠테이션을 하는 것을 기대하는 병이다.

　이미 고전이 된 마케팅 이론을 자유자재로 구사하고, 브랜드와 고객과의 관계를 척척 해결해나가고, 성공한 사례부터 오프라인 사은품은 물론 보이지 않는 대고객 서비스 전략까지 엄청난 결과물을 쏟아내는 기획자들이 있다. 그런데 이에 대한 기획자들은 현장의 이야기를 들려주지 않는다. 세상을 바꾼 그 어마어마한 아이디어가 어떻게 떠올랐는지와 그 아이디어를 설득해내는 드라마틱한 과정만, 그리고 얼마나 큰 성과를 거두었는지 결과만 이야기한다. 이들 기획자는 히어로이자 천재처럼 보인다.

　회사에서 '새로운 서비스를 추진해보자'라고 할 때 아이디어를 주고받는 아이데이션 단계는 시작점이다. 이 단계에서는 서비스 기획자 또한 사업 전략을 짜는 기획자나 마케팅 기획자의 일하는 방식과 다르지 않다. 하지만 온라인 서비스 영역으로 들어오면서부터는 분명한 차이가 생긴다. 모바일 앱을 포함한 온라인 네트워크를 바탕으로 소프트웨어를 이용하는 서비스(IoT, 사이니지, 자동차 소프트웨어, 음식점 전광판까지)를 다루는 서비스 기획자는 '현재 시점에서 무엇을 하고 싶다'는 전략을 세우는 것만으로는 업무가 끝나지 않는다. 서비스 기획자는 전략에서부터 끊임없이 되묻는다. "그걸 어떻게 할 건데?"

　서비스 기획자의 진짜 일은 상상을 실제로 어떻게 얼마만큼 구현하도록 만들 것이냐에 초점이 맞추어져 있다. 기술은 없지만 기술을 가진 이들과 협업하고 이끌어야 한다. 온라인 네트워크를 사용하여 만든 서비스라면 구현 속도와 기술적 환경, 시시각각 변하는 사용자 경험에 맞추어 계속해서 방향과 속도를 조정해야 한다. 전략도 상황에 맞게 수정시켜야 하고 원하는 산출물이 나올 때까지 현실적인 구현에 훨씬 초점을 맞추어야 한다. 좀 더 세부적으로 이야기해보자면 전략 기획자와 서비스 기획자는 이런 점이 다르다.

　첫째, 전략 기획이 비즈니스 생태계에서 살아남을 비즈니스 모델을 만드는 것이라면, 서비스 기획은 사용자 반응을 보며 계속해서 이 모델을 정교화시키는 피봇^{Pivot}을 빠르게 실행하여 시스템 속에서 작동시킨다. 끊임없이 살아 움직이는 서비스에 계속 피를 돌게 하는 역할이다.

둘째, 전략 기획자가 언제 어디서나 방향을 잃지 않도록 하늘에 북극성을 띄워주는 사람이라면, 서비스 기획자는 그 북극성을 목표로 어떻게 바다를 헤쳐 나갈지 선원들과 상의해서 노를 저어가는 사람이다. 파도가 강할 때와 약할 때, 나무로 만든 통통배로 갈지 철로 된 선박으로 갈지에 따라 방법이 달라질 테지만 어쨌든 북극성을 따라가도록 하는 게 서비스 기획자의 업무다.

예를 들어 전략 기획에서 '고객의 경험을 관리하여 긴밀하게 서비스를 이용하도록 해야 한다'라고 정의하면, 서비스 기획자는 시스템적으로 긴밀한 연결 관계를 만들기 위한 구체적 고민을 해야 한다. 그래서 서비스 기획자에게는 화려한 스포트라이트가 비추는 성공 스토리보다는 실패 스토리가 넘쳐나고 최초의 북극성을 만든 CEO보다 드러나지 않는다. 하지만 북극성이 의미하는 게 무엇인지 아는 것부터 어떻게 노를 저어가는 게 좋을지 선원들과 상의하는 사람은 바로 서비스 기획자다.

용어

UI(User Interface) 온라인 환경에서 사용자가 서비스를 이용하기 위해 직접 상호작용하는 방식을 의미한다. 주로 디자인된 웹페이지의 디자인적 배치와 구성을 의미한다.

UX(User eXperience) 사용자 경험을 통칭하는 말이다. 서비스 이용 전반의 사용성, 편의성, 감성을 포괄한다.

SI(System Integration) IT 시스템 구축을 위해 수행사 형태로 계약하여 납품하는 협력사 또는 이러한 방식의 프로젝트 형태를 말한다.

SM(System Management) 이미 구축된 IT 시스템을 유지·보수하기 위한 협력사 조직을 의미한다.

데이터 주도형 디자인(DDD, Data-driven design) : UI 또는 서비스를 기획하는 과정에서 고객의 행동이나 감정을 정량적 또는 정성적 데이터로 판단하여 디자인에 반영하는 것을 말한다. 직관이나 개인의 판단으로 디자인하지 않고 데이터를 통해서 논리적으로 디자인한다는 특징이 있다.

수강생 D가 여전히 고개를 갸웃한다. 이 직무가 원래 해보기 전에는 감 잡기가 쉽지 않다. 지금부터 서비스 기획 스쿨에서 그 차이를 체감할 수 있게 해줄 것이다. 마지막 수업이 끝날 즈음이면 수강생 D도 고개를 끄덕이게 될 테니 지금은 걱정을 내려놓기로 했다.

일 하고는 있는데
설명을 못 하겠다
- 서비스 기획자가 하는 일 -

그러면 지금부터 사전 과제에 대한 평가가 있겠습니다.
나와서 한 분씩 발표해주세요.

수강생들의 눈빛에 당황스러움이 역력하다. 한국인은 발표를 참으로 싫어한다. 하지만 나는 첫날부터 발표를 시킨다. 우리는 서비스 기획자가 되려고 모인 서비스 기획 스쿨이니까!

사전 과제는 서비스 기획 스쿨 등록 상담을 할 때 미리 알려주었다. 어려운 과제는 아니다. 각자 평소 자주 사용하는 모바일 앱이나 서비스에 대해 소개하고 개선하고 싶은 점을 찾아 그 방안을 만들어보라는 것이다. 양식도 없고 분량도 제한이 없다.

수강생들의 다양한 배경만큼 과제의 수준도, 집중하는 영역도 천차만별이다. 고객 입장에서 평소 불편했던 것들을 늘어놓는 수강생도 있고, 사용자 조사를 통해 UI 개선안을 가져오는 수강생도 있다. 더러는 자신이 현재 일하고 있는 회사 서비스를 설명하며 평소 느끼던 분노(?)를 쏟아내는 수강생도 있다. 사실 이 과제는 길다면 긴 서비스 기획 스쿨 과정의 참여 의지를 확인하고 수강생의 개별 수준을 판단하기 위한 것이다. 하지만 사용자의 눈으로 작성해온 이 과제를 기획자 관점으로 다시 바라보는 과정만 거쳐도 서비스 기획 업무를 이해시키는 데 효과적이었다.

서비스 기획 업무를 한 번도 해보지 않은 사람에게 서비스 기획자의 일을 설명하는 것은 생각보다 쉽지 않다. 심지어 나와 같이 근무하는 회사의 다른 부서 사람들, 예를 들면 마케팅팀이나 홍보팀 사람들도 앱이나 웹상에 어떤 기능을 추가하거나 개선해달라고 요청만 할 줄 알았지 서비스 기획자의 업무가 뭔지 모르는 경우도 더러 있다. 무언가 새로운 것을 만들고 싶을 때 요청하는 파트너이긴 한데, 개발자도 디자이너도 아닌 이들이 어떤 일들을 하는지는 감이 오지 않는다고 한다.

> 서비스 기획자는 비즈니스의 방향성과 고객의 UX를 고려하여 서비스 동선을 설계하고 그것이 실제로 구현될 수 있도록 IT 개발 프로젝트를 진행하고…

교과서적인 멘트를 중얼중얼 하다 보면 서로의 눈빛이 머쓱해진다. 이 일을 한 지 벌써 십 년이 되었지만 여전히 우리 엄마도 딸이 무슨 일을 하는지 이해를 못하신다. 말로만 설명해서 이해시키기에는 한계가 있는 것이다.

서비스 기획에 관심이 있어 참여하는 수강생들이라 해도 마찬가지다. 업무에 대한 배경지식에 차이가 있다 보니, 서비스 기획의 핵심이 '어떻게 구현할 것인가'라고 입이 닳도록 말해줘도 감을 잡지 못한다. '백문이 불여일견'. 그래서 사전 과제를 내주고 '어떻게 구현할 것인가'라는 관점에서 서비스 기획자의 사고 과정을 직접 보여주는 방식을 택했다.

뭘 가르쳐주지도 않고선 사전 과제를 내주고 발표까지 하라고 하니 난감하시죠? 하지만 이 과정은 옳은 것, 틀린 것을 판단하려는 게 아니에요.정답은 없어요. 그저 서비스 기획자의 눈으로 서비스를 봤을 때 어떤 점이 고려대상이 되는지 설명하려는 거니까 부담 갖지 말고 발표해주세요. 저는 고객들이 불편해할 텐데도 왜 그렇게 서비스되고 있는지 서비스 기획자 입장에서 그 이유를 설명해볼게요.

서비스 기획자가 하는 일 1
UX와 비즈니스 모델까지 생각한다

멀티플렉스 영화관인 CGV 앱은 일상에서 자주 사용하는 친근한 앱이다. 그래서인지 수강생들이 여러 번 사전 과제로 발표했다. CGV 앱 메인은 크게 세 가지 영역으로 구성되어있다.

영화관 예약

영화 소개

영화 관련 콘텐츠나 이벤트 연결

동일한 콘텐츠도 시기와 전략에 따라 구성이 달라질 수 있다. CGV 앱의 구성에 대해 1년 간격으로 각기 다른 두 수강생이 전혀 다른 방향으로 사전 과제를 해왔다. 물론 그 사이에 CGV 앱도 큰 변화가 있었다.

먼저 수강생 K가 분석한 2017년 말 CGV 앱 메인에는 '예매 기능'과 '광고 영역' 위주로 구성되어있었다. 수강생 K는 CGV의 비즈니스 핵심은 '영화 관련 콘텐츠'라면서 철저하게 광고 영역을 줄이는 수정안으로 설계를 해왔다. 그는 예매 선택 메뉴가 중요한 공간을 차지하기보다는 영화 자체에 대한 리뷰와 매거진 위주의 콘텐츠로 재배치해야 한다고 주장했다.

그리고 실제로 1년 후, 다른 기수의 수강생 G가 CGV 앱에 대해 조사했을 때 CGV 앱은 달라져 있었다. 수강생 K의 말처럼 매거진과 랭킹 등 콘텐츠 위주로 구성이 변경된 것이다. 더 정확히 말하자면 앱 내에서 쉽게 볼 수 있도록 짧은 영화 클립(동영상)들을 전면에 배치했다.

하지만 수강생 G는 K와 정반대의 의견을 제시했다. 수강생 G는 매거진과 랭킹 등 콘텐츠 위주로 배치되어있는 현재 구조가 앱 본연의 목적인 예매 기능을 찾기가 어렵다고 평가했다. 그는 영화관 예매 위주로 서비스가 개선되어야 하고 특히 포토 예매권 같은 추가 기능을 눈에 띄게 바꿔야 한다고 의견을 개진했다.

CGV 앱의 기획자라면 어느 장단에 춤을 춰야 할지 고민될 것이다. 수강생 K와 G 중 누구 말이 옳은 걸까? 수강생 K의 의견대로 CGV 앱이 바뀌었으니 K가 옳은 걸까? 지금 이 시점에 수강생 G의 말에 동의하는 사람은 없을까?

실제 현업에서 앱을 개선하려는 사람들은 항상 비슷한 이유로 싸운다. 그리고 특정 서비스들은 계속해서 이런 식으로 양쪽 방향을 왔다 갔다 한다. 기획안 자체로 볼 때 옳고 그른 것은 없다. 하지만 서비스의 논리적 지향점을 기준으로 한다면 그때는 맞고 지금은 틀린 지점은 있을 수 있다.

서비스 기획자의 관점에서 말하자면, 둘의 의견은 모두 서비스 기획이라고 할 수 없다. 둘의 의견은 그냥 아이디어일 뿐이다. 논리적 지향점이 없기 때문에 기획의 단계로 발전할 수가 없다. 왜냐하면 두 수강생 모두 '본인을 기준으로 한 서비스 이용 목적'이 기획의 근거가 됐기 때문이다.

수강생 K는 고객(=수강생 K)은 광고를 싫어하니까 광고 수입이 줄더라도 콘텐츠를 넣어야 한다고 주장했고, 수강생 G는 고객(=수강생 G)은 영화 예매를 목적으로 앱을 켰으니 포토 예매권 등의 기능을 강조하자고 했다. 고객을 중심으

2017년 말 CGV 앱 메인 화면. 예매 기능과 광고 영역 위주로 되어있다.

2018년 말 CGV 앱 메인 화면. 영화 클립 등 콘텐츠 위주로 구성되어있다.

로 고객이 원하는 바를 파악하는 것이 '사용자 중심 설계'의 기본이지만 이때의 고객은 한 명이 아니다. 자신의 이용 경험을 기준으로 추측만 하는 것은 근거 없는 가설일 뿐 논리적인 기획이 될 수 없다. 논리적인 방향성을 설정하고 기획을 진행하려면 실제 이 앱을 이용하는 다수의 사람들을 대상으로 데이터를 분석하거나 사용자 조사를 통해 앱 사용 목적을 이해하고 기획의 방향을 결정했어야 한다.

　데이터 분석이나 사용자 조사를 바탕으로 고객들이 영화 예매를 하기 위해 이 앱을 쓰는 것이 맞다면 예매 기능을 강화하는 것이 바람직하고, 이 앱을 사용하는 사람들이 콘텐츠 영역을 더 좋아한다면 콘텐츠 영역을 강화시킬 UX 전략을 결정하는 것이 맞을 것이다. 수강생 K와 G는 비록 과제 수행을 위해 CGV 앱을 기획한 것이지만, 실무에서는 이런 과정을 통해 고객 경험을 관리하게 된다. 그리고 여기서 더 나아가 비즈니스 모델이 작동하는 프로세스 방향성까지도 고려하게 된다.

　비즈니스 모델이 작동하는 프로세스란 무엇일까? CGV 앱을 다시 보자. 2017년 CGV 앱의 화면 영역은 광고와 이벤트를 하나라도 더 보여주기 위해 쪼개져 있었고, 예매관을 홍보하기 위한 목적으로 메뉴를 설계했다. 당시의 앱은 그런 구조가 옳다고 여겼기 때문에 만들어졌을 가능성이 크다. 예매는 영화관 비즈니스의 핵심 수익 모델이고, 온라인 매장에 가득한 광고 또한 오프라인 영화관으로 연결하기 위한 광고로 그 목적이 단순하다. 때문에 광고의 위치가 예매로 이어지는 동선 내에 있는 것은 적절해 보인다.

　반면 2018년 말의 CGV 앱은 어떻게든 다양한 동영상 볼거리를 끊임없이 노출시키려 했다. 예매 기능은 확실히 눈에 덜 띈다. 하지만 이는 수강생 K가 주장했던 콘텐츠 중심의 앱과는 다른 개념이다. 분명 동영상 콘텐츠가 눈에 띄지만 단순히 정보를 전달해주는 것이 아닌 SNS 등에 이용자들이 참여하도록 UI를 만들고 유도하고 있다. 이렇게 공들여 만든 콘텐츠도 알고 보면 수강생 K가 싫어하는 광고의 변형된 형태일 수 있는 것이다.

　이것은 단순한 UI 전략과 상관없이 근본적인 비즈니스 방향성이 바뀌어 생긴 변화다. 이런 변화의 원인을 알려면 해당 서비스 시장을 전체 맥락에서 살펴봐야 한다. 지난 1년간 유튜브와 넷플릭스 등 영화부터 각종 방송까지 동영상 콘텐츠를 제공하는 앱의 이용시간이 늘어나면서 CGV 오프라인 영화관은 분명 비즈니스 모델에 위협을 받는 상황이 되었다. 따라서 영화 홍보를 위해 만든 광고가 CGV 앱을 중심으로 소비되지 않더라도 다양한 SNS를 통해 노출될 필요가 있었을 것이다. CGV 앱은 양자택일의 순간에 놓이지 않았을까? 바이럴이 가능한 동영상을 만들어 예매로 이어지게 할 것인지, 아니면 온디맨드 동영상 서비스로 변화하여 오프라인 영화에 대해 스스로 대안을 만들어낼지 말이다.

　왜 UI 개선안을 이야기하면서 이렇게 복잡한 이야기를 하느냐고? 바로 서비스 기획자가 서비스 개선을 기획할 때는 자신의 경험이나 고객 불만을 근거로

해서는 안 되기 때문이다. 자신의 경험이 시작점은 될 수 있지만 궁극적인 서비스 개선은 비즈니스 모델에 대한 전략과 방향에 대한 다각도의 이해를 바탕으로 이루어져야 한다. 겉으로는 별 차이 없고 비슷해 보이는 대안일지라도 그 시점의 상황과 전략에 따라 맞는 것이기도 하고 틀린 것이 되기도 한다.

서비스 리뉴얼 전의 네이버 메인 화면

서비스 리뉴얼 후의 네이버 메인 화면
구글처럼 검색창만 배치했다.

그때는 틀리고 오늘은 맞는 또 하나의 서비스로 네이버 메인을 예로 들 수 있다. 정말 많은 수강생이 구글처럼 검색창만 달랑 있는 네이버를 사전 과제 서비스 개선안으로 발표했었다. 하지만 광고수익을 중심으로 한 네이버 앱의 수익 구조에 대한 어떠한 고민도 없이 제안했기에 그 당시에는 서비스 기획 관점에서 제대로 살펴볼 수 없었다. 하지만 이제는 다르다. 2019년 네이버는 검색창만 달랑 있는 모바일 메인을 선보였다. 광고에 대한 회사의 방향성이 바뀌었기 때문에 생긴 변화다.

기존의 네이버 모바일 첫 화면은 대체로 경매나 선착순 방식의 광고구좌 영역으로 판매되어왔다. 신문의 지면광고를 떠올리면 이해하기 쉽다. 하지만 이런 광고 위주의 콘텐츠 배치는 사회적으로 지탄을 받아왔다. 특히 뉴스 영역은 대자본을 가진 기업들의 입맛대로 편집된다는 비판을 피하기 어려웠고 포털로서의 네이버 명성에도 누가 됐다. 네이버 메인의 변화는 고객 UX나 UI만을 위한 변화가 아니다. 광고 플랫폼에서 초록 버튼을 통한 검색과 AI 추천을 강화한 광고 플랫폼으로 비즈니스 모델을 변화시키려는 전략이 있었기에 가능한 변화였다.

서비스 기획 개선은 비즈니스 모델과 비즈니스 환경 속에서 서비스 전략이 명확히 세워져야 함을 알 수 있는 사례다.

서비스 기획자가 하는 일 2
개발 환경과 비용까지 생각한다

수강생 J가 사전 과제로 발표한 '씀'이라는 앱은 굉장히 단순하다. 매일 정해지는 발제 단어에 따라 글을 쓸 수 있게 해주는 앱이다. 씀이 제공하는 편집 에디터는 에디터라고 할 것도 없이, 흰 바탕에 검은 글자를 쓸 수 있게만 되어있는 아주 단순한 구조이다. 수강생 J는 이 앱에 대해 '임시저장'과 '자동저장'이라는 두 가지 개선 사항을 제시했다. 씀은 임시저장이나 자동저장 기능 없이 전체 복사를 하는 기능만을 가지고 있다. 글이라는 매체의 특성상 자꾸 수정하고 싶어지는데, 실수로라도 앱이 종료되어버리면 글이 날아가 버리니 수강생 J는 굉장히 큰 문제라고 생각했다.

사용자 입장에서 보면 임시저장 기능을 넣는 것은 버튼 하나 들어가는 굉장히 간단한 것이다. 작지만 편리한 배려로 보일 수도 있다. 하지만 서비스 기획자 관점에서 본다면 이는 쉽게 결정할 사안이 아니다. 내가 씀을 기획한 기획자는 아니지만 임시저장 기능을 도입하기 위해 해결해야 할 이슈를 두 가지 측면에서 떠올려 볼 수 있었다.

- 완성된 글 데이터와 임시저장 데이터를 어떻게 구분할 것인가.
- 임시저장으로 인해 증가할 쓰레기 데이터$^{Garbage\ data}$의 처리와 비용은 어떻게 해결할 것인가.

씀은 주제에 대한 글이 모여 있는 아주 심플한 앱이다. 저장된 모든 글은 '완성된 글'일 경우에만 저장되어 데이터로 보관된다. 즉 글에 대한 모든 화면은 완성된 데이터다. 미완성 임시저장 글을 구분하도록 만들어져 있지 않다. 이 앱에 임시저장 기능을 넣는다면, 데이터 영역과 고객에게 보이는 영역, 그리고 관리자 툴$^{Adminstration\ Kit}$까지 임시저장 글과 완성된 글이 구분될 수 있도록 수정해야 할 것이다.

가장 먼저 정해야 할 것은 이 임시저장 데이터를 기존의 완성된 글과 동일한 데이터 테이블에 저장할 것인지, 구분된 데이터 테이블에 저장할 것인지를 구분하는 일이다. 만약 이 두 글을 동일한 테이블에 저장한다면 동일한 일련번호^{Sequence}를 가진 데이터로 생성한다는 뜻이 된다. 이럴 경우 글의 완성 여부를 구분하는 값은 Y/N 또는 상태 값(01 : 임시저장, 02 : 발행글) 형태로 가지고 있어야 한다. 물론 페이지에는 완성된 발행 글만 전시될 수 있도록 기준 값에 대한 로직 수정이 필요하다.

임시저장 글을 별도의 데이터 테이블에 따로 저장하기로 한다면, 이번에는 글쓰기 화면에서 임시저장 글과 실제 완성된 글을 서로 다르게 저장하는 기능을 가지도록 에디터 영역을 개발해야 한다. 임시저장된 글을 불러오는 영역과 임시

씀의 메인과 에디터 영역. 임시저장 없이 전체 복사 기능만 있다.

저장된 글을 수정하는 기능도 고려해야 한다.

그 다음으로 고민해야 하는 문제는 임시저장된 글의 보관 기간을 얼마로 할 것인가에 관한 것이다. 데이터 보유량은 비용 문제로 직결된다. AWS와 같이 클라우드 DB를 사용하고 있다면 임시저장 데이터가 증가할수록 비용도 올라갈 수밖에 없다. 그만한 비용을 들일 만큼 이 기능이 가치 있는가에 대한 판단이 필요하다.

씀은 글을 쓰는 기능 자체만으로는 별다른 수익 모델이 없다. 자신의 글을 묶어 책으로 발행하는 수익 모델을 폐지했고 남아있는 수익 모델이라고는 키워드별로 묶은 글을 책자로 발행하여 판매하는 구조다. 즉 완성된 글은 어떤 방식으로든 수익에 기여할 수 있지만 임시저장된 글이 회사의 이익에 기여한다는 확신이 없다. 만약 임시저장 기능을 만들려면 임시저장된 글에 대한 자동 삭제 정책(예를 들면 '1주일만 임시저장 가능' 같은)을 정해서 불필요한 데이터가 무한정 쌓이지 않도록 해야 할 것이다.

이처럼 무언가 새로운 기능을 넣고자 할 때도 서비스 기획자는 단순히 기능적인 목표만을 생각해선 안 된다. 서비스 개선 방향이 프로덕트 전체에 미치는 영향과 비용까지 생각해야 한다. 만약 쏨이 비즈니스 모델을 바꿔 임시저장된 글을 활용할 것이라 하더라도 발행되지 않은 글에 대한 저작권 문제는 없는지 법률까지도 검토해서 활용해야 한다.

서비스 기획자가 하는 일 3
서비스 전체의 선순환을 생각한다

한 중소기업 디자인팀에서 일하고 있는 수강생 K는 이직정보 사이트인 '원티드'를 사전 과제로 선정해왔다. 원티드는 연차와 직무를 등록하면 이에 해당하는 적합한 구직정보를 알려주는 서비스다. 서비스에 진입하면 자신의 연차를 등록하게 되어있는데 수강생 K는 '1년차, 2년차, 3년차…'처럼 딱 떨어지게 선택하기보다는 연차 범위로 선택할 수 있도록 개선해야 한다고 발표했다. 왜냐하면 대개의 경력자 채용공고를 보면 '3~5년차' 등 연차 범위로 뽑기 때문이다.

고객 입장에서 본다면 이 주장은 매우 합리적이다. 하지만 원티드 앱을 좀 더 살펴보면 이런 불편을 일부러 감수하고 있음을 발견할 수 있다.

원티드에서 고객을 끌어들이는 가장 눈에 띄는 요소는 단연코 같은 연차의 연봉 평균을 분석하여 자신의 위치를 분석하는 부분이다. 이는 호기심에 같은 연차의 연봉 정보를 보기 시작했다가 바로 이직·구직자로 돌아서게 하는 힘

회원가입 시 직무와 경력(1년 단위),
연봉을 입력하게 하는 원티드

직군별 평균 연봉을 알기 위해
자신의 연봉을 입력하게 하는 원티드

이 있다. 즉 업계의 연차별 연봉 데이터는 원티드의 핵심 정보이며 수익 모델의 근간이다. 또한 원티드가 기존의 잡코리아 등과 차별화될 수 있었던 요인이기도 하다.

데이터의 입력과 순환을 통해 서비스 전체의 기반을 잡아가는 것을 선순환 구조라고 한다. 사용자가 개인정보를 등록할 때 정확한 연차를 입력하게 하는 것은 언뜻 생각하면 비합리적으로 보인다. 하지만 하나의 서비스가 지속적으로 성장하려면 이러한 선순환 구조를 고려하여 기획이 이루어져야 함을 원티드라는 서비스는 보여주고 있다.

어떤 서비스든 사용하다 보면 불만이 쌓이고 바뀌었으면 하는 (혹은 바꾸어 버리고 싶은) 부분이 생긴다. 하지만 서비스 기획자의 관점은 단지 '불편'에 머물러서는 안 된다. 눈에 보이는 페인포인트는 굉장히 쉽게 접근할 수 있다. 하지만 서비스 기획자는 비즈니스 모델과 전략, 개발 환경과 비용, 그리고 서비스 전체의 순환 구조까지 고려하는 폭넓은 시각을 가지고 있어야 한다.

사전 과제 평가를 마치고 나면 수강생들은 새로운 충격을 받는다. 단순히 고객이 사용하는 UI를 고치는 기획자가 아니라 여러 방향에서 서비스 전체를 볼 수 있는 서비스 기획자가 되기 위해 무엇을 배워야 할지 고민하는 모습이 보인다. 그런 눈빛을 보면 나는 반대로 조금 안심이 된다. 드디어 수강생들이 서비스 기획자가 무엇을 하는 사람인지 조금이나마 공감한 것 같으니까.

용어

사용자 중심 설계(User Centered Design) 사용자의 불편을 개선하고 사용성을 강화하는 것을 기반으로 한 서비스 디자인 또는 설계 방식을 말한다.

온디맨드 동영상 서비스(OTT, Over the Top) 인터넷을 통해서 어디에서나 볼 수 있는 온라인 동영상 혹은 TV 서비스를 말한다.

AWS(Amazon Warehouse System) 아마존에서 제공하는 클라우드 형태의 데이터 서비스. 사용하는 양만큼 종량제 단위로 사용료를 지불해야 한다.

페인포인트(Pain point) 소비자가 불편, 불안, 고통을 느끼는 지점을 말한다. 아이가 운동화를 신을 때 좌우를 바꿔 신으면 엄마한테 혼날 테니 아이도 괴롭고, 매번 좌우 구별법을 가르쳐야 하는 엄마도 힘이 든다. 이럴 때는 신발 좌우를 구별하는 것이 아이와 엄마의 페인포인트가 된다. 이 오랜 고통을 해결한 제품은 좌우 운동화에 각각 남자와 여자의 옆얼굴을 그려서, 제대로 신으면 마주 보고 뽀뽀하는 모습이 되고, 좌우가 바뀌면 마치 싸운 것처럼 등을 돌리고 있는 형태가 되어 누구나 직관적으로 구분할 수 있도록 한 것이다.

어디에서 일할 것인가

- 인하우스 기획자&에이전시 기획자 -

저는 에이전시에서 일하기 때문에 인하우스에서 일하는 기획자가 늘 부러웠는데, 수업을 들어보니 인하우스에서 일하는 것도 고민이 필요하겠네요.

에이전시에서 주니어 기획자로 일하는 수강생 N은 수업이 끝나면 항상 본인의 업무와 연관해서 생각을 말해줬다. 그날은 서비스 기획을 시작하기에 앞서 마케팅, 영업 같은 실제 사업을 운영하는 '현업부서'에서 서비스 개선 요청을 받고 대응하는 상황에서의 요령을 설명한 날이었다. 서비스 개선은 서비스 기획부서의 자발적인 고객 분석에 의한 개선도 있지만, 대부분은 회사 내부 이용자들의 필요에 의해서 시작된다. 즉 서비스 기획은 사업 추진과제나 여러 가지 조직적인 상황들에 영향을 받는다. 이렇게 요청하는 부서와 수행하는 부서가 생기게 되면 회사 분위기에 따라 '협업' 또는 '갑을 관계'가 생기게 마련이다.

보통 인하우스로 일하는 서비스 기획자는 서비스 개발(혹은 개선)을 요청하는 현업부서와 이를 수행하는 서비스 기획자가 같은 회사 소속으로 팀만 다른 경우에 해당한다. 그러니까 인하우스 서비스 기획자는 회사의 조직적·정치적 상황에 따라 프로덕트에 대해 더 많은 주도권을 가지고 있을 수도 있다.

에이전시와 함께 일하는 경우 인하우스 서비스 기획자는 갑이 된다. 반면 웹에이전시 등에서 일하는 서비스 기획자들은 외주 형태로 아웃소싱되어 업무를 대신 처리해주는 것이라서 을의 입장으로 일하게 된다. 이처럼 일하는 형태에 따라 서비스 기획자가 겪는 어려움이나 고민의 범위가 다를 수밖에 없으니 아마도 이 부분이 수강생 N에게 신선한 차이였던 것 같다.

인하우스와 에이전시, 어느 곳이 더 좋을까?

서비스 기획 스쿨에는 내가 진행하는 서비스 기획 실무 과정 외에도 여러 강사님들이 계시다. 대부분은 자신의 기업체를 운영하는 대표님들이 강의를 한다. 다들 경력도 오래 되고 프로젝트 이력도 화려하다. 어쩌다가 나도 여기에 끼어 강의를 하게 되었는지 지금 생각해도 놀랍고 감사하지만, 상대적으로 경력이 짧은 내가 이 수업을 진행할 수 있었던 이유는 바로 '인하우스 기획자'였기 때문인 듯하다.

국내에서는 프로덕트 인하우스 기획자로 계속해서 성장하는 경우가 흔치 않다. 앞에서 기획자에 대한 명칭이 생겨나는 과정을 설명할 때도 말했지만, 초창기 온라인 서비스는 기존 서비스들의 프로젝트성 서비스로 여겨졌다. 때문에 국내에서는 자사 기획자보다는 외주 기획자에게 기획을 맡기는 경우가 많았다. 내부에서 시작한 기획자도 어느 정도 경력이 생기면 에이전시를 차려서 독립하는 경우가 많았다. 이런 이유로 과거 서비스 기획자들은 대부분 에이전시에서 근무했고 시장구조 자체도 그렇게 형성되었다. 나는 십 년이라는 시간을 하나의 도메인(여기서는 온라인 서비스가 해당하는 업종을 의미한다. 보통 이커머스, 게임, 포털, 금융 등으로 구분한다.)에서 성장했다. 앞서도 말했지만 에이전시에서 일하는 기획자와 인하우스에서 일하는 기획자의 상황과 고민은 조금씩 다르다. 업무 환경이 제각기인 기획자 모두를 준비시켜야 하는 스쿨 입장에서는 나 또한 꼭 필요한 강사였던 것이다.

　많은 학생이 첫 직장으로 에이전시와 인하우스 중 어디를 선택하는 것이 좋은지를 묻는데, 적어도 나는 인하우스에서 일해본 경험을 전해줄 수는 있다. 하지만 어느 쪽이 더 낫다고 말하기는 곤란하다. 그저 자신의 가치관에 따라 선택하는 것이 좋지 않겠냐고 말해주는 정도다. 겪어보지 않은 것을 추천할 수는 없기도 하고 동료와 선배들의 말을 들어보면 세상 모든 선택이 그러하듯 장단점이 있기 마련이다.

　인하우스에서 일하는 내가 에이전시에서 일하는 기획자에게 부러운 점이 있다면 단연코 '다양한 프로젝트 경험'이다. 특히 주어진 요청사항을 기반으로 서비스를 만들어내는 프로젝트 경험은 에이전시에서 습득하기 좋다. 외주로 프로젝트를 진행하게 되면 대개 서비스를 운영하기보다는 리뉴얼을 하거나 새로운 서비스를 만들어내는 쪽에 방점이 찍힌다. 다양하고 새로운 프로젝트와 서비스를 단시간에 많이 경험해볼 수 있는 것이다. 하지만 이는 다른 시각에서 보자면 서비스의 처음과 끝, 즉 서비스 생애주기 관점에서는 고민할 기회가 적을 수도 있다. 여기서 '처음'이란 서비스를 최초로 발상하고 정책을 잡는 프로세스가 되겠고, '끝'이란 서비스 오픈 이후의 운영을 통한 지속적인 개선과 발견을 말한다. 더 나아가 서비스의 종료 결정까지도.

　어쨌든 주어진 목표와 일정 내에서 최선의 서비스를 만들어낼 수 있다는 점은 에이전시에서 일하는 장점이다. 만약 꼭 일해보고 싶은 회사가 있는 것이 아니라면 전문화된 기획을 다양하게 해볼 수 있는 에이전시에서 일을 배워보는 것도 좋겠다.

서비스 구축부터 참여한 아주 소수의 기획자가 아니라면, 인하우스에서 일하더라도 기획자가 바꾸고 파악할 수 있는 범위는 생각만큼 넓진 않다. 인하우스에서 일하면 하나의 서비스를 시작부터 종료까지 할 수 있을 것 같지만 대부분 중간에 투입되기 때문이다. 게다가 프로젝트 외에 잡일도 무지 많다. 이름만 들어도 알 만한 몇몇 대기업의 서비스가 아니라면 대부분의 인하우스 기획자는 소규모 스타트업에 속해 있는데, 작은 회사에서의 서비스 기획은 경영기획이나 마케팅을 겸해야 하거나 고객 서비스 업무까지 처리해야 한다. 소위 '커피 타는 거 빼고 기획자가 다 한다'는 우스갯소리가 나오는 이유다.

그래도 서비스가 성장함에 따라 만족도가 높아지고 연차가 지날수록 해당 시장의 흐름과 고객의 변화를 쉽게 파악할 수 있다는 점은 인하우스 기획자의 장점이다. 인하우스 기획자에게 서비스란 '내 자식'과도 같다. 내가 키워야 하니 데이터도 보고 고객 행동도 살피고 경쟁사도 연구하게 되는 것이다.

사실 어중간한 기업의 인하우스 기획자가 가장 고민이 많을 것이다. 애매한 규모의 중견기업이나 웹/앱 서비스가 메인 사업이 아닌 기업에서는 웹이나 앱 관련 일을 시스템 관리업체에 맡겨버리고 내부 기획자는 일정만 짜는 경우가 많다. 내부 기획자의 효용가치를 비용으로만 보고 그 필요성을 체감하지 못해 벌어지는 일이다. 이런 기업에서 성장한 기획자들은 연차와 참여한 프로젝트에 비해 서비스 기획 역량이 절대적으로 부족할 수밖에 없다.

인하우스와 에이전시, 어떤 기업을 선택하느냐가 앞으로의 기획자의 길을 좌우한다면 결국은 업무에 대한 선호도 차이다. 프로젝트 관리 능력과 다양성을 바란다면 에이전시를, 서비스를 키우면서 함께 성장하고 싶다면 인하우스를 선택하면 되지 않을까 싶다.

직장 선택의 기준은 연봉과 네임밸류와 조직문화

> 그래도 전 인하우스 기획자로 일하고 싶어요. 연봉이나 복지도 중요하니까요.

원하는 업무 스타일에 따라 모든 걸 결정하면 좋겠지만 연봉은 또 다른 문제다. 주어진 프로젝트만 수행하는 '웹기획'이라는 관점으로 이 직무를 바라보는 곳들은 여전히 초봉에 박하다. 개발자나 디자이너가 아닌 기획자로 입사한 것이라면 업무량과 업무시간과 대비해서 박한 연봉에 깜짝 놀라게 될 것이다. 반면 인하우스 기획자는 UX와 프로덕트 관리에 대한 인식이 나아져 그나마 나은 연봉 테이블이 형성되어있다. 실리콘밸리에서처럼 억대 연봉은 아닐지라도 대기업은 에이전시에서의 연봉보다 높은 편이다.

복지 또한 직장을 선택하는 데 있어 중요한 고려 요소다. 대개의 스타트업이 높은 복지 수준과 자유로운 기업문화를 표방하지만 이는 어디까지나 회사가 정상 궤도에 올랐을 때의 이야기다. 특히 국내 스타트업의 경우 연봉과 복지를 생각한다면 선택지는 생각보다 넓지 않다. 더군다나 이직 시장은 대부분 이전 직장의 연봉을 기준으로 산정하기 때문에 초봉이 정해지는 첫 직장 선택에 신중할 수밖에 없다.

이런 이유로 취업준비생 대부분이 대형 포털이나 그 계열사 등 대형 IT 기업에서 일하기를 꿈꾼다. 경쟁이 치열하다 보니 신입직원의 스펙은 자꾸만 높아진다. 날이 갈수록 디자인이나 HCI, UX 관련 대학원 출신 비율이 많아지고 공모전에 입상하거나 스터디를 꾸려 앱을 출시해본 사람이 입사 지원을 한다.

HR팀에서야 행복한 비명을 지를지도 모르겠지만 솔직히 실무자 입장에서는 걱정되는 일이다. 배운 게 많으니 업무에 빠르게 적응할 것 같지만, 도리어 학교에서 배운 이론과의 격차가 커서 적응을 못하는 경우가 빈번하기 때문이다. 관런 책을 잔뜩 보고 희망에 부풀었던 신입사원 시절의 나 또한 그러했다.

다시 본론으로 돌아오면, 네이버나 카카오와 같은 대형 포털로 몰리는 현상은 취업준비생뿐만이 아니다. 이 업계에 있는 사람들 대부분이 이름 있는 포털에서 일하려고 한다. 연봉 다음의 문제는 네임밸류이기 때문이다. 엄밀히 말하면 네임밸류가 연봉을 결정해버리기도 한다.

기획자는 개인 역량보다 자신이 참여했던 프로덕트에 따라 평가되는 경우가 종종 있다. 실제 역량이야 어떠하든 큰 프로젝트에 참여했던 이력이라면 HR팀에 어필하기에 한결 수월하다. 구글, 네이버, 카카오 출신과 'OO 소프트 출신'의 기획자에게서 오는 괴리감은 그래서 크다. 모두가 알 만한 큰 기업을 골라 단타성으로 옮겨 다니며 억대 연봉을 받는 소위 '꾼'이 많은 것도 사실이다. 이는 실제 역량과 경력이 꼭 일치하지 않는다는 말이기도 하다.

> 아, 그래서 어디서 일하면 좋은데요?
> 강사님은 왜 지금 다니는 회사에서 오래 일하신 건가요?

어디서 일하는 것이 좋은지에 대해 이런저런 이야기를 하다 보면, 답답하다는 듯 다시 처음으로 돌아온다. 도대체 나는 뭐가 좋아서 같은 회사에서 십 년을 있었을까? 앞서도 말했지만 난 인하우스에서 일하는 기획자다. 내 경험에 한계가 있으므로 서비스 기획자에게 어떤 업무 환경이 좋으냐는 질문에는 답하기 어렵다. 내가 만들어 온 서비스가 국내 최고라고 하기에는 민망한 상황이고, 우리 회사에서 대형 포털로 이직한 사람도 한둘이 아니다. 그런데도 나는 몇 가지 이유로 이 회사를 떠나기가 망설여진다.

첫째, 이곳의 시스템을 잘 안다. 서비스 기획자가 새로운 서비스를 만들어내려면 아이디어가 중요할 것 같지만 천만의 말씀. 아이디어를 구현하려면 자신이 속한 기업의 비즈니스 모델과 정책, 시스템의 한계와 구조를 잘 알고 있어야 한다. 이게 얼마나 큰 파괴력이 있느냐면 시스템을 잘 알수록 크고 도전적인 과제를 누구보다 자신 있게 할 수 있다. 만약 내가 이곳을 떠나 새로운 곳에 간다면 시스템을 파악하기 전까지 느껴지는 답답함을 견뎌야 할 것이다.

둘째, 나는 이 안의 사람들도 매우 잘 안다. 누가 똑똑한지, 누가 제대로 일하는지, 누구는 어떤 서비스를 잘 만드는 개발자이고, 누구는 성격이 어떤지 속속들이 안다. 서비스는 혼자 만들 수가 없다. 협업이 필요한 업무를 해나가야 하는 나로서는 머릿속에 정리된 이 엄청난 인맥 지도가 아까울 수밖에 없다. 이들은 지금까지 서로의 부족한 점을 채워가며 일해 왔고 앞으로도 함께할 사람이라는 믿음을 준다. 게다가 생각보다 이 세계는 좁아서 나는 한자리에 있어도 여러 곳을 돌고 돌아 동료가 된 사람들에게 배우는 것이 너무나도 많다.

돌아보면 이 두 가지가 날 계속해서 한 회사에 다니게 하고 성장하게 했다. 어디에서 일하면 좋은가에 대한 문제는 서비스에 대한 애착이 있느냐 없느냐의 문제라고 생각한다. 커리어 관리에 대한 것은 어차피 회사가 아니라 내가 선택해야 할 문제다. 진짜 서비스 기획 역량을 키우고 싶다면 초기 프로덕트 구축을 해보고 싶은 건지, 운영 개선을 통한 프로덕트 성장을 이루어보고 싶은지를 결정해서 에이전시와 인하우스 중 선택하면 될 것이다. 아니면 내가 함께 일할 사람들과 그 조직의 문화를 보고 결정해도 좋다. 무엇보다 연봉이 중요하다면 그걸 선택 기준으로 삼아도 된다.

하지만 한 가지는 명확하다. 어디에서 일을 하든 처음에는 부끄러움을 무릅쓰고 이 사람 저 사람에게 물어가며 비즈니스 정책과 시스템을 파악해야 한다는 것이다. 일을 잘하려면 필요한 부분이기도 하지만 어쩌면 그게 이 일에 가장 빠르게 애착을 갖는 방법일 수 있다. 마음에 드는 이성과 연애를 시작할 때 그가 좋아하고 싫어하는 모든 것을 알고 싶은 것과 마찬가지다.

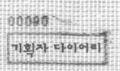

포스트잇 없어도 괜찮아

2010년 이후 UX 기획에 매료된 기획자들은 국내에서 이루어지는 서비스 기획 업무에 실망을 하곤 한다. 반면 '웹기획자'라고 불리던 시절부터 일을 해온 경험 많은 기획자들은 이런저런 방법론에 냉소적인 경우가 많다. 지금부터 내가 하려는 이야기는 대한민국 보통의 서비스 기획자들 간의 세대 차이에서 오는 오해와 서비스 기획 업무의 본질에 관한 것이다.

1세대 서비스 기획자 vs. 2세대 서비스 기획자

국내 서비스 기획자들은 크게 두 세대로 구분된다. 편의를 위해 '아이폰을 든 스티브 잡스'를 분수령으로 앞의 세대를 1세대, 뒤의 세대를 2세대라고 지칭하겠다. 1세대와 2세대는 이 직무에 들어오게 된 과정이나 일에 대한 로망이 판이하게 다르다.

1세대 기획자는 온라인의 시작을 알렸던 닷컴 버블 시절, 생각지도 못하게 기획자의 업무를 하게 된 경우가 많다. 마케터로 시작했는데 온라인

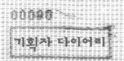
a day for me

*

date ....

list

업무를 계속 하다 보니 어느새 웹기획 부서에서 업무를 하게 된 사람도 있고, 개발자나 디자이너로 들어와서 구분 없이 일하다가 업무가 세분화되면서 기획자로 자리 잡은 분도 있다. 해외에서 인터렉션 디자인이나 HCI를 전공하고 온 사람도 몇몇 있지만, 대다수의 기획자는 사수에게 일을 배우거나 일을 하면서 깨우친 도제 방식으로 업무를 익혔다. 수많은 선배들이 UX 이론이나 프로젝트 방법론의 고도화를 일하면서 배우거나 일에 직접 접목시켜가면서 이 일을 해왔다. 직무에 대한 로망보다는 일하면서 얻은 노하우와 현실에 대한 분별이 높을 수밖에 없다.

HCI(Human Computer Interaction) 인간과 기계가 정확한 소통을 하기 위한 학문을 의미한다. 주로 뇌인지공학적인 부분과 사용자 인터페이스 방식에 대한 법칙이 주를 이룬다.

반면 2세대 기획자들은 직무에 대한 로망을 가지고 입성했다. UX 기획이나 서비스 기획이라는 단어조차 모르고 일을 하게 된 1세대와 달리 IDEO, 아이폰과 같은 혁신성에 대한 이상을 가슴에 품고 적극적으로 이 직무를 택한 사람이 많다. 대학원에서 산업 디자인이나 HCI 등을 전공해서 이 분야의 지식을 접하고 온 사람도 있고 이런저런 선진 방법론을 경험한 사람들도 수두룩하다. 이들에게 기획자란 화려한 프레젠테이션, 명석한

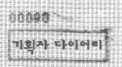
두뇌, 누구도 생각하지 못한 창의적인 프로덕트를 만드는 사람들이다. 스티브 잡스나 마크 저커버그처럼 그들은 멋진 로망을 품고 있다.

대부분의 사무실에는 경험치와 목표가 다른 이 두 세대가 시니어와 주니어, 팀장과 팀원, 대표와 실무자 관계로 공존한다. 1세대에게 2세대의 로망은 걱정거리로 보이고, 2세대에게 1세대의 현실적 이야기는 괴리감만 불러일으킨다.

포스트잇은 왜 없나요?

나는 2세대 기획자 중에서 가장 오래된 연차에 속한다. 사무실에 입성했던 첫 날이 기억난다. 두리번거리며 사무실을 둘러보는데 '그것'이 보이지 않는다. 벽면을 가득 채우고 있어야 할 '포스트잇' 말이다.

서비스 기획 또는 UX 기획에 대한 꿈을 가진 사람이라면 책이나 학교에서 '어피니티 다이어그램Afiinity Diagram'을 접한 적이 있을 것이다.

어피니티 다이어그램은 일본 인류학자인 카와키타 지로Kawakita Jiro가 개발한 사회과학 방법론으로 방대한 데이터에서 의미 있는 결론을 이끌어내는 효과적인 방법 중 하나다. 어떤 주제에 대해 여러 사람이 자유롭게 내놓은 아이디어들을 친화도에 따라 그룹핑하고 관계를 찾아내서 인사이

a day for me
*
date ....
list

트로 도출한다. 이때 포스트잇을 사용하면 모두가 평등하게 아이디어를 낼 수 있고 순서를 옮기기도 쉽다. 때문에 워크숍에서 진행하기에 가장 적절한 수단이 되었다. 게다가 2000년대 '사용자 중심 설계UCD'의 대명사가 되는 IDEO의 동영상에 포스트잇을 사용하는 모습이 선보이면서 'UX 분석'은 곧 '포스트잇 활용'이라는 공식이 통용될 정도였다.

이후 UX 분석에 관련된 책이나 모바일 기획 관련 아카데미에서 너도나도 알록달록한 포스트잇을 사용해왔다. 이를 보며 꿈을 키워온 나 같은 2세대 기획자에게 '포스트잇을 사용하는 것 = UX 기획자가 되는 것'이라는 착각이 드는 것은 이상한 일이 아니었다.

최근 입사한 인턴 사원도 첫날부터 고개를 갸웃하고 있다. 분명 나처럼

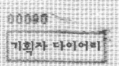

a day for me

＊

date ....

list

벽에서 포스트잇이나 거대한 고객여정지도 혹은 페르소나 같은 것을 찾는 것이 분명하다. 물어봤다. 아니나 다를까. 이 친구도 출근 전에 여러 색상의 포스트잇부터 구매했다고 한다.

고객여정지도(Customer Journey Map) 고객경험을 이해하기 위한 툴 중 하나로 고객이 서비스를 사용할 때 겪는 경험을 순차적으로 시각화하는 도구다.

페르소나(Persona) 서비스를 이용하는 고객을 특정한 캐릭터로 정의하는 것으로 서비스 방향성을 잡는 것에 도움을 주는 고객중심설계 기법 중 하나다.

포스트잇 없는 서비스 기획은 잘못된 걸까?

포스트잇을 사용하지 않는 업무 환경에서 주니어 기획자가 느끼는 첫 번째 감정은 '실망'이다. 실제로 많은 주니어 기획자들이 한국의 UX 수준에는 한계가 있다느니 서비스 기획을 제대로 배울 수 없다느니 하며 실망감을 표출한다. 좋은 회사에 다니는 기획자들은 분명 선진 방법론을 사용해서 프로페셔널하게 일할 거라며 자신의 처지와 비교하기도 한다. 과연 그럴까? 포스트잇을 사용하지 않는 서비스 기획은 모두 잘못된 걸까?

이를 판단하기 전에 우리가 하는 일이 무엇인지 본질적인 고민부터 해보자. 웹기획자, UX 기획자, 서비스 기획자, 프로덕트 매니저 등 여러 가지 이름으로 불리지만 온라인 서비스를 만들기 위한 정책과 기획을 하는 직

a day for me

*
date ....
list

무는 정도의 차이는 있어도 어느 회사에나 존재한다.

온라인 서비스가 웹으로만 구현되던 과거에는 이를 구분하기가 어렵지 않았다. 웹을 대상으로 하고 서비스를 기획한다는 의미에서 주로 '웹기획자'라고 불렸다. 그러나 온라인 서비스의 산출물이 웹뿐만 아니라 모바일 앱 등 네트워크를 활용한 다양한 디스플레이에서 구현되고 UX 개념이 강조되면서 웹기획자를 뜻하는 말도 다양해졌다. 물론 우리말로는 '서비스 기획자', 영어로는 Product manager로 정착되고 있기는 하다. 2016년부터 구글 검색 트렌드를 살펴보면 엎치락뒤치락하면서도 '웹기획자'라는 단어는 줄어들고 '서비스 기획자'나 'Product manager'의 사용이 조금씩 증가하는 것을 볼 수 있다.

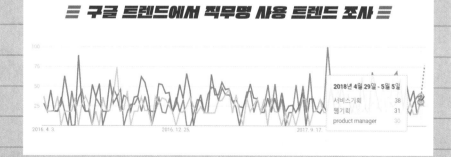

구글 트렌드에서 직무명 사용 트렌드 조사

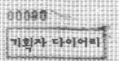

a day for me

date ....

list

　서비스 기획자 혹은 프로덕트 매니저는 비즈니스, UX, 기술 영역을 망라하여 프로덕트(서비스)를 구현하기 위해 기획하고 관리하는 사람을 말한다. 쉽게 말하면 비즈니스 모델상의 수익 구조, 고객과의 접점, 지향점 등을 종합하여 서비스를 만들고 성장하도록 관리한다는 의미다.

　그렇다면 웹기획자로 불리던 시절의 일은 달랐을까? 여러 가지 비즈니스 정책과 지향점을 만들고 개발자, 디자이너와 협업하여 프로덕트를 구현해냈다는 점에서는 다르지 않다. 다만 웹기획자라고 불리던 시절에는 프로덕트가 웹에 국한되었으므로 문서 산출물의 규격화가 이루어질 수 있었다. 현재 사용되는 요구사항 정의서, IA 양식, 와이어프레임, 개발 디스크립션이 담긴 스토리보드가 모두 그 시절에 정리된 것이다. 찾아보면 2000년대 초에 나온 문서나 지금의 문서나 크게 다르지 않다.

요구사항 정의서(Requirement) 시스템 개발 분야에서 어떤 과제를 수행하기 위해 필요한 조건이나 능력을 말한다.

IA(Information Architecture) 정보체계 분류에 따라 서비스에 포함된 웹페이지의 상하위 관계를 표시한 문서를 말한다.

와이어프레임(Wireframe) 화면 구성상의 UI를 점선면의 단순한 형태로 기획한 문서의 한 형태를 말한다.

개발 디스크립션 화면설계서(스토리보드)에서 와이어프레임을 그린 뒤 실제 구현할 때의 인터랙션 동작이나 개발에 필요한 로직 등을 자세히 설명한 영역이다.

화면설계서, 스토리보드(Story Board) 화면이 포함된 기획 설계 산출물로 기획의도와 목표, 와이어 프레임과 디스크립션이 포함된 문서다. 기획자의 최종 산출물로 볼 수 있다.

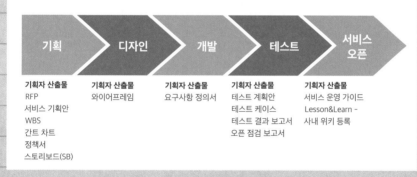

≡ 2000년 대 초 웹기획 과정과 산출물 ≡

기획	디자인	개발	테스트	서비스 오픈
기획자 산출물	기획자 산출물	기획자 산출물	기획자 산출물	기획자 산출물
RFP	와이어프레임	요구사항 정의서	테스트 계획안	서비스 운영 가이드
서비스 기획안			테스트 케이스	Lesson&Learn -
WBS			테스트 결과 보고서	사내 위키 등록
간트 차트			오픈 점검 보고서	
정책서				
스토리보드(SB)				

다만 시간이 지나면서 프로젝트의 안정적 관리보다 더 중요한 변화가 생겼다. 바로 UX와 모바일의 등장이다. UX 방법론으로 고객의 생각과 경험을 관리하기 위한 사안들이 추가되고, 모바일에서 활용되는 인터렉션을 예상하고 수정하기 위해 프로토타이핑Prototyping이 강조됐다. 게다가 모바일 서비스의 경쟁이 치열해지고 사회 변화 속도가 걷잡을 수 없이 빨라지면서 애자일Agile 방법론과 린 UXLean UX와 같은 실험적인 적용과 변화를

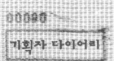

강조하는 프로젝트 방법론이 출연했다.

뒤에서 자세히 설명하겠지만 애자일 방법론을 적용한 프로젝트와 린 UX의 공통점은 최소 개발 가능한 핵심 서비스 프로세스만을 구분하여 오픈하고 고객반응을 지켜보면서 발전시키는 것이다. 어떤 것이 시장에서 터질지 모르는 요즘 환경에서 이런 방법은 유효했다. 빠른 프로젝트를 위해 기획자가 만들어내는 산출물은 공유와 실행이 쉽도록 온라인화되고 간소화됐다. 하지만 기획자의 고민은 더 깊어졌다.

"서비스 기획자의 가장 큰 본질은 무엇인가?"

서비스 기획자의 역할은 '문제없이 서비스를 구현하기 위해 필요한 모든 것을 할 수 있도록 만드는 것'이다. 여기서 '모든 것을 한다'는 말은 UX를 분석하여 얻은 비즈니스 이슈를 해결하고 구현해내는 것이다. 그러자면 법적·기술적으로 발생할 수 있는 문제를 찾아내고 그것을 적절한 방식으로 해결해나가야 한다. 스타트업은 새로운 방법론을 쓰고 대기업은 오래된 방법론을 쓸 수 있다. 그렇지만 서비스를 기획한다는 본질은 다르지 않다. 포스트잇이 없다고 해도 서비스 기획의 본질에 충실하다면 문제

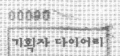

a day for me
*
date ....
list

가 되지 않는 것이다.

포스트잇의 진정한 의미

몇 년 전 믿고 따르는 서비스 기획팀 팀장님이 UX를 잘한다고 소문난 호주의 어느 소프트웨어 에이전시를 방문한 적이 있다. 선도적인 기업의 업무 스타일을 배우고 애자일한 프로젝트를 통해 서비스를 만들고 조직을 이끌 인사이트를 얻고자 가셨는데 의외의 점을 발견했다고 한다.

분명 방문자를 위한 프로그램에서는 포스트잇을 활용한 어피니티 다이어그램 워크숍과 여러 색깔의 모자로 의견을 교류하는 '여섯 모자 생각법' 등을 진행했다고 한다. 그런데 세미나실 뒤에서 일하는 실무진들은 모두 조용히 모니터만 바라보고 일을 하고 있더라는 것이다. 벽에 포스트잇은 붙어 있었지만 빨간 모자 따위를 쓴 직원은 없었다. 이유를 묻자 우문현답이 돌아왔다. 이미 체화하고 있기 때문에 굳이 모자를 쓸 필요가 없다는 것.

여섯 모자 생각법(Six Think Hot) 중립적, 감정적, 부정적, 낙천적, 창의적, 이성적 사고를 뜻하는 여섯 가지 색깔의 모자를 차례대로 바꾸어 쓰면서 모자 색깔이 뜻하는 유형대로 생각해보는 방법이다.

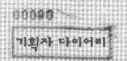

a day for me
*
date ....
list

　UX 방법론의 본질은 사고의 유연성에 있다. 서비스를 기획함에 있어 비즈니스 입장은 명확하다. 왜냐하면 서비스 기획을 요청하는 사람이나 서비스 기획자 모두 '서비스 제공자' 입장이기 때문이다. 그렇기 때문에 좋은 UX를 만들려면 '서비스 이용자'인 고객의 입장을 깨닫기 위한 계기가 있어야 한다. 그것이 이런 저런 방법론과 도구들이다. 하지만 UX에 대한 사고와 노하우가 체화되어있다면 매번 부자연스러운 방법론을 사용할 필요는 없다.

　게다가 UX 방법론을 통해 나온 정성적인 결과를 기존의 서비스 산출물로 연결해내는 것은 또 다른 차원의 문제다. 과거 마케팅 직무에 대한 열풍이 불었을 때, 너도나도 SWOT 분석과 포지셔닝 맵Positioning map을 배운 적이 있다. 지금도 대학생 발표 수업에서 빠지지 않고 등장하는 것이 프레임이다. 그런데 프레임을 배우는 것과 실무에서 프레임을 활용하는 것은 전혀 다른 일이다. 빈칸에 무언가를 쓸 수는 있지만 그것이 정말 의미 있는 결과가 되려면 수많은 사고 과정이 필요하다. 형식적으로 진행한다면 아무리 훌륭한 UX 방법론도 허무한 결과가 나올 수밖에 없다. 1세대 기획자들은 구현 과정과 협업 과정을 많이 겪은 터라 구현할 수 없다면 의미가 없다는 것을 안다. 이런 이유로 실무를 잘 아는 그들은 방법론을 실무

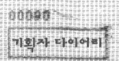

a day for me
*
date ....
list

에 적용했을 때의 실효성에 냉소적인 경우가 많다.

포스트잇의 문화적 차이

사실 포스트잇을 많이 사용하는 워크숍을 하는 이유는 문화적인 차이에서도 발견할 수 있다. 서구 드라마나 영화에 나오는 청소년 방과 우리나라 청소년 방을 떠올려보면 분명한 차이가 느껴진다. 서구권 청소년 방에는 포스터나 포스트잇이 꼴라주되어 어지러이 붙어있는 장면이 연출된다. 특히 모범생이나 천재 소년의 방은 더욱 그렇게 표현된다.

우리나라 청소년의 방은 어떠한가? 〈응답하라 1997〉에 나오는 성시원의 방을 보자. 연예인 포스터가 붙어있지만 이 포스터는 구기거나 오염되어서는 안 되는 중요한 것이다. 이 위에 낙서를 하거나 포스트잇이 어지러이 붙은 모습은 상상이 되지 않는다. 상징적인 비교일 뿐이지만 포스트잇으로 아이디어를 더하는 방식이 우리나라에서는 자연스러운 방법이 아닐 수 있다.

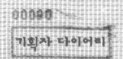

a day for me

*

date ....

list

모범생으로 나오는
〈스파이더맨〉 피터 파커의 방

〈응답하라 1997〉 성시원의 방

어피니티 다이어그램뿐만 아니라 다른 UX 방법론에서도 포스트잇은 자주 활용된다. 고객의 태도와 행동을 시각화하는 공감지도에서도, 서비스 기획 방법론으로 각광받는 구글의 스프린트에서도 포스트잇 활용은 엄청나다. 그런데 대부분의 UX 방법론이 서구권에서 넘어왔다는 것을 감안하면 포스트잇과 방법론 사이의 관계를 고민해봐야 한다. 포스트잇으로 그렇게 해야만 제대로 된 UX 분석이라고 할 수 있는지를 말이다.

공감지도(Empathy Map) 사용자의 생각, 느낌, 경험, 이득, 고충 등을 시각적 요소로 정리하여 보여주는 도구. 역시 샘플에 포스트잇이 많이 보인다.

구글의 스프린트(Sprint) 구글 벤처스에서 사용하는 고객중심 설계 프로세스. 포스트잇을 활용하는 예시 그림이 많다.

a day for me
*
date ....
list

당장 사무실에 포스트잇이 전혀 없다고 해도 문제될 건 없다. 서비스 기획의 3요소(비즈니스, UX, IT) 중에서 UX 분석의 상징적인 걸치레만 못할 뿐이다.

앞서도 말했듯 서비스 기획자는 UI만 설계하는 사람도 아니고 고객 분석만 하지도 않는다. 핵심 비즈니스를 IT 기술이 가능한 형태로 UX를 고려해서 만드는 것이 서비스 기획자다. 포스트잇을 활용한 방법론을 쓰지 않는다 하여 회사 일에서 배울 것이 없다고 결론을 내려서는 안 된다. 포스트잇은 쓰지 않더라도 충분히 다른 방식으로 IT 비즈니스에 대한 노하우

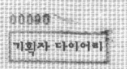
a day for me
*
date ....
list

와 UX에 대한 검증을 하고 있을 수 있다. 충분한 사고의 과정을 꼭 비주얼로 보여줄 필요는 없다. 다만 비주얼로 나타내는 것이 인지하기에 효과적이라 방법론이 각광을 받는 것뿐이다.

서비스 기획에서 중요한 것

그렇다면 현장에서 서비스 기획을 할 때 가장 중요한 점은 무엇일까? 앞서 서비스 기획은 UX를 분석하여 얻은 비즈니스 이슈를 해결하고 구현해내는 것이라고 했다. 즉 가장 중요한 것은 바로 '문제 해결'이다. 문제 해결책은 UI적인 것일 수도 있고, 프로세스에 관한 것일 수도 있고, 신기술을 도입하는 것일 수도 있다. 어쨌거나 누군가는 문제를 해결하기 위해 UX 방법론에서 힌트를 얻기도 하고, 또 누군가는 UI의 형태를 와이어프레임으로 빠르게 그려보면서 해결 방법을 찾기도 한다. 방법론 자체를 배우는 것보다 '해결책을 찾아가는 방법'을 아는 것이 진정한 서비스 기획 역량이다.

같은 맥락에서 지금 자신이 속하거나 속하고 싶은 조직에 대한 평가를 해야 한다. 이 회사의 서비스 기획부서는 어떤 관점에서 이슈에 대한 해결책을 찾는가. 그런 점에서 1세대 기획자 선배들은 아주 다양한 노하우와

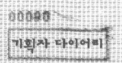

a day for me
*
date ....
list

서비스 구현 경험을 가지고 있다. 그런 경험이 아집이 되어버린다면 문제 해결에 방해가 되겠지만, 대개는 2세대 기획자들이 운영하는 서비스 프로덕트의 방향성을 제시하는 결정적인 역할을 한다.

그러므로 경험 많은 1세대 기획자와 새로운 방법론과 기술에 밝은 2세대 기획자는 화합할 수 있어야 한다. 2세대 기획자들은 선배들의 경험에서 비즈니스에 대한 이해와 프로젝트 과정에서의 노하우를 배울 수 있고, 1세대 기획자들은 후배들에게서 새로운 방법론을 습득해 경직된 조직에 시도해볼 수 있을 것이다. 1세대와 2세대의 조화가 적절히 이루어질 때 상호 간의 역량은 향상될 수 있다.

Chapter 2.

서비스 기획을 위해 알아야 할 것들

서비스는 맨땅에서
나오지 않는다
- 비즈니스 전략과 서비스 기획 -

　　서비스 기획 스쿨의 요약 버전인 5일짜리 토요일 클래스를 진행한 적이 있다. 이름하여 '웹/앱 서비스 기획 유치원'. 서비스 기획 스쿨 과정이 직무 전환을 위해 석 달을 온전히 투자할 사람들이 모이는 것이라면, 토요일 클래스는 직장인들이 짬을 내서 오는 경우가 많다.

　　'웹/앱 서비스 기획 유치원'은 서비스 기획 스쿨보다 쉬운 입문 교육이었기에 직무에 대한 설명부터 하려 했다. 그런데 강의실 풍경이 전혀 예상 밖이다. 서비스 기획을 하고 있거나 경력이 있는 개발자들, 심지어 나보다 연차가 훨씬 많은 이들이 줄줄이 앉아 있는 것이었다.

> 저는 서비스 기획이라고 하기에 서비스를 새롭게 만드는 방법을 기대하고 왔는데요.

　　여차하면 환불할 것 같은 매서운 태세였다. 서비스 기획에 대해 듣고 싶어

하는 범주가 주니어 기획자와는 상당히 달랐기에 결국 수업 내용을 대폭 조정했다. 주니어 기획자 과정이 UX와 IT에 포커스를 맞췄다면 이들 시니어 기획자에게는 신규 서비스를 런칭하는 프로세스에 방점을 두기로 한 것이다. 즉 서비스 기획의 근본이 되는 '프로덕트(서비스) 생애주기^{PLC, Product life cycle}' 관점에서 서비스 기획을 강의하기로 했다. 내 입장에서 보자면 정리해서 보고하는 느낌이었지만 어쨌든 이 분들의 15시간을 가치 있게 만들고 싶었다. 그리고 원래의 스쿨 과정에도 이 내용을 더 보강하게 되었다.

아이디어 ≠ 서비스 기획

먼저 '서비스' 또는 '프로덕트'의 개념부터 이해할 필요가 있다. 국내에서 프로덕트 개념은 보편적이지 않다. 익숙한 것은 웹/앱 서비스를 만드는 과정인 '프로젝트'뿐이다. 기존의 프로젝트는 외주 형태로 발전되었고 프로젝트 관리자, 기획자, 디자이너, 개발자로 이루어진 프로젝트 그룹은 곧 비용으로 치부되었다. 시장분석과 진입전략, 비즈니스 모델조차도 기능 개발을 위한 '공수'라고 부르는 기간과 인력투입 기준으로 재단되었고, '봉황'을 목표로 프로젝트를 추진해도 주어진 시간과 비용 때문에 '닭'이 되어버리는 경우가 허다했다.

프로덕트는 과정에 해당하는 프로젝트가 아니라 프로젝트에 의해서 만들어지는 산출물을 의미한다. 이커머스 사이트를 예로 들어보면 해당 사이트 전체가 하나의 프로덕트이며, 좁은 의미에서는 하나의 이용자가 하나의 목표(또는 과업^{Task})를 수행할 수 있도록 하는 기능의 묶음이 프로덕트인 것이다. 예를 들어 이커머스 사이트 내에서 '검색'이나 '주문'도 하나의 프로덕트가 된다. 이런 점에서 국내에서는 프로덕트란 단어를 '서비스'라고 치환해서 불러도 의미가 상통한다. 즉 서비스 기획에서 말하는 서비스란 '무언가 목적을 가지고 있는 이용자에게 목적을 이룰 수 있도록 도와주는 프로덕트 전체'를 총칭한다. 그리고 여기서의 서비스란 고객을 위해서 무언가를 처리해주는 대면 업무나 대가없이 제공해주는 편의나 덤을 의미하는 것은 아니다.

서비스 기획자(= 프로덕트 매니저)나 프로젝트 관리자 모두 프로젝트를 진행한다. 하지만 서비스 기획자가 프로젝트 관리자와 다른 점은 프로젝트를 서비스 생애주기를 관리하기 위한 하나의 수단으로 진행한다는 점이다. 서비스 생애주기는 '도입-성장-성숙-쇠퇴'의 4가지 사이클을 이룬다. 어떤 서비스라도 마찬가지지만 적절한 시장 진입을 통해 빠르게 성장시키고 성숙기간을 늘려 최대한 이익을 창출해야 한다. 도입, 성장, 성숙, 쇠퇴의 단계에 맞추어 끊임없이 프로젝트를 진행하는 것이다.

프로젝트 이론에서 최초 서비스를 만들어내는 프로젝트를 '구축 프로젝트'라고 하고, 그 이후 서비스를 운영하면서 변경하는 프로젝트를 '운영 프로젝트'라고 부른다. 서비스 기획자에게는 어느 쪽도 포기할 수 없는 중요한 부분이지만, 수강생들의 관심은 대부분 '구축'에 집중되어있다.

신기술 동향이나 메가 트렌드를 분석해 차별화된 새로운 서비스를 고민하라거나 외부 교육을 며칠 진행하고는 단시일 내에 그럴듯한 신규 서비스를 내놓으라고 압박하는 회사가 많다. 하지만 번뜩이는 아이디어에 집착하는 서비스 기획은 구체성이 결여된 설익은 아이디어에 그칠 가능성이 크다. 아이디어만 좋으면 신규 서비스가 될 수 있을까? 그렇다면 성공적인 프로덕트는 천재에게서만 나와야 하는데, 사실 서비스 기획은 천재들의 전문 분야가 아니다.

전략 기획과 서비스 기획 모두가 필요하다

앞서 서비스 기획을 정의하면서 잠깐 언급했지만 전략 기획자와 서비스 기획자는 다소 다른 직군에 속한다. 전략 기획자가 방향성에 집중한다면 서비스 기획자는 구현에 집중한다. 새로운 서비스를 도입하기 위한 초기 단계에서는 전략 기획과 서비스 기획 모두가 필요하다.

전략 기획은 경영전략 이론을 기반으로 한다. 즉 경영학에서 배운 4P 마케팅 믹스, 3C 분석, STP 전략, SWOT 분석 등을 바탕으로 시장에 진입했을 때 어떻게 자사 역량을 극대화하여 '지속가능한 경영'을 할 것인지를 목표로 한다. 이에 전략 기획자들은 업계 동향과 투자관계에 밝고 투자비용과 예상수익을 계산하여 손익분기점(BEP)을 넘어선 수익을 만드는 것에 골몰한다. 다시 말해 핵심적인 수익 모델의 큰 방향과 공식을 제시하는 것을 목표로 하고 있다.

서비스 기획자의 업무는 이렇게 만들어진 수익 모델이 잘 작동할 수 있도록 구조로 설계하고 구현하는 사람이다. 큰 방향의 전략을 쪼개서 여러 개의 프로덕트로 나누고 각각의 프로덕트를 실행하기 위해 업무 프로세스를 설정한다. 즉 말과 공식으로 되어있는 비즈니스 모델을 웹/앱 서비스 내에서 작동할 수 있는 시스템으로 설계하는 일을 기획한다.

이렇게만 보면 둘의 업무에 순서가 있어 전혀 겹치지 않는 것처럼 보인다. 하지만 서비스 구현이 고려되지 않은 전략 기획은 전략을 실행하는 단계에서 난관에 봉착한다. 예를 들어 '기존보다 어린 고객(영타깃)을 대상으로 하는 UX가 훌륭한 온라인뱅킹'이라는 전략이 도출되었다고 가정해보자. 우선 전략 기획에서는 영타깃을 정의 및 분석하고 현재 영타깃에게 어필되는 벤치마킹 대상도 추려낼 것이다. 하지만 영타깃에게 편리하면서도 좋은 경험을 남기는 UI 환경을 시스템적으로 설계하고 만드는 방법은 제시하기 어려울 것이다. 이는 서비스 기획의 영역이기 때문이다.

전략 자체가 기술만을 거론하는 경우도 마찬가지다. 'AI를 이용하여 최적화된 큐레이션을 제공한다'라는 전략이 있다면, 이를 구현하는 데 있어 굉장히 많은 현실적 문제가 존재한다. 서비스 기획자와 전략 기획자의 생각이 정확하게 소통되고 컨센서스를 이루지 못한다면, 결국 구현으로 이어지는 과정에서 전략은 희석되기 쉽다. 목표가 재단되고 사라져 막상 사용해보면 초라하고 어설픈 용두사미 서비스가 되거나 서비스 기획자의 잘못된 이해로 말미암아 방향성이 아예 달라지는 경우도 있다.

이런 문제를 최소화하기 위해 전략 기획과 서비스 기획을 함께하는 방식도 있다. 이른바 '디자인씽킹', '사용자 중심 설계UCD, User Centered Design'다. 이들 방법론은 전략이 아니라 고객의 현재 불편한 점이나 평소 느끼지 못한 페인포인트를 발견하는 것에서 출발하여 어떻게 고객에게 가치를 전달할 것인가를 구체적으로 설계해내는 프로세스 중심의 방법론이다. 특히 산출물 자체가 눈으로 보고 손으로 만질 수 있는 목업 형태의 프로토타입인 경우가 많아 단기간에 그럴듯한 서비스 아이디어를 보여줄 수 있다는 강점이 있다. 기존의 전략보다 서비스의 형태를 구체적으로 표현하기 때문에 무엇을 만들어내야 하는지 좀 더 쉽게 예상할 수 있다.

구글 벤처스의 서비스 기획방식으로도 유명한 '스프린트'도 이와 유사하다. 스프린트 방식은 서비스를 개선하거나 아예 새롭게 만들어내기 위해 관계자들이 5일 안에 프로토타입을 만들어 실용적인 서비스 전략을 얻는 방식이다.

첫째 날에는 주제에 정통한 10명 이내의 관계자가 모여 해결하려는 문제의 구조와 이면의 이슈들을 분석하여 핵심 주제와 타깃을 설정한다. 둘째 날에는 이에 대한 해결방식을 각자 스케치하고, 셋째 날에는 각자가 아이디어를 내어 최적의 솔루션을 선정하고 서비스 흐름을 만들어본다. 넷째 날에는 1~3개의 현실적인 프로토타입을 만들고, 다섯째 날에는 5명의 타깃 고객을 대상으로 사용자 테스트를 진행하여 피드백을 얻는다.

이렇게 5일만에 사용자의 문제로부터 나아가야 할 방향에 대한 중요한 인사이트를 얻는 것이 핵심이다.

이들 방법론은 서비스 흐름을 만들고 인터페이스가 있는 프로토타입을 만들게 되므로 서비스 기획 영역에 좀 더 치우친 것처럼 보이지만 비즈니스의 비용설계 등 전략 기획자가 함께 참여해야 할 이유가 많다. 구글 스프린트 방식에서도 프로젝트 팀을 구성할 때부터 자사가 속한 시장에 대한 분야별 전문가와 의사결정이 가능한 사람으로 구성하기를 강조한다. 결국 새로운 서비스가 제대로 런칭되려면 시장과 수익 전략, 그리고 그것을 서비스로 만들어내기 위한 프로세스 모두가 동시에 기획되어야 하는 것이다.

서비스 성장을 고려한 서비스 기획

하나의 비즈니스가 탄생하려면 시장 분석을 통해 만들어낸 전략과 수익 구조, 그리고 이것을 시스템으로 반영하는 프로세스를 만들어내는 것이 중요하다. 이 모두를 모아놓은 개념이 바로 '비즈니스 모델'이다. 비즈니스 모델은 어떤 제품이나 서비스를 어떻게 소비자에게 제공하고, 운영하며, 돈을 벌겠다는 것인지를 정리한 아이디어를 말한다.

비즈니스 모델에서 가장 유명한 것은 '비즈니스 모델 캔버스'라고도 불리는 9블럭 모델이다. 이 모델은 기업이 함께 일하고 있는 파트너와 내부 역량을 동원하여 어떤 채널과 방법으로 고객에게 가치를 제공하는지를 정리하고 이 과정에서 필요한 비용과 수익을 계획한 것이다. 크게 고객에게 서비스를 제공하고 이익을 얻는 부분(1~5)과 서비스를 제공하기 위한 기반 구조(6~9)로 나눠볼 수 있다.

비즈니스 모델 캔버스를 그저 9개의 블럭을 채우는 식으로만 활용한다면 전략기획 문서장표의 1쪽을 차지하는 것에서 끝나 버리기 쉽다. 제대로 작동하는 비즈니스 모델을 만들려면 9가지 블록을 IT 시스템 내에서 유기적인 데이터의 흐름으로 연결시킬 수 있어야 한다.

제대로 된 비즈니스 모델이 되려면 한 가지를 더 고민해야 한다. 바로 순환

≡ 비즈니스 모델 캔버스의 9가지 항목 ≡

고객에게 서비스를 제공하고 이익을 얻는 부분

1. 고객 세그먼트 Custormer Segments	2. 가치 제안 Value Proposition	3. 채널 Channels
4. 고객 관계 Customer Relationships	5. 수익원 Revenue Streams	6. 핵심 자원 Key Resources
7. 핵심 활동 Key Activities	8. 핵심 파트너쉽 Key Partners	9. 비용 구조 Cost Structure

고객에게 서비스를 제공하기 위한 기반 구조

≡ 비즈니스 모델 캔버스 양식(예. 배달의 민쪽) ≡

핵심 파트너	핵심 활동	가치 제안	고객 관계	고객 세그먼트
오토바이 배달 서비스 회사 (부릉/바로고 등)	• 요식업체 등록 및 관리 • IT 서비스 기능 관리 및 추가	• 배달 주문 편의성(온라인 주문/전화 없이 주문) • 식당 정보 제공 • 배달 불가 음식의 배달 서비스 제공	• 고객 리뷰 • 점포 평가 점수 • 트랜디한 디자인 • 치킨대학, 문구공모전, 팬클럽 등	• 원하는 장소에서 음식을 배달시켜 먹고 싶은 개인 이용자 • 식당을 많이 알리고 싶고 배달 장사를 하려는 요식업 대표자
	핵심 자원 • 판매자 교육지원 • 배민 라이더스 • IT 기술력 • 높은 트래픽		**채널** • APP • CS 고객센터 • 판매자 교육센터	

비용	수익원
• IT 인프라 운영비 • 쿠폰, 홍보, 적립 등 마케팅 비용	• 결제 수수료 • 광고 수익

구조Virtuous cycle structure를 만들어내는 것이다. 과거 서비스의 대부분은 서비스 공급자가 수요자에게 일방적으로 제공하는 파이프라인 형태로 이루어졌다. 때문에 서비스가 좋고 마케팅 비용을 많이 투자하면 유입 트래픽이 올라가고, 서비스가 나쁘다고 생각하면 유입 트래픽이 낮아졌다. 하지만 웹2.0 서비스가 보편화되어 SNS를 통해 모든 서비스가 자신의 영역 밖에서 공유·연결되면서 서비스의 성장 공식도 180° 바뀌었다. SNS를 통해 재생산되는 정보를 '네트워크 효과'라고 하며 이는 서비스의 성장을 가속시키기도 하고 사장시키기도 한다. 서비스의 질만큼 관계성도 중요해지고 고객의 자연스러운 유입과 자연스러운 성장이 가능해졌다. 이런 서비스 구조를 '플랫폼'이라고 부른다.

플랫폼은 말 그대로 기차역과 같다. 가만히 있어도 사람이 오가며 기차를 이용하는 기차역처럼 플랫폼 서비스 역시 이용하는 사용자들이 알아서 가치를 만들어낸다. 사용자들이 만들어내는 가치가 커지면 플랫폼의 가치도 커지고 자연스럽게 규모의 성장이 일어난다. 하지만 자생적으로 작동하고 성장하는 플랫폼 서비스를 만들려면 네트워크 효과를 고려하여 서비스 사용 및 유입을 순환시키는 구조로 설계할 필요가 있다.

대표적인 순환구조가 바로 제프 베조스Jeff Bezos가 그린 '아마존의 플라이휠'이다. 냅킨 스케치로 유명한 이 그림은 비즈니스 모델이 작용하면서 서비스가 성장하는 것을 설명한다. 아마존은 저가로 좋은 상품을 공급하면 구매고객에게 좋은 경험이 축적되고 계속 찾아오게 된다고 설명한다. 이렇게 만들어진 트래픽은 더더욱 많은 판매자를 끌어들이고 이를 통해 판매하는 상품이 늘어나면 또 다시 고객에게 좋은 경험으로 이어진다고 말한다. 이렇게 하여 플랫폼 규모가 커지면 투자를 통해 비용이 적게 드는 구조를 만들어낼 수 있다. 더욱 낮은 가격대로 서비스를 공급할 수 있다는 것이다. 플라이 휠은 회전되면 될수록 플랫폼의 사이즈와 서비스도 점점 더 긍정적인 방향으로 순환된다는 특징을 가진다.

아마존의 플라이 휠 전략

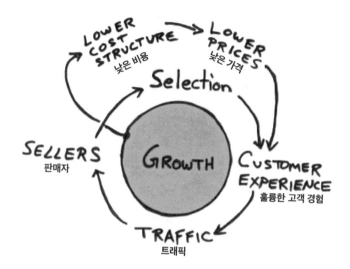

밑지고 최저가에 팔면서 고객을 사로잡는다.

경쟁자들이 나가떨어지면 아마존은 순식간에 시장을 장악한다.

번 돈은 남김 없이 고객 경험과 신사업 확장에 투자한다.

더 많은 고객을 아마존 생태계 안으로 끌어들인다.

고객이 더 늘어 매출이 커지면 그 돈을 다시 투자한다.

더 많은 고객에게 최저가에 판다.

≡ 데이비드 삭스가 그린 우버의 냅킨 스케치 ≡

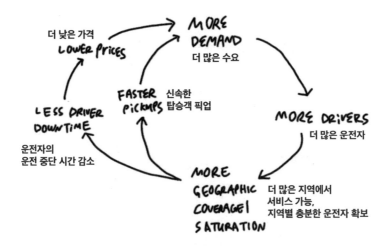

플랫폼 서비스가 단순히 수요자와 공급자를 연결하는 중개자 역할로만 작용하는 '양면 플랫폼' 서비스라면 이런 선순환 구조가 더욱 중요하다. 아마존처럼 애초에 선순환 구조를 설계하지는 않았지만 대표적으로 성공한 플랫폼 서비스가 '우버'이다. 기업용 SNS 서비스인 야머의 창업자 데이비드 삭스^{David Sacks}는 트위터에 우버의 선순환에 대한 냅킨 스케치를 그려서 올렸는데 이 역시 자연적으로 성장이 가능한 구조를 보여준다.

우버의 냅킨 스케치를 보자. 차를 사용하지 않는 시간대에 택시처럼 활용할 수 있도록 하는 플랫폼 서비스인 우버는 우버 서비스에 대한 더 많은 수요^{More Demand}가 생기면 더 많은 운전자^{More Drivers}가 참여하게 될 것이고 이렇게 공급이 늘어나면 더 많은 지역에서 충분한 운전자가 확보^{More Geographic Coverage|Saturation}되면서 고객은 더 빠르게 우버를 잡을 수 있게 되어^{Faster Pickups} 이용자의 수요가 더더욱 늘어날 것이라고 보고 있다. 또한 이러한 순환 내에서 우버의 서비스 공급자인 차 소유주들은 수요가 늘어날수록 유휴 시간이 줄어들어^{Less Driver Downtime} 더

낮은 단가로 서비스를 제공Lower Price하게 되고 고객 수요는 더 상승하게 될 것이라고 보았다.

이처럼 비즈니스 모델이 작동하고 자연적으로 성장하는 서비스를 설계하려면 비즈니스 모델과 선순환 구조가 자연스럽게 녹아 들어간 시스템을 기획해야 한다.

비즈니스 환경에 맞는 서비스 기획

그렇다면 프로세스와 시스템에 비즈니스 모델과 선순환 구조만 녹여내면 신규 서비스를 만들 수 있을까? 아쉽게도 서비스 기획자는 고려해야 할 것이 하나 더 있다.

예를 들어 생각해보자. 차량 이동이 필요한 사용자와 주변에 등록되어있는 운전사의 차량을 연결해주는 '승차 공유 서비스'인 우버 모델은 전 세계적으로 성공이 검증된 모델이다. 그런데 우리나라에는 이런 모델이 없다. '쏘카'와 '그린카' 같은 차량 임대 서비스가 있지만 차량의 공급자가 개인이 아닌 기업이다. 이런 차이가 생기는 이유는 국내법에 규제를 받기 때문이다. 우리나라에서는 개인이 차량을 이용하여 돈을 버는 행위가 불법이다. 그 유명한 우버조차도 우리나라에서 손을 뗐던 이유다. '타다'와 카카오의 '카풀서비스'가 언론에서 많은 난항을 겪었던 것도 우리나라이기에 일어난 일이다. 훌륭하지 않은 아이디어라서 국내에 동일한 서비스가 없는 게 아니라 비즈니스 환경이 불가능하게 조성되어 있어 없는 것이다. '타다'는 결국 2020년 4월 서비스를 접게 되었다. 이밖에 우리나라에서는 전통주를 제외한 주류나 담배를 온라인에서는 판매할 수 없다(2020년부터 오프라인 픽업에 한하여 온라인 결제를 허용하기로 하였다.).

국내 온라인 사업은 정보통신망법과 개인정보보호법의 영향을 받고, 결제 서비스가 있다면 전자상거래법이나 공정거래위원회의 지침에도 영향을 받는다. 따라서 서비스의 프로세스를 상세하게 기획하는 시점에서는 법률적인 부분을 포함해서 여러 가지 비즈니스 환경을 검토하고 반영해야 한다. 어떤 시장에서 어떤 사업을 벌이느냐에 따라 익혀야 하는 규정들이 다르다. 우리나라 법은 해야할 것을 정해놓은 것이 아니라 하면 안 되는 것을 정해놓은 형태의 법제이고, 특히나 정보 데이터 관련해서는 세계 최고 수준의 규제를 가하고 있다. 서비스를 기획하는 입장에서 이를 검토하고 시스템에 반영하는 것은 매우 중요한 일이다.

"로마에 오면 로마법을 따르라."는 말이 있듯이 똑같은 아이디어라도 진출할 시장의 법규에 맞추어 구현해야 한다. 서비스 기획자는 이런 일을 하는 사람이다. 그래서 참신한 아이디어를 떠올린다고 해서 서비스를 만들어낼 수 있는 것도 아니고, 흔하디흔한 구조에서도 서비스의 차이를 만들어낼 수 있는 것이다.

서비스는 고민의 깊이가 중요하다

여기까지 설명을 하고 나니 한 수강생이 이런 질문을 한다.

> 이런 것들을 다 알아야 서비스 기획을 할 수 있나요?

물론 그렇진 않다. 장사를 하는 모든 사람이 경영학을 공부해야 성공하는 것이 아니듯 서비스 기획 또한 마찬가지다. 안다고 잘하는 것도 아니고 모른다고 실패하는 것이 아니다. 우버의 냅킨 스케치도 우버에서 직접 그린 것이 아니질 않는가. 다만 고민의 깊이가 중요하다. 아이디어를 서비스로 만들기 위해, 그 서비스를 성장시키기 위해 디지털 환경을 이해하고 노력한다면 분명 같은 고민을 할 수밖에 없다. 서비스를 성공으로 이끈 사람이 CEO일 수도 있고 디자이너일 수도 있고 개발자일 수도 있다. 하지만 불리는 타이틀이 다를 뿐 이러한 사람들은 분명 서비스 기획적 측면에서 고민을 깊게 하고 노력했을 것이다. 이것만은 분명하다. 아무런 생각도 하지 않고 맨땅에서 좋은 서비스를 수확할 수는 없다.

참으로 어렵고도 본질적인 문제다. 이 부분을 설명할 때마다 서비스 기획자로서 나는 얼마나 오랜 시간 치열하게 공부하고 고민했는지 반성하게 된다. 그래서 꼭 다음날 회사에 갈 때면 주먹을 불끈 쥐고 전투력을 올리며 서비스 기획자로서의 하루를 시작하곤 한다.

용어

4P 마케팅 믹스 마케팅의 4대 요소인 제품(Product), 촉진(Promotion), 장소(Place), 가격(Price)을 활용하여 마케팅 활동을 위한 전략을 세우는 것을 의미한다.

3C 분석 시장에서 고객(Customer), 자사(Company), 경쟁사(Competitor)가 어떻게 움직이고 있는지 현황을 파악하기 위해서 사용하는 분석 툴이다.

STP 전략 시장세분화(Segmentation), 목표시장 설정(Targeting), 포지셔닝(Positiong) 세 단계를 통해 회사의 한정된 자원을 활용하여 특정 고객층을 대상으로 한 경영전략을 수립하기 위한 툴이다.

SWOT 분석 기업 전략 수립에 있어 자사의 강점(Strength), 약점(Weakness), 외부시장의 기회(Opportunity)와 위기(Threat) 요소를 2X2 매트릭스로 만들어 시각화하는 분석 툴이다.

프로토타입(Prototype) 아이데이션을 통해서 고안해낸 서비스가 목적에 부합하는지 검증하기 위해 만든 시제품을 말한다. 웹/앱 서비스에서는 실제 기능이 거의 없는 UI 형태로만 구성하는 경우가 많다.

파이프라인(Pipe Line) 플랫폼 비즈니스에 반대되는 기존의 비즈니스를 의미하며, 밸류체인에서 가치의 이동이 공급자에서 수요자에게 단계적으로 움직이는 특징을 가지고 있다. 예를 들어 회사는 먼저 제품이나 서비스를 디자인한 다음 이를 제조해서 판매하거나 서비스를 제공하기 위한 시스템을 통해 고객이 제품이나 서비스를 구매하도록 한다.

플랫폼(Platform) 파이프라인에 비해서 명확하게 정의되지는 않았으나 최근 온라인 서비스에서 두드러지게 나타나는 비즈니스 형태이다. 서비스의 밸류체인에서 가치를 만드는 공급 주체와 수요 주체가 서비스 내에서 자유롭게 변경될 수 있으며, 이때의 서비스는 가치교환을 중개하며 상호 간에 적합한 매칭을 제안하거나 수수료를 받는 형태가 많다.

서비스는 프로젝트에서
탄생한다
- 워터폴 방법론과 애자일 방법론 -

앞서 말했듯 한국의 서비스 기획자는 서비스 자체를 관리한다는 점에서 해외에서의 프로덕트 매니저와 더 유사하다.

> 프로덕트 매니저라고요? 프로젝트 매니저가 아니고요?

한글로 보면 프로젝트^{Project}와 프로덕트^{Product}는 철자 하나 차이지만 의미 차이는 엄청나다. 프로덕트는 서비스로 나타나는 '산출물' 자체를 의미하며, 프로젝트는 그 프로덕트를 만들어내는 '과정'을 뜻한다. 떼려야 뗄 수 없는 관계다.

서비스 기획자 업무 스펙트럼에서 본다면 프로덕트는 목표이자 결과가 되고 프로젝트는 그 목표를 이루기 위한 과정이 된다. 두루뭉술하게 PM이라고 부르고 있다면 그것이 이 둘 중 과연 어느 쪽을 의미하느냐는 그리 중요한 문제가 아닐 수 있다. 어차피 프로덕트를 기획하는 사람은 그것을 만드는 프로젝트에도 참여해야만 한다.

하지만 우리가 프로젝트에 더 익숙한 이유는 실제 업무에서 프로젝트를 하는 기간이 서비스를 생각하고 구성하는 시간보다 많기 때문이다. 애초에 기획이 잘 되었다면 프로젝트를 잘하는 것이 곧 좋은 서비스를 만드는 것이 된다. 그리고 대부분의 주니어 기획자들이 겪는 문제나 고민도 앞선 기획 단계보다는 프로젝트 과정에서 주로 발생한다. 본인의 기획이 부족하다는 사실도, 기획된 프로덕트에 문제가 있다는 사실도 프로젝트가 진행되어야만 알 수 있다. 서비스를 고민하는 부분이 서비스 기획자의 역량과 자질이라면 프로젝트를 순조롭게 진행하는 것은 스킬의 영역이다. 발로 물을 차는 법을 배우지 못하면 수영을 할수가 없듯 프로젝트에 참여해서 진행하는 방법을 모르면 원하는 서비스를 만들어낼 수 없다.

프로젝트의 정의를 다시 보자

프로젝트란 평소에 진행하는 일상적 업무가 아니라 일정 기간 목표를 위해 추진하는 특수한 업무를 말한다. 방법이나 내용적인 면은 천차만별이지만 사실 어느 직군, 어느 업무에서든 쓸 수 있는 단어다. 다만 서비스 기획자를 주제로 하고 있는 이 책에서 다루는 프로젝트란 적어도 '기획-디자인-개발-테스트-오픈'이라는 다섯 단계를 '기획자, 디자이너, 개발자'라는 최소 세 개의 직군이 함께하여 IT 시스템으로 서비스를 함께 만들어내는 협업 업무를 의미한다.

세 개의 직군 가운데 기술을 활용하지 않는 직군은 기획자밖에 없다. 건축 설계사가 없어도 미장이만 있으면 어떻게든 건물을 지을 수 있는 것처럼 기획자가 없어도 디자이너와 기술자만 있으면 뭔가 만들어낼 수는 있다. 하지만 이 설계가 건축물에 가치를 부여한다. IT 프로젝트도 마찬가지다. 기획자는 기술적으로 일하는 업무는 아니지만 프로젝트에 가치를 부여하는 사람이다. 그러므로 기획자는 프로젝트를 잘 운영할 수 있어야 한다. 공식적으로는 프로젝트 책임자가 아니더라도 말이다. 그렇다면 프로젝트를 잘 운영하기 위해 서비스 기획자는 무엇을 배워야 할까?

프로젝트 방법론:워터폴과 애자일

프로젝트에 대한 많은 책들이 프로젝트 방법론부터 설명하기 때문에 이 책에서는 간단히 다루도록 하겠다.

프로젝트 방법론이란 무엇인가? '기획 – 디자인 – 개발 – 테스트-오픈'이라는 프로젝트의 작업 순서와 작업 방식을 정의하는 방법을 의미한다.

대표적으로는 건설 프로젝트 방법론과 비슷한 '워터폴 방법론'과 모바일 시대가 도래하면서 각광받기 시작한 '애자일 방법론'이 있다. 특히 UX가 강조되기 시작한 2010년도에 들어서면서 대다수의 전문 서적들이 워터폴 방법론의 문제점을 지적하고 애자일 방법론을 찬양하고 있다. 내가 입사 준비를 하던 시절에도 워터폴 방법론이 아닌 애자일 방법론으로 프로젝트를 해야 한다는 계몽 서적이 넘쳐났다.

기획자가 되기 위한 준비를 하고 있던 취준생 시절, 나는 워터폴 방법론으로 프로젝트를 해본 적도 없으면서 이 방법론은 구식이고 느리고 문제가 많다는 인식을 가지고 있었다. 입사 후 사내에서 워터폴 방법론을 사용한다는 사실에 한심한 기분까지 들었다. 하지만 지금 생각해보면 그저 편견이었을 뿐이다. 두 가지 방법론에 대해서 좀 더 경험을 쌓다 보면 '워터폴 방법론은 문제가 많다'는 말이 정말 맞는 말일까 고민하게 된다.

서비스 기획 스쿨에 오는 대부분의 수강생도 예전의 나와 크게 다르지 않다. 워터폴 방법론을 이야기하면 하품을 짓다가도 애자일 방법론으로 넘어오면 두 눈을 반짝인다. 그들의 열망을 모르는 바 아니지만 나는 워터폴 방법론을 더 주요하게 다룬다. 워터폴 방법론을 기반으로 먼저 업무를 실습한 뒤 애자일 방법론과의 차이를 알려주는 식이다. 이렇게 수업을 진행하는 데는 이유가 있다.

첫째, 애자일 방법론은 '기민한' 프로젝트를 만드는 방법론이 아니라 사상적인 의미에 방점이 찍힌 방법론이다.

둘째, 워터폴 방법론을 익힌 뒤 비교를 해야만 '애자일 사상'과의 차이점을 이해할 수 있다.

그러니까, 우리도 워터폴 방법론에 대해 먼저 살펴보자.

워터폴 프로젝트 방법론

워터폴 방식의 프로젝트는 '기획-디자인-개발-테스트-오픈'이라는 프로세스 순서대로 진행된다. 이 방법론으로 진행되는 프로젝트의 가장 큰 특징은 앞 단계가 끝나야만 다음 단계로 나아갈 수 있다는 것이다.

이론적으로는 한 단계가 끝나면 다시 이전 단계로 되돌아갈 수 없다. 때문에 기획자가 작성하는 모든 문서는 전체적인 윤곽을 디테일하게 표현해야 한다. 즉 문서의 완성도가 전체 프로젝트의 완성도를 높인다. 또한 일사분란하게 개발을 진행하는 중에는 새로운 기획 요건을 더 이상 추가할 수가 없다.

그렇기 때문에 기획자에게 주어진 과제가 많을 수밖에 없다. 서비스 기획자가 고민을 얕게 하면 프로젝트 수행은 굉장한 난항을 겪게 된다. 특히 개발이나 디자인으로 해결하지 못하는 법적인 문제가 발견된다거나 사업적으로 해결 못할 외부 요인이 나타나면 프로젝트는 파행에 치닫고 워터폴 방식인데도 요건을 자꾸 바꾸고 추가하게 되면서 진행순서가 뒤죽박죽 꼬이게 된다.

현장에서 프로젝트를 할 때 가장 큰 문제는 의사결정권자들이 프로젝트의 방향을 중간에 뒤집어 버릴 때다. 이럴 경우 전체 개발이 크게 틀어진다. 워터폴 방식은 모든 개발자가 각자 맡은 부분을 동시에 진행하기 때문에 전체 그림이 바뀌면 어디서부터 수정해야 할지 감을 잡을 수가 없다. 여러 사람이 100층짜리 건물을 나누어서 동시에 짓고 있는데 갑자기 건물 디자인이 바뀐 격이다. 이런 경우 큰 구조에는 손을 댈 수가 없어 외부만 조금 수정하고 내부는 초기 기획대로 지을 수밖에 없다.

워터폴 방법론의 프로세스는 프로젝트 개발 자체에는 장점이 되지만 기획자에게는 끔찍한 일이다. 보통은 오픈 일정이 확정되어있는 상태에서 각 업무 기간을 역산하여 프로젝트 일정을 짜게 되는데, 개발 기간은 줄이기 힘들기 때문에 기획자의 기획 기간이 단축되는 경우가 부지기수다. 기획자가 고객을 만나 충분히 시뮬레이션하며 시행착오를 겪을 시간이 없다. 그래서 업계에서 구인을 할 때 워터폴 프로젝트는 비슷한 서비스나 프로덕트에 대한 경험이 있는 사람을 선호한다. 동종업종과 비슷한 기획이 나오더라도 빠르고 깊게 고민을 해본 사람에게 맡기는 것이 구멍이 생기는 것보다 낫다고 보는 것이다.

하지만 장점도 있다. 워터폴 프로젝트는 정해진 기간이 명확하기 때문에 기획에서부터 아예 오픈 가능한 범위로 프로젝트를 줄일 수 있다. 국내 대기업에서는 여전히 워터폴 방법론으로 프로젝트를 하고 있는데, 그 이유는 바로 대기업 CEO들이 오픈 일정을 중요하게 여기기 때문이다. 이런 특징 덕분에 워터폴 프로젝트는 선봉장이 기획 단계에서 IT적 설계와 UI까지 빠르게 파악한다면 웬만큼 괜찮은 프로덕트가 나온다. 비록 오픈 시점에는 올드한 구닥다리로 변해 있을 수 있지만 말이다.

워터폴 방식의 프로젝트는 1950년대에 생겨나서 현재까지 70년이 넘게 사

워터폴 방식 프로젝트에서의 기획자 산출물

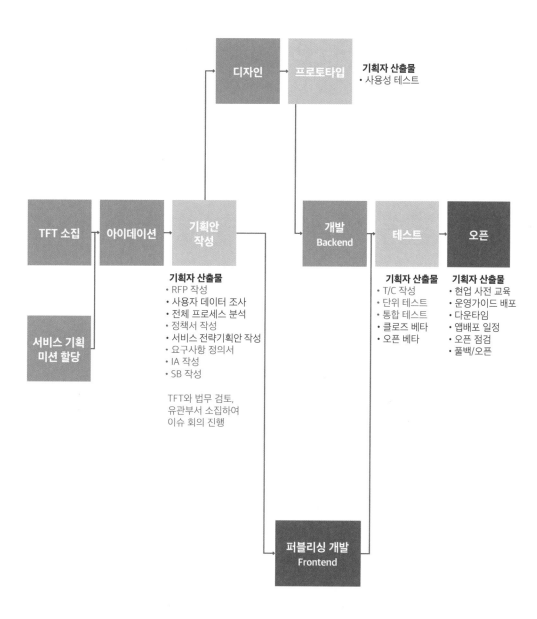

디자인 → **프로토타입**

기획자 산출물
• 사용성 테스트

TFT 소집 → **아이데이션** → **기획안 작성**

서비스 기획 미션 할당

개발 Backend → **테스트** → **오픈**

기획자 산출물
• RFP 작성
• 사용자 데이터 조사
• 전체 프로세스 분석
• 정책서 작성
• 서비스 전략기획안 작성
• 요구사항 정의서
• IA 작성
• SB 작성

TFT와 법무 검토,
유관부서 소집하여
이슈 회의 진행

기획자 산출물
• T/C 작성
• 단위 테스트
• 통합 테스트
• 클로즈 베타
• 오픈 베타

기획자 산출물
• 현업 사전 교육
• 운영가이드 배포
• 다운타임
• 앱배포 일정
• 오픈 점검
• 풀백/오픈

퍼블리싱 개발 Frontend

용되어 왔다. 그러나 시간이 흐르면서 워터폴 방식은 더 이상 시대를 따라갈 수 없게 되었고 이제 새로운 사상을 가진 프로젝트 방법론이 등장하고 있다.

워터폴 프로젝트 방법론과 애자일 사상

애자일^{Agile} 사상은 2001년 켄트 벡^{Kent Beck}을 중심으로 개발자 17명이 '애자일 선언'을 하며 촉발한 사상적 변화다. 가장 핵심적인 골자는 기존 워터폴 방법론의 선형적인 프로세스가 빠르게 변화하는 IT 세상에는 적합하지 않기 때문에 대안적인 프로세스가 필요하다는 것이다. 예를 들어 대형 온라인 쇼핑몰을 구축하는 데는 최소 1년 반에서 2년이란 구축 기간이 필요한데, 하루가 다르게 변하는 IT 세상에서 2년 전에 한 기획으로 쇼핑몰을 오픈해놓으면 트렌드가 한참 지난 서비스가 나와버리는 상황이 발생한다. 시기적절한 서비스를 만들어내기 위해서 프로젝트 방법이 바뀌어야 할 필요성이 대두된 것이다.

단순히 빠른 것을 의미하기보다는 변화에 유연한 프로젝트 방법을 주창했는데 이들이 주장하는 애자일한 프로젝트란 기획 문서를 준비하는 시간을 줄이고 개발 기간을 2~3주 정도의 스프린트 단위로 잘라서 서비스의 기획과 검토를 여러 번에 걸쳐 수행하는 것을 말한다. 그러면 중간 중간 변화하는 시장의 흐름을 기획에 포함시킬 수 있다고 보는 것이다.

또한 기획자가 다 설계된 후에 수행자로서 개발자와 디자이너가 참여하는 것이 아니라 이들이 처음부터 팀원으로 함께 참여하여 서비스에 대한 이해도가 높은 상태에서 더 좋은 서비스를 만들자는 뜻도 담겨있다. 이를 위해 상하관계나 체계에서 벗어나 목표에 맞는 최대한의 창의력을 발휘하자고 강조한다.

하지만 프로젝트가 하는 일 자체가 바뀌거나 목적이 바뀐 것은 아니다. 단지 과정을 좀 더 효율적으로 바꾸고 이에 대해 사상적으로 변화하자고 말하는 것이다. 즉 애자일 방법론은 '응용문제'에 해당한다. 워터폴 방법론이라는 '기초문제'를 충분히 익히지 못한 상태에서 애자일 방법론을 사용하는 것은 겉모습만 어설프게 흉내 내는 것이기 쉽다. 그 겉모습조차도 애자일 사상을 반영하기 위해 도출한 몇 가지 툴을 사용하는 것에 국한되어버리기도 한다.

애자일 프로젝트라고 해도 프로젝트는 프로젝트다. 1950년대부터 정립된 워터폴 프로젝트 방식을 충분히 이해하지 못한 상태에서는 애자일이 왜 애자일한지 이해할 수가 없다. 애자일 방법론은 세상에 없던 것을 이루어내는 것이 아니다. 워터폴 방법론이든 애자일 방법론이든 결국은 팀원들이 어떻게 효율적으로 프로젝트를 함께 해나가느냐가 핵심인 것이다. 이제 애자일 방법론의 흐름에 대해서 좀 더 살펴보자.

애자일 프로젝트 방법론

애자일 방법론을 보면 서비스 기획자의 역할이 좀 가벼워진 것처럼 보인다. 상대적으로 기획자가 작성하는 산출물이 적게 느껴지기 때문이다. 워터폴 프로젝트는 개발 방식이나 기술, 심지어 UI까지도 기획자가 먼저 숙제처럼 고민해야 하지만 애자일에서는 '사용자 스토리User Story'라는 백로그만을 작성한다.

사용자 스토리란 전체 서비스가 갖춰야 할 고객의 목표와 핵심 결과를 사용자 목표에 따라 잘게 나눠 작성한 '요구사항 리스트'라고 할 수 있다. 워터폴 방법론에서의 '요구사항 정의서'나 '화면설계서'에 포함된 상세 설명과 유사하지만 실제 구현에 있어서는 디자이너와 개발자의 자유가 보장되도록 작성해야 한다. 그리고 중간 중간 새로운 요구사항을 변경하거나 추가할 수 있도록 개발 기간을 나누어서 몇 개의 백로그(프로덕트에 대한 요구사항)만을 디자인, 개발, 테스트하는 스프린트 단위로 작성한다. 하나의 스프린트는 2~3주 정도에 해당한다. 즉 기획자는 '원하는 것What-to-be-done'을 최대한 문장의 형태로 기록하고 나머지 시간은 하나의 스프린트에서 어떤 서비스 영역을 개발할 것인지를 고민해야 한다. 스프린트별로 기획 방향을 끊임없이 검토하고 프로젝트와 프로덕트를 동시에 진행해야 한다는 뜻이다. 좀 더 보충 설명을 하자면, 사용자 스토리를 작성할 때 사용자의 목적을 달성하려면 어떤 기능이 처리될 수 있어야 하는지를 보여주어야 한다. 아주 큰 기능일 경우 'Epic-Task-Sub task'와 같이 단계를 나누어 계층구조로 세분화할 수 있다. '온라인 클라우드 서비스(드랍박스)'를 예로 들면 다음과 같다.

Epic 단계 : 사용자로서 나는 나의 하드 드라이브를 백업할 수 있다.

Task 단계 :

1. 사용자로서 나는 파일 사이즈와 생성날짜, 수정날짜에 따라 파일과 폴더를 지정하여 정렬할 수 있다.
2. 사용자로서 나는 나의 백업 드라이브가 불필요한 파일로 꽉 차지 않도록 백업하지 않을 폴더를 선택할 수 있다.

Sub-Task 단계 : 추가적인 폴더 설정 서비스는 결제를 통해서 제공받을 수 있다.

애자일 방식의 프로젝트는 기획자가 기획에만 집중할 수 있다는 점에서 굉장히 이상적으로 보인다. 하지만 현실은 그렇게 녹록지 않다. 사상적인 이해가 없는 상태에서 무턱대고 도입하면 부작용도 만만찮다. 트렐로^{Trello}나 지라^{Jira}와 같은 애자일 방법론을 돕는 툴을 활용하는 정도로 애자일을 이해할 경우 프로젝트 조직은 혼란을 겪는다. 프로젝트에 참여하는 개발자가 여전히 워터폴 방식대로 기획자가 HOW 영역까지 정해주는 것을 편하게 생각한다면 기획자는 서비스 기능과 목표 단위로 백로그를 정의해놓았어도 워터폴 방식의 스토리보드를 작성해야 할 수도 있다. 비즈니스 모델과 UX를 고려하여 창의적으로 UI를 디

≡ 애자일 프로젝트에서의 기획자 산출물 ≡

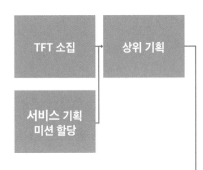

TFT 소집 → **상위 기획**

서비스 기획 미션 할당

기획자 산출물
• 페이퍼 목업
• PROTOPIE 등 프로토타이핑

기획안 작성　**기획용 프로토타입**

기획자 산출물
• 사용자 데이터 조사
• 전체 프로세스 분석
• 정책서 작성/PI 작성
• 서비스 전략 기획안 작성
• 사용자 스토리
• 백로그

TFT와 법무 검토,
유관부서 소집하여
이슈 회의 진행

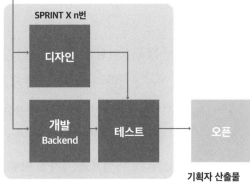

SPRINT X n번

디자인

개발 Backend　**테스트**　→　**오픈**

기획자 산출물
• 개발 프로토타이핑
• 사용성 테스트

기획자 산출물
• 현업 사전 교육
• 운영 가이드 배포
• 다운타임
• 앱 배포 일정
• 오픈 점검
• 풀백/오픈

디자인해줘야 하는 디자이너가 배경적인 이해를 거부하고 세세한 것까지 기획자에게 요구할 경우 기획자는 애자일 방식으로 프로젝트를 진행하면서도 동시에 워터폴 방식의 산출물을 어떤 방식으로든 같이 해내야 한다. 반면 워터폴 방법론에 익숙한 기획자들이 애자일 방법론에 익숙한 협업자들을 만나게 되면 협업자들의 자율적인 범위를 자꾸 침범하게 되어 협업자가 의욕을 잃게 되는 경우도 생긴다.

프로젝트 팀 구성원 모두가 애자일 사상에 동의하고 기획자만큼 프로덕트에 대한 이해가 높다면 애자일 프로젝트는 굉장히 이상적일 수 있다. 소수의 스타트업들은 이런 방식으로 세상을 바꿀 만한 멋진 프로덕트를 만들기도 했다. 굳이 애자일이라는 이름을 붙이지 않아도 모두가 프로덕트에 관심을 갖고 의견을 내고 의욕적으로 참여하다 보면 프로젝트를 해나가는 기간 내내 애자일한 모습이 만들어진다.

그렇게 되기 위해선 기획자에게 미션이 주어진다. 우리가 꿈꾸는 서비스에 대해서 더 많이 고민하고 그 고민을 프로젝트 팀원 모두에게 본인과 비슷한 수준으로 이해시켜야 하는 것이다. 문서를 던져주고 자신이 생각한 대로 움직이길 바라는 워터폴 방식에 비해 더 많은 시간과 에너지를 쏟아야 할 수도 있다. 애자일 방법론에서 기획자 역할을 하는 사람을 '프로덕트 오너^{Product Owner}'라고 부르는 이유는 바로 이 때문이다. 기획자는 모두의 사상과 목표를 합치시킬 수 있어야 한다.

그래서인지 안타깝게도 소위 에이전시 업체들이 모여 진행하는 제법 큰 프로젝트 중에서 애자일 방법론이 성공했다는 예를 들어본 적이 없다(내가 잘 모르는 것일 수도 있다.). 어설프게 애자일 방법론을 시도했다가 겉모습은 애자일 방식인데 내부적으로는 워터폴 방식이 되어 일만 두 배로 늘어났다는 기획자들은 여럿 보았다.

≡ 워터폴 방법론과 애자일 방법론의 비교 ≡

구분	장점	단점
워터폴 방법론	• 단계가 명확히 구분되어 있어 정확한 진척률을 확인할 수 있다. • 단계별로 책임 소재가 명확하다. • 프로젝트 인력에 푸시를 잘하는 조직에서는 오픈 일정을 맞추기 적합하다. • 산출물 문서가 명확하여 관리가 용이하다. • 외주 인력과 작업하기 용이하다.	• 앞의 단계에서 잘못된 기획이나 설계가 되었을 때 되돌리는 것에 굉장히 오랜 시간이 걸린다. • 앞 단계 문서에 명시되지 않은 부분은 누락되기 쉽고 기획 변경 시 영향 범위가 넓다. • 테스트 기간 전까지 산출물의 형태를 미리 보거나 테스트하기가 어렵다.
애자일 방법론	• 문서화 시간을 단축하고 개발된 산출물을 빠르게 만나볼 수 있다. • 중간 단계에서 변화하는 기획을 수용하여 빠르게 변화할 수 있다. • 개발자와 디자이너의 자유도가 높아 창의적인 결과를 가져올 수 있다. • 프로세스 내 내 팀원들과 협의하여 최고의 산출물을 만들어낼 수 있으며 개발자와 디자이너와 끈끈한 협업이 가능하다.	• 복잡한 프로젝트에 참여자의 수준이 제각각이면, 전체 진척률과 수준 관리가 어렵다. • 참여자들이 애자일 사상에 공감하지 못한 상태에서 출발하면 상호 간의 R&R(Role&Role) 문제로 번지기 쉽다. R&R은 상호 업무자 간의 업무 역할을 설정한 범위를 말한다. R&R을 침범한다는 것은 상대 업무자의 업무 범위에 월권하는 것을 위미한다. • 팀과 밀접하게 움직여야 하기 때문에 애자일 전문가 역할이 필요하고 전체적인 사상과 팀워크 관리가 필요하다.

기획자에게 방법론은 커뮤니케이션 수단일 뿐

두 가지 프로젝트 방법론 중에서 기획자 입장에서는 어떤 것이 더 좋을까? 최근에는 애자일 방법론이 더 좋은 성과를 보이고 있다. 하지만 자세히 들여다 보면 기획자는 업무 문서를 작성하기 위해서든 협업자를 이해시키기 위해서든 서비스에 대한 고민을 프로젝트가 시작되기 전에 충분히 해야만 하는 직무다.

다시 말해 프로젝트 방법론과 무관하게 프로젝트가 시작되기 전에 이미 서비스에 대한 고민을 해야 한다. 프로젝트 방법론은 기획을 쉽게 해주는 것이 아니다. 기획자가 비즈니스 모델을 제대로 설계하는 것은 어떤 방법론에서든 선행되어야 하는 필수 항목이다.

> 그러면 프로젝트를 성공시키려면 기획자는 뭘 배워야 해요?

다시 처음의 질문으로 돌아가보자. 서비스 기획자가 프로젝트를 잘 해내기 위해 필요한 것은 무엇일까? 기획자는 결국 기획을 해야 한다. 어떤 프로젝트 방법론을 선택하느냐보다는 머릿속에 뭉게뭉게 피어있는 기획을 (문서가 있든 없든) 프로젝트 팀원에게 구체적으로 전달할 수 있어야 하고, 팀원 스스로 자신이 무엇을 만들고 있는지, 무슨 일을 해야 하는지 알 수 있게 해야 한다.

기획자의 기획은 비즈니스 모델에 대한 이해를 바탕으로 해당 시스템 구조 내에서 구현 가능한 IT 기술과 고객에게 의미있는 UX를 만들어주는 UI가 포함된 것이어야 한다. 어느 것 하나도 기획자 혼자 만들어낼 수 있는 것들이 아니다. 그렇기에 기획자는 설명하고 또 설명해야 한다. 방법론에 맞는 방법으로 소통하고 또 소통해야 한다. 모르는 것은 이해하고 아는 것은 상대방이 이해할 수 있도록 쉽게 설명하는 능력이 필요하다. 기획자에게 중요한 역량은 기획력이고, 프로젝트 관리는 '기술'에 해당한다.

현업부서에서 서비스 개선 요청을 받다

- 서비스 운영 개발 요청서 -

> 자, 이제 서비스 기획자가 되었다고 생각하고, 서비스를 개선하는 기획 업무를 하나 받아봅시다.

서비스 기획 직무에 대한 이해가 어느 정도 되었다면, 이제부터는 해봐야 배울 수 있다. 국내에도 서비스 기획을 가르치는 수업이 많이 생기고 있다. 이들 수업 대부분은 새로운 서비스를 떠올리고 이에 대한 기획안을 쓰는 연습을 시킨다. 하지만 이런 방식은 전체 프로세스를 훑을 수는 있지만 짧은 시간 내에 깊이 있는 기획을 연습하기가 쉽지 않다. 피라미도 낚아보지 못했는데 참치를 낚는 격이다.

실무에서 서비스 기획자는 작은 부분부터 실습하면서 배운다. 입사 후 가장 많이 하는 일은 운영 중인 서비스에 배너를 추가하거나 텍스트를 고치는 일들이다. 회사가 신입 기획자를 충원할 때는 대개 새로운 서비스를 기획하거나 리뉴얼할 때가 아니라 현재 운영 중인 서비스를 관리할 때다. 즉 회사에 갓 입사한 주니어 기획자는 일상적인 서비스 운영 업무를 해나가면서 일을 배우게 된다. 그리고 이 과정에서 마케팅팀이나 HR팀, 광고팀 등 현업부서의 요청에 의해 프로젝트를 진행하면서 회사의 비즈니스 모델과 구조를 조금씩 습득하는 것이다.

이러한 업무를 회사가 아닌 교실에서 가르치기에는 한계가 있다. 회사마다 비즈니스 모델이 다르고, 그 회사의 서비스를 사용하는 사용자 패턴도 다르며, 운영되는 시스템도 다르기 때문이다. 그렇다 보니 UX나 HCI 대학원을 졸업하고 왔다고 해도 서비스 기획 실무는 회사에 입사한 후 다시 배워야 하는 경우가 흔하다.

나는 실무에서 일하는 서비스 기획자다. 기왕 하는 거 서비스 기획 스쿨에서만큼은 최대한 회사에서 일어나는 서비스 기획 실무와 가깝게 커리큘럼을 만들고 싶었다. 그래서 가상의 회사를 정하고 롤플레잉하는 방식으로 수업을 진행하고 있다. 즉 가상의 이커머스 회사와 가상의 시스템을 가정하고, 마치 오늘 입사한 서비스 기획자에게 업무를 주듯 미션을 던져주고, 이를 프로젝트화시켜서 해결하도록 하는 것이다. 이 과정을 통해 서비스 기획자로서 고민하는 방법과 프로젝트 산출물 쓰는 방법을 연습해보도록 했다. 롤플레잉을 할 때는 내가 협업자의 역할을 한다. 교과서적 이론을 가르치기보다는 옆 자리에 앉은 선배가 후배를 가르치듯 내가 실제로 겪은 일이나 주의해야 할 점, 그리고 원활한 커뮤니케이션을 위해 지켜야 할 것들을 알려주는 식이다.

수강생의 적극적인 참여가 필요한 방식이라 모든 수강생이 일정한 수준으로 성장할 수는 없지만, 롤플레잉에 참여하는 다른 수강생을 옆에서 지켜보는 것만으로도 간접 경험은 해볼 수 있다. 실무 현장이 활활 타는 불 속에 뛰어드는 거라면 사실 이 클래스는 촛불 정도다. 뜨거운지 차가운지 느껴보는 것만으로도 성공적인 사전학습이라고 생각했다.

현업부서의 서비스 운영 개발 요청서

제목 : 제휴 인입 주문의 주문 완료 페이지 내 개인화 영역 추가

요청자 : 제휴 마케팅팀 김나나 대리

요청내용
- 가격 비교 사이트를 통해서 들어온 고객이 주문을 완료할 때, 개인화된 관심이 될 상품과 기획전을 추가 노출하여 추가 구매를 유도
- 개인화된 상품 혹은 기획전을 노출
- 행사 기간에는 동일한 영역에 제휴 인입 채널별로 시간대를 조정하여 홍보 배너를 등록할 수 있도록 어드민(Adminstratior)으로 관리 기능 추가
- 행사배너 등록은 승인 절차를 통해 우리 팀에서만 운영 등록할 수 있도록 구성

  (1월 중 오픈 필수, 2월 행사 시즌에 활용할 예정)

규모가 커서 별도로 운영되는 프로젝트가 아닌 이상, 운영 중인 서비스에 대한 개발 요청서는 생각보다 단순하고 간단하다. 소위 현업부서이라고 불리는, 실제로 서비스를 운영하면서 마케팅 혹은 영업을 책임지는 부서들은 현재 서비스의 불편한 점을 개선해달라거나 새롭게 추진하는 업무를 위해 시스템을 바꿀 수 있는지 문의해온다.

회사마다 요청 방법은 다르지만 어느 날은 팀장이 해당 사안을 들고 오기도 하고, 어떤 때는 메일로 오기도 하며, 또 어떤 때는 사내 게시판에 '부서 간 업무 협조전' 같은 결재 형태로 전달되기도 한다. 어쨌거나 대부분의 개선 요청 내용은 비 IT 업무를 하는 일반 직군의 사람들이 현재 사용하고 있는 시스템에서 자신이 하고 싶은 것을 하기 위해 개선을 요청하는 내용이다.

현업과의 인터뷰 : 듣고 질문하고 이해하자

 안녕하세요. 제휴 마케팅팀 김나나 대리입니다.
김나나 대리   새로 오신 기획자분인가 봐요.

첫 시뮬레이션은 현업부서와의 서비스 운영 개발 요청에 대한 확인 미팅이
다. 나는 김나나 대리로 변신해서 현재 시스템을 어떻게 활용하고 싶은지 요청
사항을 떠들어댄다. 가상의 회사에서 일하는 가상의 인물이지만 평소 어떤 업무
를 하는지, 이 업무가 왜 시작되었는지, 누가 자신에게 이 업무를 지시했는지, 그
리고 언제까지 해야만 하는지를 설명한다. 이 영역이 시스템에 반영되면 어떤 식
으로 활용하고 싶은지도 희망을 가지고 떠든다. 그리고 묻는다.

 요청사항이 반영되는 데 얼마나 걸릴까요?
김나나 대리

수강생의 표정이 당황해진다. 서비스가 어떤 식으로 구성되어있는지도 모
르는데, 사내 용어 팍팍 섞어가며 말하는 요청사항은 외계어에 가깝다. 어느 회
사든 회사에서만 통하는 '슬랭'이 있어 IT 전문 용어가 거의 사용되지 않았음에도
처음 접하면 알아듣기가 힘들다. 지금 김나나 대리(나)는 자신이 하고 있는 업무
에 대해 신나게 떠들고 나서는 당장 서비스에 반영될 일정을 알려달라는 것이다.

 뭐 궁금하신 점 없으세요?
김나나 대리

나는 수강생의 어안이 벙벙한 얼굴을 뒤로 하고 자연스럽게 질문을 유도한
다. 시뮬레이션 전에 요청사항을 주고 미리 고민하도록 했기 때문에 수강생들은
본인이 이해하지 못한 부분을 묻기 시작한다.

수강생 (기획자)

제휴된 가격비교 사이트는 몇 개나 되나요?

추천 상품은 몇 개가 나오면 좋을까요?

개인화는 어떤 기준으로 하고 싶으세요?

그러다 보면 번지수를 잘못 찾는 질문도 나온다.

수강생 (기획자)

개발은 누구와 상의해야 하죠?

인입 채널이라고 되어있는데 어떻게 구분할 수 있죠?

김나나 대리

그건 기획팀에서 챙겨야 할 거 같은데요.

저는 마케팅 직무라서 잘 모르겠어요.

서비스 운영 개발 요청서가 들어왔을 때 기획자가 현업 실무자와 따로 만나 미팅을 하는 첫 번째 이유는 '통역' 때문이다. 같은 한국말이라도 한국말이 아니다. IT 업무를 하지 않는 사람들은 시스템에 관한 대화를 힘들어한다. 무슨 말인지도 모르고 무슨 뜻인지 알고 싶어 하지도 않는다. 현업부서는 그저 자신들이 원하는 서비스 기능을 언제쯤 사용할 수 있는지가 궁금할 뿐이다. 하지만 정제되지 않은 요청사항은 IT적으로 판단하는 개발과 디자인부서에게 혼동을 주기 쉽다. 불분명한 서비스 요청사항이 전달되면 서로 다른 외국어로 소통하듯 이해하기가 어려워 현업부서와 실행부서 간에 마찰이 생긴다. 특히 내부에 서비스 기획자가 없어 외주 에이전시 개발자에게 직접 요청할 때는 소통이 잘 되지 않아 일정만 윽박지르다 감정이 상하는 경우가 많이 생긴다. 때문에 웹/앱 서비스가 주력인 회사에서는 현업부서와 개발부서 사이에서 기획자가 통역사처럼 조율하는 것이다.

그러나 현업부서의 요청사항을 통역해서 개발부서에 전달하는 것만으로 기획자의 역할이 끝나는 것은 아니다. 그렇다면 기획자라고 부를 이유가 없다. 서비스 기획자의 역할은 '서비스 관리'이다. 서비스 관리는 전체 서비스의 방향성이 비즈니스와 IT, UX의 관점에서 일관되게 유지·운영될 수 있게 하는 것이다. 현업부서에서 서비스 운영 개발 요청서가 들어오면, 이 요청사항의 목표와 방법이 회사 서비스의 거대한 방향성에 부합하는지 제로베이스에서 판단해야 한다. 때문에 현업부서와의 미팅에서 가장 중요한 질문은 방법적인 부분이 아니라 현업이 요청하게 된 '진짜 목표'를 파악하는 것이다.

최근의 현업 실무자들은 웹/앱 서비스에 관심이 많기 때문에 타사 UI를 캡쳐해온다던가 와이어프레임에 준하는 형태로 그려와 방법적인 부분을 명확하게 요청하기도 한다. 하지만 이것은 현업부서의 목표에 맞추어 현업 실무자가 선택한 하나의 대안일 뿐이다. 회사 서비스의 비즈니스 전략과 맞지 않을 수도 있고, 애초에 기술적으로 불가능할 수도 있다. 서비스 기획자는 현업부서가 원하는 진짜 목표를 기반으로 전체 프로덕트의 방향성에 맞는 대안을 새로 고민할 수 있어야 한다. 그러자면 핵심 질문을 던지는 것이 중요하다. 예를 들면 이런 질문이다.

수강생 (기획자)

그러니까 제휴로 들어온 고객들에게 상품을 하나 더 제안하자는 거죠? 제휴로 들어온 트래픽의 구매 전환율을 높이려는 게 목표인가요? 아니면 사이트에서의 체류 시간을 늘리는 것이 목표인가요?

서비스 기획자는 오퍼레이터가 아니다

> 그러면 요청사항을 다 받아주지 말라는 건가요?

에이전시에서 주니어 기획자로 일하고 있는 수강생 J는 고개를 갸웃하며 말을 이었다.

> 제가 일하는 곳이 에이전시라서일까요? 우리 회사는 요청이 오면 그 작업에 필요한 인원과 시간에 대해 작업공수 형태로 추가 비용을 요청할 뿐, 요청 내용에 대해서는 평가를 안 하거든요. 인하우스 서비스 기획자는 요청을 받아주지 않아도 되나요?

요청사항을 받지 않을 수 있느냐의 여부는 사실 서비스를 운영하는 부서(서비스 기획부서)의 권한이 얼마만큼인지에 따라 다르다. 즉 회사마다 다를 수 있다. 다만 서비스를 운영하는 부서가 서비스 전반에 걸쳐 방향성과 품질에 대한 권한을 가지고 있다면, 현업의 모든 요청은 해당 서비스 관점에서 판단하는 것이 필요하다. 서비스가 커지고 조직이 세분화되면 각 조직의 핵심 성과지표^{KPI}가 조금씩 달라지고 어떤 경우에는 서로 상충하기도 한다.

예를 들어 지금 요청하는 제휴 마케팅팀(제휴를 통해서 사이트에 찾아온 고객을 대상으로 마케팅을 관리하는 팀)의 KPI가 제휴사를 통해서 들어온 고객의 구매전환율을 늘리는 것이라면, 다이렉트 마케팅팀(제휴 없이 직접 사이트를 찾아온 고객을 대상으로 마케팅을 관리하는 팀)의 KPI는 자사의 서비스에 다이렉트로 진입한 고객의 구매전환율을 늘리는 것으로 두 가지 목표는 상충될 수 있다. 작게 보면 서비스에 인입하는 고객의 동선이 완전히 다르기 때문에 문제가 되어 보이지 않지만, 전체 비즈니스 측면에서 본다면 트래픽을 끌어온 만큼 제휴사에 수수료를 지불해야 하는 제휴 트래픽은 다이렉트로 구매가 일어나는 것보다 이익이 크지 않아 상대적으로 건전하지 않은 트래픽이기 때문이다. 트래픽은 부족해도 문제지만 너무 많아도 비용이 발생한다. 각 팀에서는 각자의 입장만을 먼저 보기 때문에 서로의 트래픽 전환율만을 고려할 것이다. 하지만 전체 서비스 측면에서는(회사

차원에서는) 단기적으로는 제휴 트래픽이 중요하겠지만 장기적으로는 다이렉트 트래픽이 중요할 수밖에 없다.

만약 제휴 마케팅팀과 다이렉트 마케팅팀 양쪽에서 각각의 아이디어로 서비스 개선 요청을 해온다면 누가 이 서비스의 전반적인 방향에 대해서 판단을 내릴 것인가? 판사는 아니지만 서로 조율할 수 있도록 비즈니스, 시스템, 고객 UX를 고려하여 요청사항의 경중을 판단할 수 있는 객관적인 집단이 필요하다.

서비스 기획자는 갑질을 한다?

> 저희 기획팀은 제대로 들어보지도 않고 맨날 안 된다고만 해요.

스타트업에서 마케터로 근무 중인 수강생 Y의 볼멘소리가 튀어나왔다. 분명 필요하고 다른 회사도 하고 있는 서비스를 해달라는 것인데, 왜 기획자는 매번 회의 때마다 미간을 찌푸리고 안 된다고 하는지 답답하다고 했다. 반면 에이전시에서 일하는 수강생 J 모든 개발은 비용으로 연결되기 때문에 기획자 입장도 이해가 된다고 했다.

왜 서비스 기획자는 맨날 안 된다고 하는 것처럼 느껴질까? 에이전시처럼 비용이 추가로 드는 계약적 이슈가 아니라면 대체 그 이유가 뭐란 말인가?

연차가 높은 기획자일수록 요청사항을 들으면서 개발 스펙을 파악하는 속도도 빠르다. 서비스의 시스템 구조를 이미 파악하고 있기 때문에 되는 것과 안 되는 것을 잘 안다. 그래서 되는 것과 안 되는 것을 바로 답할 수 있는 것이다.

예를 들어보겠다. 내 키는 겨우 160cm다. 그런데 엄마가 와서 옆집 애는 덩크슛이 되더라며, 나더러 농구대에서 덩크슛을 해보라고 한다. 160cm 키와 현재의 점프력으로 덩크슛이 가능할 리 없으니 나는 굳이 시도할 필요가 없다. 안 된다고 말한다. 현업의 요청사항을 들을 때 숙련된 서비스 기획자의 머릿속에는 혹시 과거에 이와 비슷한 시도는 없었는지 업무 히스토리와 시스템적 한계를 기억해내려 애쓸 것이다. 그 표정이 찌푸려진 미간으로 표현되고 안 된다는 말로 나가는 것이다.

물론 세상 어디에나 꼰대는 있다. 기획자 중에는 자신이 만들어놓은 시스템을 바꿔달라고 하는 것만으로도 자존심 상해하는 부류가 있다. '무조건 안 된다고 하는 기획자'에 대한 기억은 이런 경험에서 오는 편견일 수도 있다.

어차피 회사 내에서는 모두가 을이다. 기획자가 뭔가 해주지 않으면 새로운 일을 할 수 없는 현업 실무자도 을의 기분이고, 새로운 일을 요청받아서 처리해야 하는 기획자도 을의 기분이다. 대표님 빼고는 갑도 없는데 모두가 갑질 당하는 기분이다. 을끼리 성공적인 협업을 이루려면 상대가 갑질한다는 느낌을 갖는 대신 상호 간의 신뢰가 싹트도록 서로 노력해야 한다.

심리 상담을 할 때 상담사는 내담자와 친밀한 신뢰관계를 구축하는 것을 중요시한다. 이것을 '라포Rapport'라고 하는데 상호협조가 중요한 협업 관계에서도 라포는 협업의 동인이 된다. 라포를 형성하려면 타인의 감정, 사고, 경험을 이해하여 공감대를 형성하려고 노력해야 한다. 일도 마찬가지다. 서비스 기획자에게 필요한 덕목은 요청된 사안이 불가능하더라도 현업 실무자가 말하는 요청사항의 배경과 목표를 듣고 함께 대안을 찾으려 노력하는 자세에 있다. 그러려면 먼저 요청사항의 필요성에 공감해주어야 한다. 그 요청이 사내 높은 사람의 비논리적인 지시에 의한 것일 수도 있다. 들어보지도 않고 배타적일 필요는 없다.

그 다음은 직무적 신뢰감을 주는 것이다. 현업부서 입장에서는 서비스 기획자도 기술직이다. 서비스 기획자가 시스템이 어쩌고저쩌고 하면 알아듣기 어려워 한다. 최대한 상황을 쉽게 설명해주고 대안을 제시할 수 있어야 한다. 요청자가 10가지를 요청했을 때 어떤 상황에서는 기존 기능을 이용하여 아주 빠른 방법으로 6가지 정도의 요청사항이 해결되는 경우도 있다. 그러면 6가지 요청사항을 해결한 상태로 서비스를 오픈한 후에 성과를 보며 나머지 4가지를 추가 개발해 시스템을 구축해나가는 방법도 있다.

이렇게 서비스 기획자가 먼저 대안을 제시해서 추가로 시스템을 개발하지 않고도 (혹은 최소로 개발해서) 현업부서가 바라는 뭔가를 시도해볼 수 있도록 해준다면, 아마도 상대방은 굉장히 적극적인 협업 관계라고 느낄 것이다. 이런 관계가 쌓이면 부서끼리의 적대적인 느낌은 부지불식간에 줄어든다.

프로젝트는 대개 시간과 돈이 있으면 불가능할 것이 없다. 하지만 현실은 시간이든 돈이든 부족한 경우가 태반이고 이는 현업부서에게 설명하기도 어렵다. 어차피 안 되는 것을 설명해야 하고 서로 함께 해야 하는 일이라면 같이 일하고 싶은 관계로 만드는 게 최선이다.

> 맞아요. 전 기획자가 굉장히 냉철하고 카리스마 넘치는 모습일 거라 생각했는데 강사님은 안 그렇잖아요.

대학을 이제 막 졸업한 수강생 K의 말이다. 순간 칭찬이 맞나 싶었지만 편안하고 친근하다는 말이라 생각하니 기분이 좋았다. 적어도 그 이야기를 하는 수강생과의 라포는 생겼다는 생각이 들었다.

Dialog. 김나나 대리와의 협업 미팅

김나나 대리

안녕하세요. 제휴 마케팅팀 김나나입니다. 새로 오신 기획자신가 봐요?

이신입 사원

안녕하세요. 서비스 기획팀에 새로 입사한 이신입입니다.

네, 오늘 제가 요청한 거 설명 하면 되죠? 뭐 내용은 별거 없고요. 가격 비교 제휴 사이트를 통해 들어온 고객이 주문했을 때, 주문 완료 페이지에 개인화 영역을 추가했으면 해요. 자동으로 상품이랑 기획전 배너가 나오게 하고, 행사기간에는 상품 대신 홍보 배너를 등록할 수 있도록 관리자 페이지가 있으면 좋겠습니다. 홍보 배너 등록할 때는 우리 팀만 쓸 수 있도록 승인절차를 넣었으면 좋겠고요. 이거, 상무님 지시사항이라서 무조건 다음달 1월 중에 오픈해야 해요. 2월 초 행사부터 바로 사용하려고 하는데, 언제쯤 오픈 가능할까요?

 가격비교 제휴 사이트라고 하시면 기준이 있으신가요?

 네이버랑 에누리닷컴이랑⋯ 그때그때 노출대상을 유동적으로 바꿀 수 있었으면 좋겠어요.

 개인화라고 하셨는데 어떤 방식으로 개인화하시려는 거예요?

 아, 그게 사실 상무님이 개인화를 강조하시긴 했는데, 이 부분에 대해서는 좀 더 고민이 필요할 것 같아요. 개발에서 개인화할 수 있는 데이터가 있으면 제안해주시면 좋겠어요.

 승인절차를 넣어달라고 하셨는데, 승인자는 어떻게 세팅하실 거예요?

 팀에서 어떻게 하실지 잘 모르겠네요. 나중에 알려드릴게요.

 그러면 승인권한이 바뀔 수 있다고 생각해도 될까요?

아, 네~

그런데, 이 영역을 넣으시려는 이유가 제휴 트래픽의 구매 전환율을 높이려는 건가요? 아니면 제휴로 들어온 사용자의 체류시간을 늘리려는 건가요?

구매로 전환하는 게 목표이긴 한데 체류시간 쪽에 더 무게를 두고 있어요. 이미 구매를 한 고객이니까 관련 상품을 추천하면 구매하지 않을까 싶거든요.

아, 그렇군요. 그런데 제휴 사이트를 통해 들어온 상태에서 추가로 구매하게 되면 제휴 수수료가 더 나가지 않나요? 제휴 채널로 들어와서 받은 추가 쿠폰도 또 쓸 거고요.

뭐 그렇긴 하죠. 수수료야 더 나가겠죠, 근데 그게 왜요?

지난달부터 다이렉트 트래픽을 늘리려고 전사적으로 고민하고 있잖아요. 그 전략과 상충되는 부분이 있는 것 같아서요. 일단 주신 내용은 이해했습니다. 내부적으로 상의해보고 다시 말씀드릴게요. 이해 안 되는 부분은 질문드릴게요. 감사합니다.

네, 오픈 일정 빨리 알려주세요!

UX 분석을 하고
서비스 전략을 세우다

기획자 산출물 : 서비스 전략 기획서

> 이제 요청사항 받은 대로 기획하면 되나요?

현업부서의 요청사항을 이해하고 나면 수강생은 두 패로 갈린다. 서비스 기획 업무가 아예 처음인 수강생 무리와 업무에서 와이어프레임을 조금이라도 그려본 수강생 무리. 전자의 수강생들은 요청사항에 쓰인 어휘 자체를 어려워하고, 후자의 수강생들은 습관적으로 떠오르는 와이어프레임을 어서 그리고 싶어 다급해진다.

> 지금은 절대 UI부터 떠올리지 마세요!

이 지점에서 수십 번 강조하지만 가장 어려워하는 지침이 바로 이것이다. 특히 에이전시에서 주어진 조건에 맞춰 일해오던 수강생들은 알아야 할 것들은 거의 다 나온 터라 그림만 그리면 끝날 업무를 내가 방해하는 꼴이다. 사실

나 역시 머릿속에 비슷한 UI가 자동으로 떠오른다. 얼른 마우스 잡고 네모 네모 그려버리면 될 것 같다. 하지만 우리는 아직 '서비스 기획'은 시작도 하지 않았다. 인하우스 서비스를 운영하는 관점에서 서비스 기획자는 단순한 오퍼레이터가 아니다. 현업부서의 요청사항은 완벽한 대안이 아니며, 서비스의 중심을 잡고 만들어나가야 하는 전문가는 현업 실무자가 아니라 나 자신이라는 프로의식이 필요하다.

사실 서비스 개발 기획은 언제나 시간이 부족하고, 일정에 쫓기다 보면 모르는 사이에 습관적인 UI 기획을 하기 마련이다. 평범한 수준으로 개발이 가능하고 요청한 사람도 만족하는 수준. 하지만 그런 기획이 쌓이다 보면 근본적인 고민이 고개를 들기 시작한다.

'나는 제대로 일하고 있는 걸까? 이런 반복이 무슨 의미가 있을까? 이것이 내가 꿈꾸던 서비스 기획자의 모습일까?'

이런 고민을 하지 않으려면, 지금 당장 일하려는 손을 멈추고 잠시 생각부터 정리해보자. 2보 전진을 위한 1보 멈춤 정도 되겠다. 서비스가 '내 자식' 같으려면 전체 프로덕트가 지향하는 방향 안에서 주어진 미션을 완결성 있는 서비스로 만들어야 한다(적어도 나만큼은 그렇게 느껴야 한다.). 여기서 '서비스의 완결성'은 고민의 깊이와 넓이에 의해 결정된다. 그리고 이러한 고민이란 서비스 기획의 3요소인 자사의 IT 구조와 역량, 비즈니스적 이해, 고객의 UX에 대한 분석을 바탕으로 서비스 전략을 만들어내는 과정을 뜻한다.

서비스 전략은 군기가 바짝 든 이등병의 관등성명처럼 누군가 서비스에 대해서 물어보면 툭 하고 나올 정도로 체화된 고민의 결과여야 한다. 서비스 전략이란 드라마로 치면 전체 캐릭터와 스토리라인이 있는 시놉시스와 같다. 제대로 만들어놓지 않으면 시청자 의견에 휘둘리는 드라마처럼 지나가는 부장님 말에도 흔들리고, 쪽대본으로 찍는 드라마처럼 앞뒤가 맞지 않는 서비스가 기획되기 쉽다. 배우들이 대본을 깊이 이해하고 연기해야 좋은 드라마가 나오듯 우리도 서비스 개발을 함께할 협업 대상자들(디자이너, 개발자 등)에게 서비스를 깊이 이해시켜야 한다. 기획자 자신이 알쏭달쏭한 전략과 방향성을 가지고 있다면 디자인하는 사람도 개발하는 사람도 알쏭달쏭해지고 결국 서비스를 만드는 사람 모두의 생각이 달라서 완결성 있는 서비스가 나오기 힘들다. 업무의 속도도 중요하지만 그 속도 때문에 고민의 시간을 건너뛰어서는 안 되는 이유다.

기획자가 가장 먼저 해야 할 것은 UX 분석

> 그럼 어떤 것부터 고민해야 하나요?

'단연코 고객을 이해하는 일'이라는 내 말에 어쩐지 강의실 분위기가 싸해졌다. 이 말에서 으레 UX가 떠오르기 때문인 듯했다. '경영'이나 '마케팅'처럼 익숙한 용어와는 다르게 UX는 여전히 (이 분야 밖의 사람에게는) 낯선 단어다.

UX[User eXperience]란 애플 출신 디자이너이자 IDEO의 수장인 돈 노만[Don Norman]이 1995년에 만든 것으로 휴먼 인터페이스[Human Interface]를 넘어 산업 디자인, 인터렉션, 디자인 모두를 포괄하는 개념으로 처음 사용됐다. 이 개념이 등장하면서 사람이 기계를 작동시키는 인터페이스[Human Engagement System] 관점이 바뀌게 된다. 현재의 UX 개념은 테일러리즘(1900년 테일러에 의해서 주창된 과학적 경영 관리법)이 바뀌어 하드웨어적 인터페이스에서 소프트웨어까지 인터페이스의 범주가 확대되었고, 나아가 이용자의 이용 환경[Context]이나 특성까지 고려하기 시작했다. 즉 인지과학, 심리학이 산업 디자인과 함께 UX라는 단어에 포함되었다. 이런 UX를 서비스 기획 과정에서 유용하게 사용하기 위해 다양한 방법론이 개발되었고 이런 방법론만 모아놓은 도구 모음집[Tool-kit]도 다수 생겼다.

UX는 국내에서도 지난 십여 년간 이 분야 사람들에게는 피할 수 없는 단어였다. 꼭 배워야 할 필수 학문 같긴 한데, 정작 책을 보거나 교육을 들어도 쓸모 있는 결과를 얻었는지는 모르겠다는 사람이 넘쳐난다. 다급한 기업들을 위해 만들어진 조악한 UX 단기 교육들은 소위 UX 방법론을 수학 공식처럼 가르치고 의미 없는 단타성 실습을 반복시켰다. 해외에서 들여온 책들은 낯선 해외 프로젝트 사례를 제시하면서 UX를 강조했기에 국내 소프트웨어 개발 환경에 적합하지 않았고, 직무 내용과 직무명조차 일치하지 않아 타깃이 되는 직무자들도 자신이 타깃인지조차 판단하기 어려워했다. 국내 대학에서는 학부와 석사 과정이 생기고 고급 인재들이 배출되었으나 막상 업무에 뛰어들면 방법론과 업무 간의 간극이 생각보다 컸다. 10여 년간 국내에서는 UX에 대한 의문과 불신이 도리어 커진 것이다.

2017년에 출간된《논쟁적 UX》의 저자들은 '보여주기식 UX' 전문가들이 난립하면서 대한민국의 UX 리서치 시장이 비정상이 되었다고 이야기한다. 수업에서도 이런 분위기가 느껴졌다. UX 분석의 중요성을 이야기할 시점이 되자 '이제 또 그 UX 타령을 하겠군.'이라고 생각하는 표정들이 더러 보인다.

서비스 기획자로서 나는 UX 분석 자체에 대해서는 중요하게 생각한다. 하지만 UX 방법론에 대해서는 의문을 갖고 있다. UX 분석은 해외에서는 UX 리서쳐라는 직군이 형성된 전문 직무다. 국내에서도 UX 리서치 에이전시가 더러 존재한다. 하지만 회사 내부에 UX 리서치 조직을 가지고 있는 곳은 거의 없다. '약은 약사에게 진료는 의사에게'처럼 명확하게 구분할 수 있다면, 사실 UX 리서쳐에게 UX에 대한 분석 결과를 얻어 서비스 기획자는 판단만 할 수 있으면 된다. 하지만 현실적으로는 그런 협업자가 없기 때문에 아쉬운 대로 직접 사용자 인터뷰를 하거나 조사를 할 수밖에 없다. 데이터도 마찬가지다. 내부에 데이터 사이언티스트가 있다면 그를 통해 데이터 분석을 받으면 되지만 이 역시 없을 가능성이 크기 때문에 어쩔 수 없이 서비스 기획자가 그 방법을 익혀야 한다고 본다.

다만 UX 방법론에 대해서는 다소 아쉬움이 있다. 방법론이란 그저 방법론

≡ 워터폴과 애자일의 UX 분석 방법 비교 ≡

구분	연역적 분석	귀납적 분석
정성적 조사	페르소나 기법 페르소나 스펙트럼	컨텍스츄얼 인쿼리 쉐도잉(필드 리서치)
정량적 조사	사용자 트래킹 분석(GA, 와이즈로그, 뷰저블, 파이어베이스 등)	A/B 테스트

일 뿐이다. 복잡한 사고과정의 기준을 잘 잡기 위한 방법론 자체가 목적이 될 수는 없다. 궁극적으로 UX 방법론은 고객 경험을 통해 서비스의 개선 방향에 대한 인사이트를 얻기 위한 것이어야 한다. 방법론 자체가 곧 UX는 아니라는 말이다. 그래도 방법론을 꼭 써보고 싶다면 열심히 공부해서 올바른 방향으로 사용하면 된다. 그래서 이 책에서는 UX 방법론에 대한 자세한 내용은 시중의 다른 책들에게 바통을 넘기고, 나는 UX 방법론을 통해 나온 인사이트를 어떻게 이해하고 서비스 기획에 활용할 것인지에 집중하려 한다. 다만 UX를 분석하는 사고의 흐름을 이해하고자 두 가지 기준으로 구분해서 대표적인 UX 분석 방법들만 간단히 훑어볼 것이다.

　모든 연구의 과정이 그렇듯 UX 분석도 '관찰'과 '추론'으로 이루어진다. 관찰에는 감정에 공감하거나 이해하는 '정성적 분석'과 수치화된 데이터를 기반으로 분석하는 '정량적 분석'이 있다. 이를 기반으로 가설을 검증하는데 '연역적 방식'과 '귀납적 방식'으로 범주를 나눠볼 수 있다. 즉 정성적 혹은 정량적 분석을 하기 전에 미리 가설을 세우고 그 가설이 적합한지 판단하는 연역적 방식이 있고, 조사를 하고 그 결과를 해석하면서 UX 결론을 이끌어내는 귀납적인 방식이 있다.

정성적x연역적 방식(페르소나 기법&페르소나 스펙트럼)

정성적이고 연역적 방식의 대표적인 UX 분석 방법으로는 '페르소나 기법'
과 '페르소나 스펙트럼Persona Spectrum'을 들 수 있다. 페르소나 기법이란 서비스를
이용하는 고객을 대표하는 가상의 인물을 상정하고 서비스 프로세스에 따라 그
인물의 상황과 감정 등 모든 경험을 고려하는 것이다. 이와 관련한 전문 서적에
서는 페르소나를 만들 때 연령, 성별, 직업, 가족관계, 하루일과 등 세부적인 인
물 정보를 정의하라고 한다. 예를 들면 새벽배송 장보기 서비스를 위해 설정한
페르소나를 만들어보자.

> **30대 워킹맘 김진주 씨**
> 매일 아침 아이를 어린이집에 맡기고 출근을 하고 퇴근하면서 아
> 이를 픽업하여 저녁을 해먹이는 패턴을 가진 사람

페르소나는 서비스가 운영 중일 때는 실제 이용 고객의 특징을 잡아서 정
의하고, 서비스가 아직 런칭되지 않는 상태라면 목표하는 타깃을 명확히 그리면
된다. 그 다음 작업은 워킹맘을 위한 새벽배송 장보기 서비스를 기획하면서 페
르소나인 김진주 씨의 일상에서 기존 서비스의 페인포인트가 무엇이고 어떤 감
정이 들었을지 상상하는 것이다.

페르소나 기법은 그 전통만큼이나 여전히 많은 UX 교육과 연구에 그 내용
이 들어가 있다. 페르소나 기법은 아무것도 없는 상태에서 서비스를 만들어내는
경우 타깃팅을 분명히 한다는 점에서 의미가 있다. 하지만 페르소나 기법에 대
한 비판도 만만치 않다. 고객의 모습을 평균적인 형태의 한 가지로만 규정해놓
으면 서비스를 운영할 때 페르소나에 매몰되어 다수의 진짜 고객을 외면하거나
예상치 못한 상황에 대처하기 어려울 수 있다는 것이다.

이런 이유로 마이크로소프트 사에서는 '페르소나 스펙트럼'이라는 변형된 페르소나 기법을 사용한다. 만약에 '오른손이 불편한 사용자'라고 한다면 과거의 페르소나 방식에서는 '태생적으로 오른손이 없는 박○○'로 정했을 것이다. 하지만 페르소나 스펙트럼에서는 그 사람이 서비스를 이용하는 시점의 전후환경을 고려하여 '사고로 오른손을 잃은 사람', '오른손으로 아기를 들고 있어서 쓸 수 없는 엄마', '태어날 때부터 오른손을 쓸 수 없는 사람' 등 다양한 스펙트럼으로 서비스 이용 환경을 점검한다.

확실히 페르소나 스펙트럼은 페르소나 방식에 비해 다양한 고객의 상황적 환경을 고려할 수 있다는 장점이 있다. 이를 JTBD$^{Job-to-be-done}$ 라고 하는데 이용자의 과업목표 달성을 중요시하는 태도를 말한다.

정성적x귀납적 방식(컨텍스츄얼 인쿼리, 쉐도잉)

페르소나 기법과 같은 정성적인 조사방법이지만 귀납적 연구방법인 '컨텍스츄얼 인쿼리$^{Contextual\ Inquiry}$'와 '쉐도잉^{Shadowing}'은 서비스 이용자들의 실제 상황에 들어가 조사하는 방법이라서 운영 중인 서비스의 고객판단에 적합하다. 연구자는 서비스의 이용 빈도 등 정량적 평가를 통해 대표 사용자를 선정한다. 그리고는 사용자에게 목표를 부여하지 않고 일상에서 어떻게 서비스를 사용하는지 그 행동을 관찰하며 기록한다.

이때 컨텍스츄얼 인쿼리는 사용자에게 중간중간 질의를 하면서 의도나 감정, 목적을 묻는 것을 허용하지만, 쉐도잉은 절대 사용자의 과정을 방해하지 않는다. 쉐도잉은 주로 동영상을 찍어 관찰만 한다.

이런 방식의 방법론은 현재 서비스를 이용하는 고객의 이용 목적과 이용 방식, 페인포인트 등 고객경험을 이해하기에 용이하다. 다만 이 방법은 대상 선정부터 분석까지 객관성을 유지하기 위해 상당히 숙련된 연구자가 필요하며, 시간과 비용이 상당히 들기 때문에 일상적으로 치고 들어오는 작은 서비스 개선 업무에는 적용하기가 쉽지 않다. 게다가 고객의 행동을 분석했는데 시스템적으로 적절한 대안을 찾을 수가 없을 때도 있다. 예를 들어보자.

네비게이션 앱의 전면 UI를 개선하기 위해 이러한 조사방식을 사용하는 것은 유용하다. 사용자의 자동차에 동석하여 네비게이션을 이용하는 모습을 조용히 관찰하거나 질문할 수도 있을 것이다. 운전 중에 손으로 동작할 수 없는 UI가 등장한다거나 조작하고 싶은데 손을 쓸 수가 없을 때 사용자가 어떻게 하는지를 보며 개선에 대한 인사이트를 얻을 수 있다. 반면 내부 어드민 페이지를 개선하는 등 사용자가 명확하고 이용 패턴이 명확한 경우라면 이러한 조사방식보다는 실제 업무자에게 어떻게 하는 게 좋겠는지 의견을 듣거나 만들어놓은 UI의 변경사항을 학습시키는 편이 훨씬 더 효율적이다.

정량적x연역적 방식(GA, 와이즈로그, 뷰저블, 파이어베이스 등)

정량적이면서 연역적인 UX 분석 방법은 일상적이고 빨라야 하는 서비스 기획 업무에 적합하다. 이 경우 대체로 상용화된 툴을 쓰는 경우가 많다. GA와 와이즈로그, 뷰저블 등 웹기반 트래킹 툴과 파이어베이스 등의 앱 트래킹을 하는 BI 솔루션이 대표적이다. 트래킹 방법에는 트래픽^{Traffic} 분석, 클릭^{Click} 분석, 퍼널^{Funnel} 분석 등이 있다.

- **트래픽 분석** : 접속한 이용자 수$^{UV,\ Unique\ view}$ 또는 이용자가 접근한 페이지 수$^{PV,\ Pager\ view}$를 보는 방법이다. 페이지별 또는 서비스 단위로 트래픽의 변화량을 체크한다.

- **클릭 분석** : 화면 내 특정위치나 행동을 기준으로 이벤트를 생성하고 로그 분석을 통해 영역별 클릭 수나 사용 패턴을 분석하는 방식이다. 하나의 화면에서도 고객이 더 많이 클릭하는 영역이 있고 그렇지 않은 영역이 있다. 만약 기획에서 의도한 영역이 클릭 수가 낮다면 의도대로 움직이고 있지 않다고 볼 수 있다. 예를 들어 도

움말 부분에 대한 버튼의 클릭 수가 전체 UV 대비 높다면 해당 화면은 사용자가 이해하기 어려워서 도움말을 자주 호출한다고 추론해볼 수 있다.

- **퍼널 분석** : 고객의 동선이 원하는 방향대로 잘 움직이는지를 판단하는 방법이다. 쇼핑몰에서는 '메인 전시 페이지-상품 상세 페이지-주문서-주문 완료'로 넘어가는 흐름이 가장 빠르게 구매로 전환시키는 메인 프로세스다. 이런 순방향 흐름을 확인하기 위해 각 페이지로 순차 이동되는 트래픽을 추적하는 것이 퍼널 분석이다. 만약 전시 페이지에서 상품 상세 페이지로 넘어가는 비율이 대략 30%가 평균인데, 유난히 이 영역에서 상품 페이지로 넘어가는 비중이 낮다면 전시 영역의 UX에 개선이 필요하다는 해석이 가능하다.

정량화된 행동 데이터는 숫자로 나타나기 때문에 다중회귀분석이나 상관계수 등 다양한 통계 방식으로 행동분석을 해볼 수 있다. 물론 여기서는 귀납적으로 도출된 데이터를 보고 가설을 세울 수 있는 능력이 필요하다.

> **용어**
>
> **GA(Google Analytics)** 구글에서 제공하는 웹 트래킹 분석 서비스 솔루션
>
> **BI(Business Intelligence) 솔루션** 기업 내 데이터를 수집·분석하여 의사결정 및 전략수립에 활용하는 활동이나 도구

정량적x귀납적 고객 분석 방식(A/B 테스트)

A/B 테스트는 조금 더 귀납적인 방법이다. 목표에 맞는 A와 B 케이스를 만들어놓고 예상한 목표에 좀 더 근접하게 UI 또는 프로세스를 채택하는 방식이다. 어느 것이 옳은지 찾느라 고민하는 시간을 줄이고 능동적인 실험을 통해 고객의 행동이나 목적을 좀 더 확실하게 알아낼 수 있다는 장점이 있다. 필요 시에는 일부러 A/B 테스트를 위한 개발을 하기도 한다.

A/B 테스트를 잘하려면 테스트 설계를 위한 가설 설정과 이에 대한 데이터 해석이 모두 있어야 한다. A/B 테스트의 결과를 보면서 적절한 결과를 추론하고 결과적으로 A와 B 중 하나를 채택하는 방식이기 때문이다. 귀납적 방식으로 구분해놓았지만 개발이 필요한 상황이라서 어느 정도의 연역적 가설 설정이 작업 효율을 위해 필요할 수 있다.

비즈니스와 시스템을 알아야 UX를 활용할 수 있다

UX를 분석하는 이유는 여러 가지 방법을 통해 얻어낸 조사 결과를 이용해 고객을 이해하고 서비스가 나아가야 할 방법을 정하기 위함이다. 그렇다면 고객의 말이나 숫자를 어떻게 서비스 전략으로 전환시킬 수 있는지가 궁금할 것이다. 데이터가 나타내는 것을 정확하게 해석해내는 능력을 '데이터 리터러시 Data Literacy'라고 하는데, 이는 단순히 데이터를 분석하는 것이 핵심은 아니다. 예를 들어보자.

모닝콜 어플을 이용하는 이용자를 분석해보니 A 그룹은 매번 6시 30분대에 알람을 맞추었고 B 그룹은 7시 반에 알람을 맞추었다. 6시 반에 일어나는 A 그룹이 더 많으니 이런 이용자들을 위해서 아이돌 가수의 활기찬 음악을 알람음으로 바꿔보자는 요청이 있었다. 단순히 생각한다면 7시 반보다는 6시 반에 일어나기가 어려우니 그만큼 활기찬 음악이 알람음으로 타당해 보일 수 있다. 하지만 UX 조사를 해본 결과 우리 알람 서비스는 타깃 고객의 연령대가 좀 더 높았고 그 고객들은 현재 알람음에 불만이 없다는 결과가 나왔다. 어떻게 하면 좋을까?

이 결과만으로는 아무것도 파악할 수 없다. 불만이 없으니 새로운 사운드를 넣으면 더 좋을 것이라고 우길 수도 있고, 연령대가 높으니 하지 말자고 주장할 수도 있다. 어느 쪽으로 주장해도 무리가 없는 데이터다. 하지만 회사의 비즈니스 전략을 고려한다면 의사결정이 달라질 수 있다. 최신 아이돌 음악을 서비스 하기 위해 들어가는 비용을 최소 이용량을 설정하여 시뮬레이션해본다거나 아이돌 음악을 판매하는 방식으로 시스템을 구축했을 때 얼마나 비용이 드는지 감안해본다면 의사결정을 하기가 좀 더 쉬워질 것이다.

이번 수업에서 진행한 제휴 마케팅팀의 서비스 개발 요청사항도 마찬가지다. 가격비교 제휴를 통해서 들어오는 트래픽은 분명 높다. 네이버 스마트스토어 입점 쇼핑몰 같은 경우는 대다수의 트래픽이 가격비교를 통해 들어오는 것이고, 대규모 종합몰도 거의 반 정도가 가격비교에 의존한다. 그런데 이 고객들은 이미 특정 물건의 최저가를 확인해서 구매까지 완료한 상태의 고객들이다. 이미 소비를 했기 때문에 추가적인 소비에 어떤 태도를 보일지 조사가 더 필요하다. 연속 구매에 대한 데이터를 파악한다면 요청사항의 실효성을 검증할 수 있을 것이다.

제휴 마케팅팀의 주장은 이미 구매한 물건을 기반으로 필요한 상품을 연결하여 제안하고 싶다는 것인데, 이 부분에 대해 참고할 만한 자료가 없다면 틀린 UX라고 판단하긴 어렵다. 이럴 경우에는 UX 외에 비즈니스적인 부분까지 확장해서 생각해볼 수 있어야 한다.

예를 들어 제휴 트래픽에 대한 의존도가 높을수록 제휴 수수료도 올라간다. 비즈니스를 영속하기 위해서는 제휴보다는 다이렉트로 사이트에 진입하는 고객을 많이 만드는 것이 더 중요할 수 있다. 앞서 말한 것처럼 제휴로 들어온 트래픽에서 구매가 올라간다면 제휴 마케팅팀의 과업목표는 충족되겠지만, 회사 전체의 비즈니스로 보면 비용이 늘어나기 때문이다.

여기서 내가 말하고 싶은 것은 UX 분석을 통해 고객 편리를 위한 서비스의 개선도 중요하지만 이 서비스를 어느 수준에서 정의하고 기획할 것인가에 대한 기준도 분명 중요하다는 것이다. 제휴 수수료도 내지 않고 제휴 마케팅팀의 KPI도 맞출 수 있는 방법을 대안으로 제시할 수 있다면 그것이 베스트일 수 있다.

서비스 전략을 세우는 데 있어 법칙이나 규칙은 없다. 서비스 이용자와 비즈니스에 대한 이해, 시스템을 구축하는 비용 등을 고민한다면 좀 더 상황에 적합한 서비스 전략을 생각해낼 수 있을 뿐이다. 중요한 건 현업부서의 요청사항을 있는 그대로 받아들일 것이 아니라, 회사 내외적인 상황을 여러 측면에서 바라보고 고민하는 습관이다. 그러려면 평소 판단의 근거가 될 만한 여러 가지 정보를 취합하고 자신의 생각을 일관되게 만들 필요가 있다. 누가 툭 쳐도 항상 의견이 나올 수 있을 만큼 생각의 반복이 필요하다. 기획자의 생각이 굳건하다면 어떤 때는 논쟁하고 어떤 때는 수용하더라도 그것이 바로 서비스 전략이라할 수 있다.

> 저는 항상 인하우스 기획자를 부러워했는데, 이들도 고민을 굉장히 많이 해야 하네요.

에이전시에서 일하고 있는 수강생 J가 말했다. 시간과 갑질에 쫓기는 에이전시 기획도 힘들고, 자신이 수행하는 결과에 책임을 져야 하는 인하우스 기획도 힘들다. 어느 곳, 어느 위치에 있더라도 기획자의 생각만큼은 서비스를 향해 있어야 한다. 말은 이렇게 하지만 나 역시 이상적으로 잘해내고 있는지에 대해 고민이 많다. 혹시 습관적으로 일하고 있는 부분은 없는지, 내 생각이 완고한 아집이 된 것은 아닌지. 기획자는 이래서 항상 공부하고 논의하고 깨질 수밖에 없다.

> 여러분, 이제 조사한 내용들을 가지고 UX와 서비스 전략에 대해서 조별로 논의해봅시다!

서비스 전략 기획서

서비스 운영 개발 요청서

> **제목** : 제휴 인입 주문의 주문 완료 페이지 내 개인화 영역 추가
>
> **요청자** : 제휴 마케팅팀 김나나 대리
>
> **요청내용**
> - 가격 비교 사이트를 통해서 들어온 고객이 주문을 완료할 때, 개인화된 관심이 될 상품과 기획전을 추가 노출하여 추가 구매를 유도
> - 개인화된 상품 혹은 기획전을 노출
> - 행사 기간에는 동일한 영역에 제휴 인입 채널별로 시간대를 조정하여 홍보 배너를 등록할 수 있도록 어드민(Adminstratior)으로 관리 기능 추가
> - 행사배너 등록은 승인 절차를 통해 우리 팀에서만 운영 등록할 수 있도록 구성
>
> (1월 중 오픈 필수, 2월 행사 시즌에 활용할 예정)

UX 분석

- 가격비교 제휴를 통해 인입된 고객은 최저가를 중요시하므로 직접적인 금전적 혜택이 중요하다.
- 만약 최저가 상품으로 인입된 것이 아니라면, 이미 우리 쇼핑몰에 대해서 포인트나 간편페이 등 구매 요소를 가지고 있는 사람이다.
- 평균 구매 분석 결과 한 달에 한 번꼴로 구매가 일어난다. 정말 필요한 물건이 아니라면 구매 직후 바로 구매로 이루어지지 않는다.
- 주문 완료 페이지는 체류 시간이 매우 짧다. 주문 완료 페이지 배너들은 인입 대비 클릭 수가 높지 않다.

비즈니스 분석

가격비교 제휴 사이트로 인입한 경우 수수료를 지불하게 되어있다. 이미 많은 트래픽이 가격비교를 통해서 인입되고 있지만, 다이렉트로 사이트에 인입되는 횟수가 많아야 장기적으로 브랜딩과 수익에 도움이 될 것이다.

IT 시스템 분석

로그인 후 구매를 한 상태이기 때문에 현재 구매정보와 개인정보를 활용하여 개인화가 가능하다.

서비스 전략

주문 완료 시 이탈하는 고객에게 개인화 팝업에서 추천 상품과 앱사용 쿠폰 다운로드 링크를 노출해 주목도를 높이고, 앱으로 이동 시 제휴 마케팅팀의 KPI를 산출할 수 있도록 설정한 딥링크(앱 내 특정 페이지로 이동시키는 링크)를 실행시켜 할인수단을 제공한다. 이를 통해 다음번에 앱에서 구매할 수 있도록 유도한다. 앞서 구매한 상품군을 기반으로 추천 카테고리의 상품을 한 달 내에 다이렉트로 앱 접속 시에만 사용할 수 있는 할인수단을 제공한다. 할인 종료 기간 1일 전에 만료 안내를 보내서 다이렉트 앱으로의 재접속을 일으킨다.

혼자서 서비스 기획을 배우는 법
- 서비스 역기획 -

서비스 기획을 배우기 위해 가장 강조하는 것은 아이러니하게도 '기획 경험'이다. 기업에서 이루어지는 실무 기획이 아니더라도 기획 과정은 꼭 경험해 봐야 한다. 툴을 이용해 UI 그리는 것을 익혔다고 해서 서비스 기획을 했다고 볼 수는 없다. 왜냐하면 UI는 UX와 IT 시스템, 비즈니스 정책과 전략이 한데 어우러져 나온 최종 산출물이기 때문이다. 시스템과 비즈니스, 고객이 없는 상태에서의 UI 연습은 전혀 도움이 되지 않는다.

다시 한 번 강조하지만, 서비스 기획의 시작도 끝도 시스템에 저장된 디지털 산출물에 있다. 자신이 맡은 시스템 구조를 파악해서 확인 가능한 데이터 지표를 통해 서비스 생애주기와 전략을 체크하고 구현 가능한 서비스를 만들어나가야 한다.

기획에 대한 흔한 착각은 '무에서 유'로 세상에 없는 것을 창조해야 한다는 생각이다. 사실 기획은 '창조가 아니라 전략의 진짜 실행을 위한 정리'라고 봐야 한다. 세상엔 특별히 새로운 것도 없고, 사람의 생각은 사실 오십보백보다. 좋은 서비스는 아주 간발의 차이로 발생하는데, 시작의 시점보다 중요한 것이 바로 완성도다.

　과거 PC 시절 '모네타'라는 온라인 가계부가 선풍적인 인기를 끈 적이 있다. 이는 곧 네이버에서 UI 성능이 조금 더 개선된 온라인 가계부에게 잠식되었고, 모바일로 넘어오면서 '뱅크샐러드'처럼 은행 데이터와 직접 연동하여 작성해주는 서비스로 헤게모니가 이동했다. 과거 제조업의 브랜드는 한번 각인되면 영원히 기억되었지만 온라인 서비스는 먼저 나왔다고 해서 승자가 되진 않는다. 고객은 얼마든지 좀 더 개선된 서비스로 이동해버린다. 따라서 온라인 서비스 기획은 온라인 서비스의 생리를 알고 기존 서비스에서도 차이를 만들어낼 수 있어야 한다.

　그렇다면 회사에 입사하지 않는 상태에서는 어떻게 서비스 기획을 배워야 할까? 시스템도 없고 데이터도 없는데 서비스 기획을 배우려면 어떻게 해야 하지?

독학으로 서비스 기획을 공부하는 방법:역기획

　혼자서 서비스 기획을 연습하는 가장 좋은 방법은 바로 역기획^{Reverse Planning}다. 역기획이란 기존에 만들어진 서비스 산출물을 살펴보면서 역으로 어떤 사고과정을 거쳐 서비스가 기획되었는지 정리하는 방식을 말한다. 대부분의 서비스는 눈으로 보고 손으로 써볼 수 있으므로 이 방법은 굉장히 단순해 보인다. 하지만 그냥 눈으로 짚어보는 것만으로는 제대로 역기획을 했다고 말할 수 없다.

　종종 역기획을 했다고 수강생들이 들고 온 산출물을 보면 실망스러울 때가 많다. 본인이 이용자로서 본 서비스 모습만을 와이어프레임으로 그리고, 어떻게 동작하는지 인터렉션만 디스크립션으로 써보는 연습에 그치고 만다. 이런 반복은 UI를 구성하는 연습이라고 해도 크게 의미가 없다. 기획은 눈에 보이는

기존의 서비스를 와이어프레임 형태로 다시 그리는 것은 역기획이 아니다.

현상을 관찰하는 것에 더해 사고의 과정이 들어가야 한다. 사고의 과정을 따라가야 역기획이 된다.

그렇다면 제대로 된 역기획은 어떤 방식이어야 할까? 실제로 서비스 기획의 산출물에는 다양한 정책이 포함된다. 정책에는 UI적으로 보여지는 인터렉션(예. 배너는 좌우로 스와이프된다.)부터 어드민 백오피스에 따라 입력된 데이터를 어떤 방식으로 정리하고 화면에서 활용할 것인지(예. 배너 유형과 텍스트 유형으로 구분된 항목을 구분하여 화면에서 다르게 표시한다.)를 정의한 수많은 로직을 포함하고 있다. 즉 UI를 그저 UI 자체로 바라보는 것이 아니라 그 안의 로직과 정책을 쓸 수 있을 만큼 분석을 할 수 있어야 한다는 말이다. 이를 위해서는 여러 번 서비스를 이용해보면서 해당 서비스가 가지고 있는 데이터와 로직에 대한 정책을 파악하고, 왜 이렇게 정의했는지 비즈니스와 IT, UX를 기반하여 추론해보아야 한다.

이제부터 역기획을 진행하는 단계를 설명할 것이다. 이 글은 브런치에 공개했던 내용이다. 유튜브를 예시로 하여 역기획을 설명한 것인데 그 글을 보고, 구독자 중 한 분인 김재원 님이 정말 멋진 역기획을 해서 보내주셨다(출처 : https://havefunlearningnewstuff.tistory.com/3). 추천 로직을 확인하는 게 쉽지만은 않았을 텐데, 실험을 통해 분석한 뒤 추가적인 공부를 해가면서 정리를 한 듯하다. 내용이 훌륭해서 본인의 동의를 받아 이 책에 예시로 덧붙이기로 했다.

STEP 1. 비즈니스 모델 파악 :
서비스를 선택하고 서비스 구조와 수익 구조를 파악한다

여기서부터 막힐 수도 있다. 대체 어떤 서비스를 선택해야 이런 것들을 조사하기 쉬울까? 여기서 중요한 기준은 '데이터 가설'을 세울 수 있느냐는 점이다. 온라인 서비스란 아무리 인터페이스가 화려해 보여도 결국은 데이터^{Raw Data}를 입력하고 특정한 과정을 통해서 원하는 형태의 데이터를 출력하는 서비스다. 화면 단위로 보지 말고 서비스 전체로 본다면 데이터의 큰 흐름이 보일 것이다.

만약 역기획하고 싶은 서비스 선정에 어려움을 겪고 있다면《성공하는 스타트업을 위한 101가지 비즈니스 모델 이야기》이라는 책에서 선택해보기를 바란다. 101개 스타트업의 서비스 프로세스와 수익 구조를 정리해서 보여주는 책이다. 프로세스를 간단하게 정리하고 있어 서비스를 분석할 때 참고하기 좋다. 단, 해외 서비스가 많으므로 직접 이용해볼 수 있는 서비스를 잘 선별하여 선택할 필요가 있다.

여기서는 플랫폼 서비스인 유튜브를 선정하기로 하자. 유튜브를 화면 단위로 본다면 '메인', '동영상 검색', '상세'… 식으로 리스트를 잡겠지만 서비스 관점에서 보면 3개의 커다란 구조로 프로세스를 찾을 수 있다. 즉 동영상을 등록하는 사람과 동영상을 보는 사람, 여기에 광고와 동영상 리스트를 매칭하는 추천 기술 세 가지가 핵심적인 구조다.

비즈니스 수익 구조도 파악해야 한다. 유튜브는 누구에게서 돈을 벌어들일까? 사용해보면서 알아내도 좋지만 관련 자료를 통해 파악할 수도 있다. 해당 서비스와 관련한 뉴스에서 힌트를 얻는 것은 좋은 방법이다. 물론 그 정보가 100% 맞는 것이라 장담할 수는 없지만 어느 정도 이해의 틀은 마련할 수 있다. 유튜브의 수익 구조는 동영상을 보는 사람에게서 만들어지지 않는다. 무료로 동영상을 보는 이용자들에게 선별적으로 보이는 각종 동영상 광고의 노출 수에 따라 광고주에게서 광고비를 받는 것이 주 수익원이다. 요약하면 이렇다.

> - **대상 서비스명** : 유튜브
> - **주요 서비스 이용자와 프로세스** : 동영상을 올리는 프로세스, 동영상을 보는 프로세스, 광고와 동영상을 매칭시키는 로직
> - **주요 수익원** : 광고 수익
> - **수익 극대화 방법** : 동영상별로 적절한 광고를 매칭시켜 광고를 흥미롭게 볼 수 있도록 하여 광고 효과를 극대화한다.

≡ 역기획 1단계: 비즈니스 모델 파악 ≡

분석 목적 : 유튜브가 추천 기술을 사용하여 어떻게 사업 전략을 구현해냈는지 이해하기 위함

1. 비즈니스(유튜브)의 목표와 전략
- 유튜브는 2005년 다른 웹사이트에 동영상을 손쉽게 올릴 수 있는 인프라로 시작
- 광고 플랫폼으로서 동영상에 광고를 매칭 및 사용자에게 노출시켜 수익 발생
- 서비스 초기 사용자들은 보고 싶은 동영상이 있을 때 유튜브에 들어가 검색
- 특정한 니즈가 있을 때만 홈페이지를 사용하다 보니 사용자당 시청 동영상 수, 사용자가 홈페이지에 머무르는 시간*engagement* 모두 저조
- 2011년부터 유튜브의 목표가 '사용자들이 홈페이지에서 더 많은 시간을 보내게 하자. 찾고 싶은 게 없어도 홈페이지에 들어오게 만들자!*Make Youtube a destination*'로 바뀜
- 사용자들이 플랫폼에 머무르는 시간이 길어질수록 광고 노출 기회 증가, 수익이 발생

2. 유튜브가 목표를 달성한 방법

• **2012년, 비디오 클릭 수 대신 비디오 시청 시간 기반으로 동영상을 추천하기 시작.** 자극적인 제목과 썸네일로 클릭을 유도하지만 사용자들이 오래 시청하지 않는 저품질 비디오는 추천 리스트에서 제외. 그 대신 사용자들이 끝까지 시청하는 고품질 영상을 추천 리스트에 포함. 이후 3년 동안 사용자들의 동영상 시청 시간이 매년 50%씩 증가.

• **2015년, 모회사 구글의 딥러닝 인공지능 브레인을 사용하기 시작.** 이전에는 유저들의 과거 기록을 머신러닝으로 분석, 유저가 시청한 비디오와 유사한 비디오를 추천하는 것에 그쳤음. 구글 브레인의 딥러닝을 통해 유저와 비디오의 관계를 다각도에서 분석, 유저와 다양한 관련성을 가진 비디오를 빠르고 정확하게 추천. 고도의 비디오 맞춤 추천 기술로 이후 3년 동안 유튜브 사용자의 총 비디오 시청 시간이 20배 증가. 현재 사용자가 유튜브에서 시청하는 비디오의 70%는 브레인 알고리즘이 추천한 비디오.

STEP2. 핵심 로직 분석 :
데이터 가설을 설정하고 서비스를 사용해보면서 검증한다

어느 정도 서비스의 비즈니스 모델을 이해했다면 각 화면에서 수집하고 사용하는 데이터의 활용에 대해 가설을 세운다. 비즈니스 모델에서 핵심적으로 보이는 부분에 집중해보는 것이다. 유튜브를 기준으로 했을 때 핵심 기술은 '매칭'이다.

1. 동영상을 보는 사람에게 어떤 기준으로 추천을 해주는가?
2. 동영상에는 어떤 광고를 매칭시키는가?

이 두 가지에 대한 가설을 세우려면 서비스를 이용해보아야 한다. 그리고 서비스가 어떤 데이터를 수집하고 있는지부터 파악해야 한다. 동영상을 등록하는 시점에 획득하는 데이터(입력 내용)는 무엇이며, 동영상을 보는 사람에게서 획득하는 데이터에는 어떤 것들이 있는지 본인이 각 프로세스의 일부가 되어 직접 해보거나 자동으로 수집 가능한 데이터를 확인해야 한다.

어떤 데이터들이 모여 있는지 각자의 방식으로 세부 콘텐츠 카테고리를 구분하고, 키워드에 따라 광고가 나오는 것과 동영상을 클릭해서 볼 때마다 추천되는 동영상 리스트가 어떻게 바뀌는지를 살펴보면서 로직에 대한 가설을 세워야 한다. 이 가설이 100% 맞다고 확인할 방법은 없지만 로직과 알고리즘적으로 구현 가능한지에 대해서는 고민해볼 수 있다.

완벽하게 모든 요소와 케이스를 파악하기는 어려울 것이다. 그러므로 전체적인 그림을 비즈니스 모델에 맞추어 판단하고 해당 서비스에서 보이는 프로세스와 플로우를 찾아낸다. 다른 현상이 나타나는 케이스를 구분하고 작동 방법에 대한 가설을 세우고 실험을 통해 비교를 한다. 그리고 생각과 다르면 그 이유를 추론한다.

≣ 역기획 2단계: 핵심 로직 분석 ≣

3. 테스트를 통한 로직 분석 시도

기획을 제대로 공부하려면 서비스를 역기획해보라는 글(도그냥의 브런치 글)을 읽고 겁도 없이 유튜브 추천 시스템을 팠다. 아마 이 글에서 유튜브 추천 기술에 대한 얘기가 나와서 그랬던 것 같다.

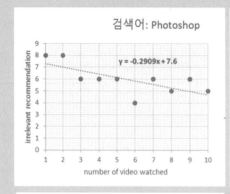

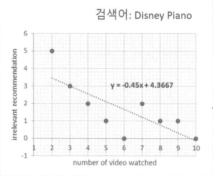

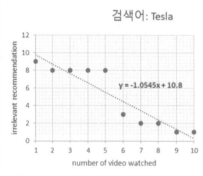

시청한 비디오 개수 VS 홈페이지 리스트 중
관련 없는 추천 개수

분석 결과 특정 검색어가 포함된 비디오를 많이 시청할수록 관련 없는 비디오 추천이 줄어든다는 조금은 당연한 상관관계를 빼고는 각 검색어마다 상이한 결과를 보였다. 위 그래프를 보면 경사도가 -0.29, -0.45, -1.05로 차이가 많이 나서 각 결과가 비슷한 관계를 나타낸다고 보긴 어렵다.

또한 관련 있는 추천과 관련 없는 추천을 판단하기에는 각 검색어마다 연결될 수 있는 키워드가 너무 많다는 사실을 분석 중 깨달았다. 두 단어로 구성된 'Disney Piano'라는 키워드에는 특히나 연관 키워드가 많았는데, 예를 들면 Disney Piano라는 단어가 포함된 비디오를 보고 난 후 라이온킹, 클래식, 재즈, 피아노, 디즈니 캐릭터, 만화, 어린이 등의 단어가 포함된 비디오가 추천 리스트에 표시됐다. 추천 리스트에 라이온킹 토픽이 표시된 경우 내가 본 Disney Piano 비디오와 관련이 있는 비디오인지 아닌지 고민됐다.

4. 구글링을 통한 기술적인 부분의 추가 리서치

내 머리로는 추천된 비디오와 시청한 비디오 사이의 연관성을 파악할 수 없음을 깨닫고, 1주일이 넘는 삽질 후 답안지 구글을 폈다.

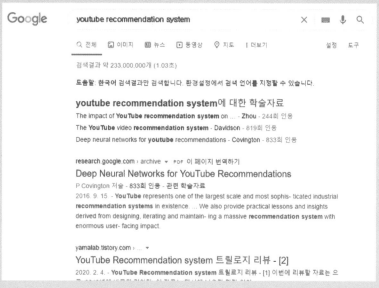

구글 검색 결과

딥러닝? 그렇다. 유튜브 추천 시스템은 내가 검색 몇 번으로 분석할 수 있는 그런 간단한 구조의 서비스가 아니었던 것이다. 그래도 이왕 시작한 거 끝을 보자는 생각에 관련성이 높아 보이는 〈The Verge〉, 〈Medium〉 기사와 추천 시스템을 만든 구글 엔지니어들의 논문을 읽었다. 머신러닝은 전에 배운 적이 있지만 딥러닝은 처음 접하는 개념이어서 처음 글을 읽을 때는 아무것도 이해할 수 없었다. 그래도 모르는 단어가 나올 때마다 하나하나 찾아보며 끝까지 읽었고, 지금까지 내가 이해한 유튜브 추천 시스템을 설명해보려 한다.

5. 유튜브의 추천 시스템

- 구글 딥러닝 인공지능 브레인의 알고리즘과 심층 신경망[DNN, Deep Neural Network] 모델 사용

- 엄청난 다중 분류 문제 : 수많은 비디오 중 사용자가 오랜 시간 시청할 비디오 몇 개를 골라내기

- 다음의 두 단계 정보 검색 방법에 따라 두 개의 심층 신경망으로 구성된 시스템

  1. 후보 생성 네트워크[Candidate Generation Network] : 사용자가 다음에 시청할 비디오 예측

  2. 순위 평가 네트워크[Ranking Network] : 사용자의 비디오 시청 시간 예측

6 . 정보를 단계적으로 접근하는 이유

제한된 정보를 사용해 첫 번째 네트워크로 분석해야 할 데이터 범위를 좁힘. 좁혀진 데이터 범위 내에서 두 번째 네트워크로 더 많은 정보를 사용해 사용자가 시청하고 싶어 하는 비디오를 정확하게 추천. (중략)

역기획을 하는 서비스가 핵심 로직이 없는 프로세스로 이루졌을 수도 있다. 그럴 경우에는 핵심적인 프로세스에 따른 정책들을 정리해도 좋다.

다음의 그림은 일본의 중고상품 거래 사이트인 메르카리 프로세스를 조사하기 위해 이용자의 동선별로 프로세스를 분석해본 것이다.

≡ 메르카리 서비스의 프로세스 분석 ≡

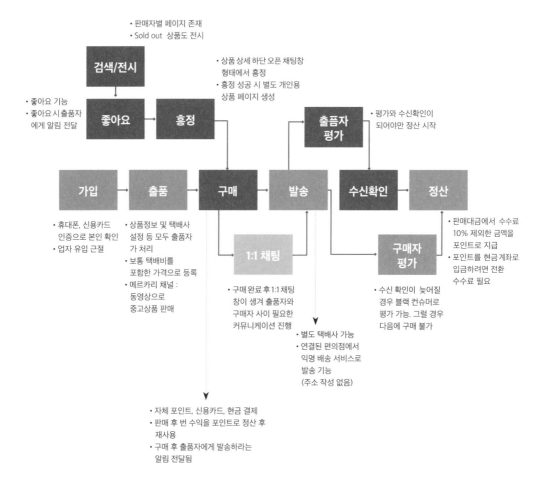

■ 출품자 ■ 구매자

• 판매자별 페이지 존재
• Sold out 상품도 전시

검색/전시

• 상품 상세 하단 오픈 채팅창
  형태에서 흥정
• 흥정 성공 시 별도 개인용
  상품 페이지 생성

• 좋아요 기능
• 좋아요 시 출품자
  에게 알림 전달

좋아요   **흥정**

**출품자
평가**

• 평가와 수신확인이
  되어야만 정산 시작

가입   **출품**   **구매**   **발송**   **수신확인**   **정산**

• 휴대폰, 신용카드
  인증으로 본인 확인
• 업자 유입 근절

• 상품정보 및 택배사
  설정 등 모두 출품자
  가 처리
• 보통 택배비를
  포함한 가격으로 등록
• 메르카리 채널 :
  동영상으로
  중고상품 판매

1:1 채팅

**구매자
평가**

• 판매대금에서 수수료
  10% 제외한 금액을
  포인트로 지급
• 포인트를 현금 계좌로
  입금하려면 전환
  수수료 필요

• 구매 완료 후 1:1 채팅
  창이 생겨 출품자와
  구매자 사이 필요한
  커뮤니케이션 진행

• 수신 확인이 늦어질
  경우 블랙 컨슈머로
  평가 가능. 그럴 경우
  다음에 구매 불가

• 별도 택배사 가능
• 연결된 편의점에서
  익명 배송 서비스로
  발송 기능
  (주소 작성 없음)

• 자체 포인트, 신용카드, 현금 결제
• 판매 후 번 수익을 포인트로 정산 후
  재사용
• 구매 후 출품자에게 발송하라는
  알림 전달됨

STEP3. 기업의 목표 분석

기업의 목표와 전략을 조사 및 분석하여 의견을 덧붙인다

서비스가 생각한 가설과 다르게 작동하거나 고객에게 도리어 불편한 경우도 있다. 그렇지만 누가 봐도 오류가 아니라 의도된 상황이라면 불편함을 주면서까지 의도한 목적이 무엇인지 찾아본다.

예를 들어 유튜브에서 광고를 처음부터 스킵할 수 있는 기능을 넣는다면 고객에게는 훨씬 더 편할 것이다. 하지만 광고를 본다는 보장이 없으면 광고주는 광고를 할 이유가 없다. 유튜브는 광고를 처음부터 보고 싶지 않다면 유료 멤버십인 '유튜브 프리미엄'에 가입할 것을 권유한다. 이는 광고수익을 보전할 수 있는 구조이다. 그래서 유튜브에서 동영상을 볼 때 광고를 자꾸 스킵하게 되면 '유튜브 프리미엄' 홍보가 나오는 것이다.

각 화면 속에는 회사가 원하는 것과 어쩔 수 없는 것이 숨겨져 있다. 회사도 원할 것 같지 않고 고객도 원할 것 같지 않은 고객 경험을 제공하고 있다면, 그다음 살펴야 할 부분은 법규이다. 국가 산업에는 관련 법규가 있고, 각 법규가 규제하는 것이 무엇인지 찾아봐야 한다. 법전을 뒤질 필요는 없다. 관련 기사를 찾아 읽다 보면 요약된 것을 찾을 수 있다.

이제 마지막으로 전체 서비스 프로세스를 도식화하고 각 데이터 항목의 흐름과 알고리즘을 이해한 대로 작성해보자. 배운 것들은 코멘트도 달아보자.

≡ 역기획 3단계: 기업의 목표 분석 ≡

결론 : 유튜브는 어떻게 추천 기술을 사용하여 사업 전략을 구현해냈는가?

유튜브의 사업적 목표는 사용자들이 찾고 싶은 게 없어도 사이트에 들어와 더 많은 시간을 보내도록 하는 것이었다. 사용자들이 플랫폼에 머무르는 시간이 길어질수록 광고 노출 기회가 증가해 더 많은 수익이 발생하기 때문이다. 유튜브는 이를 위해 비디오 클릭 수 대신 비디오 시청 시간을 기반으로 동영상 선호도를 평가하고, 딥러닝을 활용해 추천 시스템의 정확도를 향상시켰다.

유튜브는 수만 개의 비디오 중 사용자가 원하는 비디오를 찾기 위해 심층 신경망에 다양한 정보를 연결하여 분석한다. 1차적으로 유저에 대한 정보를 통해 사용자가 다음에 시청할 확률이 높은 몇 백 개의 비디오 후보를 선정한다. 2차적으로 다양한 정보를 연결해 몇 백 개의 후보 중 사용자가 끝까지 시청할 확률이 가장 높은 비디오 몇 개를 추천으로 보여준다.

이 과정에서 유튜브는 단순히 유저의 이전 활동 내역에 기반한 추천이 아니라(봤던 비디오와 똑같은 비디오 추천 : 테슬라 관련 비디오 시청 시 테슬라 관련 비디오 추천) 유저가 다음에 보고 싶어 할 비디오를 예측하여 추천한다(비슷하지만 다른 비디오 추천 : 테슬라 관련 비디오 시청 시 전기 차, 실리콘밸리, 테크, 비즈니스, 증권 관련 비디오 추천).

내가 시청한 비디오와 추천된 비디오 사이의 연관성을 다 파악할 수 없었던 이유는 구글의 딥러닝 모델이 방대한 정보를 처리하여 내가 생각해낼 수 없었던 비디오 사이의 연관성, 그리고 비디오와 나, 즉 사용자의 연관성에 대해 알고 있었기 때문이다.

딥러닝에 의한 추천 시스템 도입으로 2015년부터 유튜브 사용자의 총 비디오 시청 시간은 20배 이상 증가했고, 우리가 유튜브에서 시청하는 비디오의 70%는 브레인 알고리즘이 추천하는 비디오다. 그리고 그렇게 유튜브는 무엇을 찾기 위해 거쳐야 하는 페이지에서 내가 원하는 것을 제공하는 도착^{Destination} 페이지가 되었다.

지금까지 내가 생각했던 것보다 훨씬 더 크고 복잡한 유튜브 추천 시스템을 분석해보았다. 시스템을 공부하면서 생소했던 딥러닝 개념을 배우게 되었는데, 그 핵심에는 '정보 간의 빽빽한 연결'이 있다는 것을 어렴풋이 알게 되었다. 또한 기술이 어떻게 사업 목표 달성을 이끌어냈는지를 공부하면서 기술과 비즈니스 사이의 연결점을 발견하였다. 이렇게 기술과 비즈니스를 연결하여 서비스를 발전시키고, 고객을 만족시키고, 수익을 증가시키는 게 프로덕트 매니저의 역할이 아닐까 생각해본다.

역기획을 처음 시작할 때는 이렇게 기술적 수준이 높은 서비스를 선택하지 않아도 좋다. 기술과 비즈니스의 이해 또한 계속 해보아야 성장하는 것이다. 이런 방식으로 공부해나간다면 단순히 UI를 답습하는 것이 아니라 자신만의 디지털 프로덕트를 구성하고 비즈니스에 대한 이해의 틀을 만들어나갈 수 있을 것이다.

a day for me
*
date ....
list

오퍼레이터와 기획자,
그 사이에서

서비스 운영 기획이 주 업무인 인하우스 기획자들은 조직이 복잡해짐에 따라 정체성에 대한 고민을 하게 된다. 창의적 업무를 할 기회는 많지 않고 매일같이 쏟아져 들어오는 현업부서의 요청사항에 따라 움직이다 보면 '기획자'가 아니라 '오퍼레이터'처럼 느껴지기 쉽다. 하지만 긍정심리학의 주창자인 빅터 프랭클은 아무리 극단적인 상황이라도 개인의 생각과 의지만큼은 자유로울 수 있다고 말했다. 그렇다면 오퍼레이터가 되지 않기 위한 기획자 마인드를 만들려면 어떤 의지가 필요할까?

여러 개의 작은 프로젝트를 동시에 진행하던 신입 기획자는 마음이 조급해진다. 서비스를 기획하고 싶은데 현실은 이미지 배너 영역이나 추가하고 텍스트를 변경하는 단순한 일만 반복하고 있기 때문이다. 아니면 데이터 수집이라는 이름으로 매일 쏟아지는 주요 지표만 체크하고 있다. 이런 단순한 일조차 생각했던 것보다 많은 시간과 절차가 필요하고 여러 사람과 일을 하다 보니 부딪히는 일도 많다. 무엇보다 속상한 건 입사하기

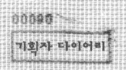
a day for me
*
date ....
list

전에는 이런 현실을 전혀 모르고 있었다는 점이다.

왜 서비스를 만들 기회가 주어지지 않는지, 이 길이 내가 생각한 길이 맞는지 고민하게 된다. 동시에 자신에게 할당되는 업무가 무의미한 반복은 아닌지 의구심이 든다. 서비스 기획자에게 이러한 고민은 필연적으로 찾아온다.

옛날 나의 선배 중 한 분은 "길에서 아무나 데려와 보름만 가르치면 누구나 화면설계서를 그릴 수 있다."고 단언했다. 기획 직무에 대한 애정이 퐁퐁 솟아나던 시절이어서 나는 세상이 무너지는 듯 서운했다. 하지만 지금 생각해보니 단지 UI 설계에 대한 아이디어를 와이어프레임 형태로 그리는 것이라면 선배의 이야기가 틀린 말은 아니다.

UI 설계안을 작성하고 개발자와 디자이너에게 요청하는 것만이 기획자의 스킬이라면 기획자의 역할은 속된 말로 '영혼 없이도' 할 수가 있다. 과거 온라인에 대한 이해가 부족했던 시절에는 기획자에게 아이디어를 구했지만 지금은 상황이 많이 다르다. 온라인 사용 경험이 많은 현업 실무자는 서비스 운영 개발 요청서를 들고 올 때, 오히려 확신에 찬 태도로 UI를 그려오곤 한다. 영혼을 내려놓는다면 기획자는 얼마든지 쉽게 일할 수

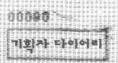

a day for me

date ....

list

있다. 현업 실무자가 요청하는 대로 진행해주면 되기 때문이다. 하지만 이런 반복은 서비스 운영 기획에서 스스로를 기획자가 아닌 오퍼레이터로 만드는 행위이다.

신입사원 시절, 그러니까 입사 후 2개월쯤 됐을 때다. 24시간 동안만 한정된 재고 상품을 딜 형태로 파는 one-a-day deal 매장을 기획하고 있었다. 요청을 발의한 마케팅 플랫폼 담당자는 내 평생 가장 어려운 미션을 주었다. "긴박한 느낌이 들게 디자인해주세요."

마케팅 플랫폼 담당자는 타이머가 째깍대고 구매 수량이 표시되고 긴박한 품절 임박 딱지를 붙이고 눈이 띄게 디자인을 해놓으면 고객은 분명 긴박한 느낌으로 구매를 할 수밖에 없을 거라고 주장했다. 그렇게 시안 수정만 일곱 번째였다. 담당자가 원하는 대로 타이머도 넣어보고, 폭탄 터지는 품절 임박 딱지도 붙여보고, 온갖 디자인을 바꿔보았지만 원만한 합의점을 찾지 못했다. 풋내기 기획자였던 나는 피드백을 받을 때마다 와이어 프레임을 고치고 담당 디자이너를 괴롭혀가며 시안을 수정했다. 디자이너와 몇 날 며칠을 시안 앞에 둘러앉아 대체 '긴박해 보이는 느낌'이 뭔지 모르겠다고 한탄을 했다.

결국 서비스는 오픈되었고 나름 성과도 괜찮았다. 하지만 나는 왜 좋은

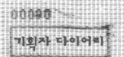
a day for me

*

date ....

list

성과가 나왔는지 설명할 수가 없었다. 해당 서비스를 만들었지만 고객에 대해 적절한 가설을 세우지 못했고, 매출 외에 이 매장이 정상적으로 작동하는지 기준이 되는 과업목표^{KPI}를 확인하지 못했다. 왜냐하면 나는 마케팅 플랫폼 담당자가 바라는 기능만 구현하려고 노력한 오퍼레이터에 지나지 않았기 때문이다.

그렇다면 서비스 기획자로서 이 서비스 운영건은 어떻게 처리했어야 할까? 다시 한 번 서비스 기획의 본질을 생각해보자. 서비스 기획자는 비즈니스 목표나 문제를 온라인 서비스를 통해 해결책을 제안하는 사람이다. 다만 고객의 사용자 경험과 자사의 시스템과 기술에 대한 이해를 바탕으로 실제 구현가능한 해결책을 제안해야 한다.

수많은 UX 관련 책을 보면, 사용성 테스트나 현장 인터뷰를 통해 고객이 말하는 요청사항^{Want}이 아니라 그들이 표현 못하는 니즈^{Needs}를 발견해야 한다고 말한다. 이번 건도 마찬가지다. 현업부서의 요청사항을 처리할 때도 내면에 숨겨진 니즈를 발견해해는 것이 중요하다. 현업 실무자가 가지고 온 UI 그림은 그저 요청의 이해를 돕기 위한 것이지 UX적으로나 시스템적으로 효율적인 방법은 아닐 수 있다.

예를 들어 현업 실무자가 "메인 상품을 전시할 상품전시 영역을 늘려

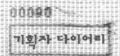
주세요."라고 말하고 어떻게 보이면 좋을지 그림까지 그려왔다고 해보자.
실제로 현업부서가 원하는 것은 '특가 상품의 유입을 늘리는 것'이다. 만
약 현업 실무자가 그려온 영역이 생각보다 클릭이 많이 일어나는 곳이 아
니라면? 이때 서비스 기획자는 현업 실무자가 전시하고 싶은 상품의 특
성에 더 잘 맞는 영역을 알려주거나, 타깃팅된 고객에게 푸시 발송을 하
는 것이 보다 효과적이라고 말해줄 수 있다. 더 복잡한 개발 과정이 될 수
도 있고 기존의 기능을 이용하여 아예 개발을 줄일 수도 있다. 중요한 것
은 현업부서에서 원하는 요청사항의 궁극적인 목적을 찾아 적절한 문제
해결 방식을 떠올릴 수 있어야 한다는 점이다.

　　과거 나의 사례를 다시 생각해보자. 나를 울린 그 마케팅 플랫폼 담당자
의 요청은 "긴박한 느낌이 들도록 디자인해달라."였다. 사실 이 질문의 핵
심 니즈는 "단시간에 판매가 잘 일어날 수 있도록 해달라."는 것이다. 큰
차이 없어 보일 수 있지만 굉장한 차이다. 그 담당자는 판매가 잘 일어나
려면 긴박한 느낌이 들도록 하는 것이 주효한 전략이라는 대전제가 있었
다. 하지만 서비스 기획자라면 이러한 근거에 대해 논리적으로 판단했어
야 한다. 근거가 부족하다면 적절한 질문을 통해 실제 서비스 상황을 제
대로 파악했어야 한다.

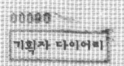

a day for me

date ....

list

적절한 질문 1 : 이 매장에 들어오는 상품은 어떤 특징이 있나요?

나중에 복기해보니, One-a-day deal 매장은 1+1 행사 또는 특별한 사은품을 대거 제공하는 형태였다. 또한 이벤트 행사를 별로 하지 않는 유명 브랜드 상품이 많았다. 매장에 긴박감이 넘친다고 해도 상품을 보지 않고 주문을 하는 고객은 없었던 것이다. 그렇다면 이 매장이 흥행했던 이유는 한정된 시간에 기존에 없던 혜택을 주었기 때문이지, 긴박한 느낌의 디자인 때문은 아닌 셈이다. 제대로 파악을 했다면 고객이 구매하고 싶은 마음이 드는 '요소'에는 무엇이 있는지부터 분석했을 것이다. 그리고 매장에 그 요소를 더 잘 보이게 배치했을 것이다.

적절한 질문 2 : 장바구니에 담는 식으로 구매를 미루지 않고

즉시 구매를 해야 할 이유가 있나요?

one-a-day deal 매장을 운영하던 중 한 상품은 사은품이 소진되어 24시간을 못 채우고 상품을 변경하는 경우도 생겼다. 상품의 재고가 넉넉해도 사은품이 제한되어있었기 때문이다. 마케팅 플랫폼 담당자는 화면에 '구매자 수'를 강조하면 고객이 이를 따라 살 것이라고 했지만, 과연 구매자 수가 많다고 해서 '나도 빨리 사야겠다'라는 생각이 들까? 근거가 부족했

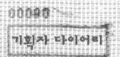

a day for me

date ....

list

다. 홈쇼핑에서 보듯이 오히려 고객은 상품이 품절될까 봐 조급해지는 것은 아닐까? 지금의 나라면 '구매자 수'가 아닌 '남은 사은품 수'를 표시해서 빨리 사야만 하는 이유를 강조했을 것이다.

　물론 위의 예시보다 더 적절하고 좋은 질문도 있을 것이다. 다만 중요한 점은 서비스의 궁극적인 목표와 이에 해당하는 비즈니스 구조를 제대로 파악하여 나름 논리적이고 타당한 가설을 만드는 것으로 기획을 시작했어야 한다는 것이다. 이는 오퍼레이터를 기획자로 바꿔주는 중요한 포인트다. 적어도 이런 생각을 한 뒤에 one-a-day deal 매장을 만들었다면 그 매장에 적합한 상품군과 성공과 실패에 대한 분석이 가능했을 것이다.

　오퍼레이터와 같은 역할로 서비스 운영 기획을 한다면 매너리즘과 직무적 성장에 대한 불안이 생길 수밖에 없다. 반면 요청사항에 대해 깊이 고민하고 진행하는 서비스 운영 기획은 반복할수록 직업적 자부심을 높인다. 자사의 서비스와 고객, 실제 현업부서의 역량과 목표에 대한 지식이 수렴되기 때문이다. 이런 정보들은 아무리 책을 많이 본들 얻을 수 없는 경험치이다.

　앞서 말했듯 데이터를 활용한 서비스 운영 기획의 중요성은 점점 더 강

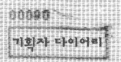

a day for me

*

date ....

list

조되고 있다. 신규 서비스를 만드는 큰 프로젝트를 담당하지 않아도 기획자로 충분히 성장할 수 있다. 지금 하고 있는 기획 업무가 허무하게 느껴진다면 되돌아보자. 바쁘다는 핑계로 고민의 깊이를 습관적인 수준으로 하고 있지는 않은가? 아주 단순한 기획 건이라도 비즈니스 모델 내에서 하나의 역할을 하고 있을 것이다. 한 단계만 더 고민한다면 이런 역할을 더 잘 파악할 수 있다. 그리고 이런 경험치가 쌓이다 보면 적어도 해당 서비스에 있어서만큼은 그 누구도 대체할 수 없는 서비스 기획자가 될 것이다.

그러니까 지금 남들 눈에 오퍼레이터처럼 보인다고 해도 괜찮다. 오퍼레이터처럼 보이는 일도 기획자답게 일을 하고 있는 중이라면!

Chapter 3.

프로젝트 실무에 돌입하다

서비스 전략이
프로세스 설계로
변하는 과정

- 마인드맵(미준맵) 그리기 -

지금부터 설명하는 것은 이 세상 어느 책에도 없는 내용이에요.

어떤 아이디어나 전략이 서비스로 세상에 나오려면 프로젝트를 거쳐야 한다. 서비스 전략에서 프로젝트로 넘어가는 첫 단계는 서비스의 설계다. 물론 시중의 관련 책들을 찾아보면 굉장히 많은 범위를 할애하여 서비스를 구상하는 방법을 다루고 있다. UX를 분석하는 방법론, UX 시나리오를 작성하고 화면설계 및 와이어프레임을 그리는 규칙 등등.

그런데 내가 처음에 입사하고 나서 막상 기획을 하려고 보니 그런 내용을 적용해볼 여유가 없었다. 아니 솔직히 말해서 현실에 치여서 그런 것을 생각할 겨를이 없었다. 현실적인 두 가지 고민이 머릿속을 꽉 채웠기 때문이다.

첫째, 고객용 화면이 아닌 어드민 화면은 어떻게 기획해야 하지?
모든 프론트 화면(첫 화면)은 어드민(관리자) 페이지에서 운영되거나 어드민 시스템에서 로직을 조정하며 관리된다. 그런데 입사 전에 보았던 책이나 자료들은 눈에 보이는 고객용 화면을 구성하는 쪽에 집중되어있어서 이 부분을 전혀 알 수가 없었다. 나뿐만 아니라 주니어 기획자들은 어드민 시스템이라는 존재와 화면 속에 숨어있는 로직을 이해하기 어려워한다. 입사 전까지 그런 부분이 있는지조차 모르는 경우도 많다. 입사 후 와이어프레임과 원하는 요구사항을 정성껏 써갔는데, 개발부서는 이 정도로는 개발할 수가 없다며 하루가 멀다 하고 화면설계서를 다시 써오라는 소리를 한다. 정말 답답한 건 뭘 더 해야 하는지 모를 수도 있다는 점이다.

둘째, 하루하루가 바쁜데 여러 건의 기획을 어떻게 동시에 할 수 있지?

수많은 그럴듯한 방법론을 적용해보려면 시간도 돈도 많이 필요하다. 하지만 기획자 앞에는 개선해야 할 세부 서비스 목록이 줄지어 있다. 간단한 배너 추가부터 전체 화면 리뉴얼까지. 기획 한 건당 할애할 수 있는 시간은 제한되어있고 우선순위도 있기 때문에 모든 건을 절차대로 하나하나 정리해서 진행하는 것은 무리다. 그런데 선배들은 그것을 다들 해냈다. 나 역시도 업무에 익숙해지고 나니 평균 5~10개의 크고 작은 업무가 할당되어도 동시에 처리해내곤 한다. 그런데 그 습득 과정은 어려움과 실패, 좌절의 연속이었던 것 같다.

이 두 가지를 고민을 해결하기 위해 꽤나 시간이 필요했다. 선배들이 해놓은 결과물을 훔쳐보고, 경험 많은 협업자들에게 물어가며 체득했다. 누구도 가르쳐주지 않았고 가르쳐주려고 해도 굉장히 모호한 부분이다. 흔히 기획자는 도제방식으로 배운다는 이야기가 이래서 또 나온다. 온갖 이론서들이 품은 내용은 거창한데 현실은 이상적이지 못하다. 그래서 난 더욱 내가 체득한 방법만이라도 어떻게든 주니어 기획자들과 공유하고 싶다는 꿈을 갖게 되었다.

마인드맵을 활용한 시스템 기획법

지금까지 주어진 과제에 대한 서비스 전략을 고민하도록 순서를 밟아왔다. 서비스 이용자의 사용 패턴에 대해 생각할 수 있게 되었고, 현업 실무자가 요청한 내용에 대해 어떤 기준으로 서비스를 기획할지 전략적으로 사고하는 방법을 연습했다. 이제 다음 단계로 이렇게 머릿속에 그려진 기획을 프로세스로 정의하는 방법을 배울 것이다. 여전히 와이어프레임은 그리지 않는다. 첫 시간부터 네모 네모를 그리고 싶어 조급해진 수강생들을 붙잡고 그보다 선행되어야 하는 것들을 미준맵으로 연습해보도록 했다.

미준맵 그리기 1단계 : 필요한 기능과 데이터를 정의한다

수많은 좋은 툴이 있지만 나는 마인드맵을 선호한다. 마인드맵 프로그램은 두서없이 생각나는 대로 정리한 후 연관성이 있는 것들을 자유롭게 엮거나 위치를 바꿀 수 있다. 어디서 배웠다기보다는 내 방식대로 마인드맵을 사용하기 때문에 나는 이를 '미준맵'이라고 부른다. UX에서 가장 상징적으로 사용되는 어피니티 다이어그램과 유사하지만 핵심은 다르다. 고객동선보다 데이터와 기능 관점에서 정리한다. 프로젝트를 준비하는 단계이기 때문이다.

> 일단 필요하다고 생각되는 데이터 항목이나 기준을 생각나는 대로 쓰고 정리는 나중에 하세요.

키보드를 두드리는 소리가 들리지 않는다. 알쏭달쏭한 표정을 지은 수강생들에게 나는 만들려고 하는 서비스에 어떤 데이터와 기능이 필요한지, 그 데이터와 기능으로 어떤 목표를 구현할 건지 '데이터, 기능, 목표' 세 가지로 구분해서 떠올려보라고 이야기했다.

≡ 수강생들이 미줌맵을 이용해서 작업한 산출물들 ≡

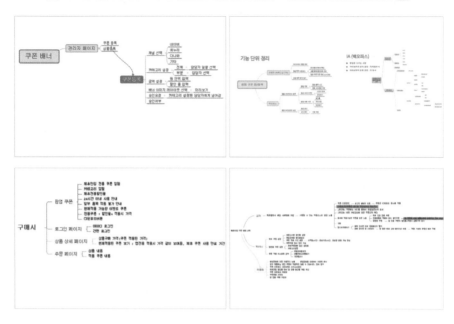

첫째, 서비스의 재료가 되는 기능과 데이터를 생각해보자

보통 처음 기획하는 사람들의 머릿속에는 UI 그림밖에 떠오르지 않는다. 하지만 막상 그려보라고 하면 구체적이지 못하다. 데이터 항목이 하나도 정의되어 있지 않기 때문이다. 내가 가지고 있는 데이터와 필요한 데이터를 목록화해야 하는데, 이를 '데이터 항목을 정한다'라고 한다. 복잡한 DB 테이블이나 데이터 테이블 구조ERD는 몰라도 좋다. 우리가 구현하고 싶은 기능별로 보유하고 있는 데이터와 새로 수집해야 되는 데이터를 떠올려 정리한다.

네트워크를 활용한 모든 온라인 서비스는 결국 기능Feature과 이 기능을 타고 움직이는 데이터data로 움직인다. 눈에 보이는 화면은 그림처럼 보이지만 알고 보면 0과 1로 이루어진 데이터를 브라우저 또는 스마트폰이라는 기기가 받아 재구성한 작문의 결과다. 비유가 적절한지 모르겠지만 우리가 소설을 읽으면 머릿속에 그 장면이 그려지듯, 브라우저 또한 개발자가 적은 프로그래밍 언어를 읽어서 우리에게 화면으로 보여준다. 그림이든 동영상이든 음악이든 마찬가지다. 그리고 이 프로그래밍 덩어리는 세 가지 차원에서 움직인다. 첫째 이용자에 따라 바뀌는 변수인 데이터, 둘째 그 변수를 받아서 특정한 목표에 맞춰 작동시켜주는 기능, 셋째 기능이 연결되어 만들어지는 서비스이다. 이 말을 이해하기 어렵다면 메신저를 생각해보자.

입력되는 메시지는 글자로 이루어져 있다. 이는 0과 1로 만들어진 데이터로 변경되어 DB에 저장된다. 이용자에 따라 메시지 내용은 계속해서 변하므로 입력되는 데이터는 '변수'라고 볼 수 있다. 여기서 저장된 데이터는 다른 디바이스에서 앱을 통해 수신된다. 이런 프로세스가 '기능'이다. 그리고 이 기능들은

≡ 모바일 메신저의 데이터 기능 ≡

데이터 차원	기능 차원	서비스 차원
입력되는 메시지	데이터를 저장하고 전달하는 기능	문자를 주고받는 서비스 (메신저)
• 메신저에 입력되는 메시지 자체 • 컴퓨터용 문구인 0과 1로 변경되어 저장된 데이터 • 계속 다른 입력이 가능한 변수	• 문구를 입력하고 전송을 누르면 DB에 입력된 데이터가 저장됨 • 수신하려는 디바이스 PUSH 알림이 감 • 수신자가 메신저 앱에 들어가면 입력받은 수신 메시지 수가 표시됨 • 메신저 항목을 누르면 수신 메시지가 표시됨	• 메시지를 주고받는 두 사람이 메신저를 통해서 문자로 이루어진 대화를 자유롭게 나눔

몇 가지로 쪼개진다. 처음에 보내는 사람이 메시지를 작성한 후 전송 버튼을 누르면 푸시 알림이 와서 메시지가 왔다고 인지하는 기능, 메신저를 열면 신규 메시지 숫자가 표시되는 기능, 그리고 그 메시지를 누르면 새로 받은 메시지가 노출되는 기능 등등. 쪼개보면 굉장히 여러 개의 기능이 메신저를 구성한다. 그리고 이러한 기능의 덩어리가 결국 메신저를 주고받는 두 사람 사이에 있는 '서비스'라고 할 수 있다.

지금까지의 아이디어와 전략은 서비스 단위에서 고민이 이루어졌다. 이를 진짜 구현시키려면 서비스 영역에서 거꾸로 기능과 데이터 영역으로 내려가서 서비스를 쪼개봐야 한다. 이를 연습해보자.

예를 들어 '인근 미용실 지도'라는 서비스를 만든다고 생각해보자. '왜 인근의 미용실 지도를 보여줘야 하는가'는 이미 고민했어야 하는 서비스 전략 영역이다. 서비스의 목표와 핵심 전략이 정해졌으면 이제 세부화에 들어가야 한다. 기능과 데이터의 영역으로 내려가서 생각해보자. 미용실을 지도에 표시하기 위해 필요한 데이터에는 미용실 상호, 미용실 로고, 미용실 주소지 정도가 있다. 그것을 지도에 표시해주는 것은 기능이다. 지도 위에 어떤 방식으로 표시해줄지를 정하는 것도 기능이고, 지도 위의 표시를 눌렀을 때 상세한 정보를 보여주는 것도 기능이다. 하지만 여기서 '상세한 정보'에 해당하는 내용은 데이터다.

둘째, 데이터를 활용하는 정책을 같은 마인드맵에 써보자

서비스 목표와 이에 필요한 기능과 데이터를 차례로 정리했으면 이제 정책을 정리할 때다. '정책'이라고 하니 어렵게 느껴질 수 있는데 '데이터 활용기준'이라고 생각하면 된다. 개발을 하는 사람이 알고리즘을 짤 때 핵심적으로 고려할 기준을 정리해주는 것이다. 정책의 난이도는 고민의 깊이에 따라 달라진다. 케이스에 따라 정책은 세분화된다.

다시 '인근 미용실 지도' 서비스를 생각해보자. 먼저 미용실 위치를 표시하는 지도는 내 위치를 중심으로 반경 몇 미터 내의 영역을 표시해줄 것인지를 정해야 한다. 기획에서는 이런 초기 설정값을 디폴트^{Default}라고 한다. 디폴트 설정은 중요한 정책 중 하나다. '그냥 반경 ○○미터가 좋겠다'가 아니라 논리적인 사유를 통해서 정리를 해야 한다. '10분 내외로 걸을 수 있는 200m 정도로 잡는다'와 같은 근거 기준이 필요하다.

또한 인근 미용실 리스트라면 수백 번을 다시 리로드해도 동일한 결과로 서비스를 이용할 수 있도록 하는 기준을 마련해야 한다. 결과값이 나오는 순서에 대한 정책을 '가까운 순'으로 한다면 거리가 동일할 경우 어떻게 정리할 것인지 두 번째 기준을 정해야 한다. 이것이 없다면 매번 조회할 때마다 결과는 같은데 노출 순서가 다를 수 있다.

조회할 결과가 없는 케이스도 고려해볼 수 있다. 조회한 위치에서 200m 내에 미용실이 하나도 없다면 어떻게 할 것인가? 결과를 하나라도 보여주기 위해 조회 면적을 넓혀서 보여줄 것인가? 아니면 보여주지 않을 것인가? 서비스의 완성도를 위해서는 이러한 정책을 세세히 정의해야 한다.

정책은 수십 가지가 생각날 수도 있고 한 가지도 생각나지 않을 수도 있다. 하지만 처음부터 걱정할 필요는 없다. 어차피 프로젝트를 진행하다 보면 서비스 완성도를 위해 지속적으로 정책이 추가된다. 다만 숙련된 기획자는 이런 것을 떠올리는 속도가 상대적으로 빠를 뿐이다.

셋째, 서비스 운영과 관련된 제약사항을 떠올리자

이 책의 내용을 차근히 읽어온 독자라면, 현업부서에서 서비스 운영 개발 요청서를 받았을 때 법적으로 문제가 될 만한 부분은 없는지 점검해야 한다는 것 쯤은 알고 있을 것이다. 개인정보를 활용한다면 개인정보보호법에 대한 부분을 고려해야 하고, 특정 회사와 계약해서 진행되는 서비스라면 계약 조건에 대한 부분을 검토해야 한다. 미리 파악하는 것이 불가능하다면 합리적인 의문점들을 마인드맵에 체크해 추후 프로젝트를 진행하면서라도 검토할 수 있게 해놓는다.

앞서 '인근 미용실 지도' 서비스를 계속해서 생각해본다면 '서비스 이용자의 위치 정보를 표시해도 되는가?'라는 문제가 있을 수 있다. GPS를 이용한 위치 정보를 활용하려면 개인정보보호법이 정하는 바에 따라 고객의 동의를 받아야 한다. 대부분의 서비스 이용 시 GPS 정보수집 동의 메시지가 뜨는 것은 바로 이 때문이다.

지금까지 생각해본 것을 미준맵으로 기록해보았다. 두 개의 구성요소에 대해 기능과 데이터, 정책에 대한 부분을 정리했다. 서비스 형태를 생각하다 보면 머릿속에 UI의 모습이 그려지긴 한다. 하지만 지금은 절대 스케치하지 않기를 권한다. 세세한 UI 형태를 보려고 하면 정작 중요한 기능과 정책들을 놓쳐버리기 쉽기 때문이다.

미준맵 그리기 2단계 : 내부와 외부 사용자별 플로우를 정리한다

미준맵 그리기의 두 번째 단계는 플로우 정리다. 보통 자료에서 보는 플로우 차트는 고객이 보는 프론트 화면의 순서를 나타낸다. 하지만 그런 화면만으로는 디자인도 개발도 진행하기 어렵다. 다양한 정책이 가져오는 여러 가지 케이스에 대해 모두 확인해볼 수 있는 플로우 차트가 필요하다.

그리고 고객용 서비스 화면의 흐름이 불필요한 사람들이 또 있다. 실제 서비스를 운영할 회사 내부의 현업 실무자다. 현업 실무자에게는 그에게 맞은 플로우가 따로 필요하다. 즉 '비즈니스에 맞는 플로우 차트'가 필요하다. 그러므로 내부와 외부의 모든 사용자를 정의하고 서비스가 굴러갈 수 있는 업무 프로세스를 설계해야 한다. '굴러간다'는 것은 선후 관계를 의미하는데 기존에 정리했던 필요 데이터를 기준으로 입력과 출력의 순서를 구분하는 것이다. 서비스 운영자와 이용자가 명확히 구분되는 파이프라인 서비스의 경우 운영자는 어드민

☰ 미준맵 1단계 : 필요한 기능과 데이터 정의 ☰

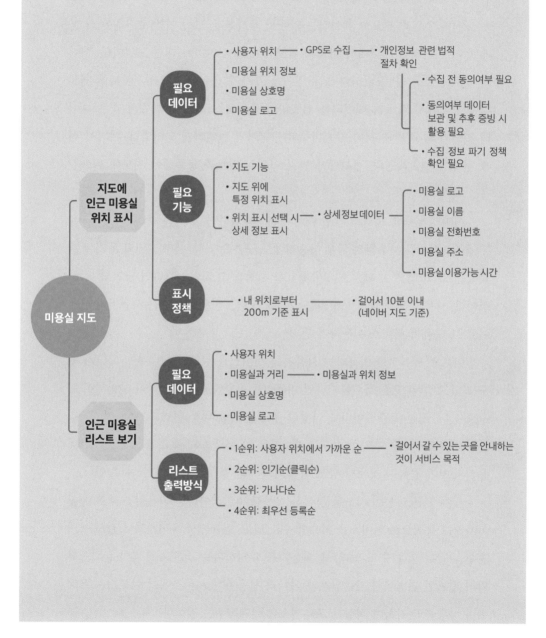

미용실 지도

지도에 인근 미용실 위치 표시

- **필요 데이터**
  - 사용자 위치 ── GPS로 수집 ── 개인정보 관련 법적 절차 확인
    - 수집 전 동의여부 필요
    - 동의여부 데이터 보관 및 추후 증빙 시 활용 필요
    - 수집 정보 파기 정책 확인 필요
  - 미용실 위치 정보
  - 미용실 상호명
  - 미용실 로고

- **필요 기능**
  - 지도 기능
  - 지도 위에 특정 위치 표시
  - 위치 표시 선택 시 상세 정보 표시 ── 상세정보데이터
    - 미용실 로고
    - 미용실 이름
    - 미용실 전화번호
    - 미용실 주소
    - 미용실 이용가능 시간

- **표시 정책**
  - 내 위치로부터 200m 기준 표시 ── 걸어서 10분 이내 (네이버 지도 기준)

인근 미용실 리스트 보기

- **필요 데이터**
  - 사용자 위치
  - 미용실과 거리 ── 미용실과 위치 정보
  - 미용실 상호명
  - 미용실 로고

- **리스트 출력방식**
  - 1순위: 사용자 위치에서 가까운 순 ── 걸어서 갈 수 있는 곳을 안내하는 것이 서비스 목적
  - 2순위: 인기순(클릭순)
  - 3순위: 가나다순
  - 4순위: 최우선 등록순

페이지에서 필요한 데이터를 등록하고 이용자는 프론트 페이지에서 출력된 데이터를 활용한다.

다시 '인근 미용실 지도' 서비스 사례로 돌아가 보자. 미용실 위치를 지도에 표시하기 위해 필요한 데이터는 앞에서 정리했다. 그럼 이제 고민해야 할 문제는 이 데이터를 어디에서 어떻게 확보해야 할 것인가에 대한 고민이다. 데이터 확보는 보통 둘 중 하나다. 내부의 누군가가 수기로 입력하거나 아니면 제휴된 어딘가에서 확보된 데이터를 전송받아 축적하는 것이다. 대개의 경우 데이터 입력과 같은 단순 서비스는 내부의 누군가가 관리하게 되어있다. 여기서 선후 관계가 명확해진다. 관리자가 먼저 미용실 정보를 등록해야 지도에 미용실을 표시할 수 있다.

데이터 입력과 출력의 선후 관계가 파악되었다면 그 다음 파악해야 할 것은 '사용자'다. 내부 사용자와 외부 사용자에도 구분은 있다. 서비스 기획 초기에 살펴봤던 UX 방법론 중 페르소나가 필요한 시점을 고르라고 한다면 단연코 이 시점이다. 사용 순서에 따라 사용자를 구분하면 어드민을 이용하는 사용자가 먼저이고 그 다음이 서비스 이용자가 된다.

어드민 페이지를 이용하는 사용자는 서비스를 관리하는 내부 마케터가 될 수도 있고, 만약 오픈 플랫폼이라면 미용실을 운영하는 개인업자나 알바생이 될 수도 있다. 오픈 플랫폼이라도 안전한 구조를 위해 내부 마케터가 데이터를 검증하는 프로세스를 추가할 수도 있다. 만약 이 플랫폼이 광고 플랫폼이라면 미용실 정보가 등록된 곳에서 광고 입점 계약서를 함께 관리해야 할 수도 있다.

실제 인근 미용실 지도를 검색하는 사람이 고객이라면 미용실을 빠르게 찾아가려는 목적으로 서비스를 이용할 수도 있고, 인근에서 유명하거나 잘하는 미용실을 찾고 싶을 수도 있다. 즉 사용자를 파악한다는 것은 사용자의 문화인류학적 정보인 연령이나 가족관계가 아니라 사용자가 서비스에서 이루려는 목적이나 상황을 인지하여 적절한 프로세스를 설계해주는 것이다.

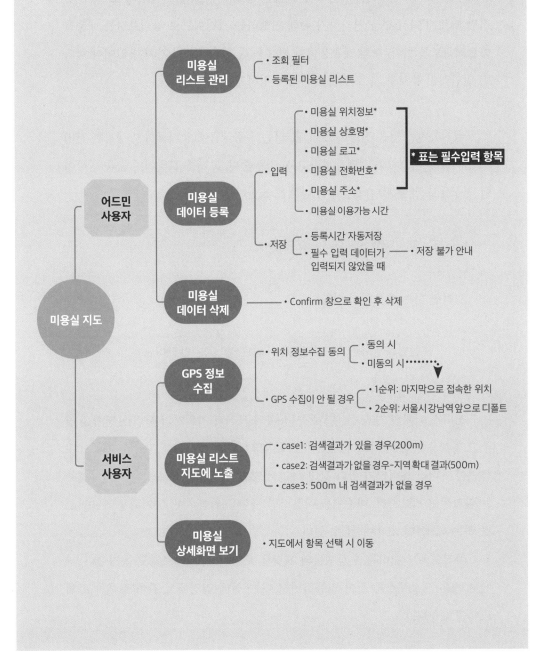

미준맵 2단계 : 플로우 화면 정리

- 미용실 지도
  - 어드민 사용자
    - 미용실 리스트 관리
      - 조회 필터
      - 등록된 미용실 리스트
    - 미용실 데이터 등록
      - 입력
        - 미용실 위치정보*
        - 미용실 상호명*
        - 미용실 로고*
        - 미용실 전화번호*
        - 미용실 주소*
        - 미용실 이용가능 시간
      - 저장
        - 등록시간 자동저장
        - 필수 입력 데이터가 입력되지 않았을 때 —— 저장 불가 안내
    - 미용실 데이터 삭제
      - Confirm 창으로 확인 후 삭제
  - 서비스 사용자
    - GPS 정보 수집
      - 위치 정보수집 동의
        - 동의 시
        - 미동의 시 ┄┄┄┄┄►
      - GPS 수집이 안 될 경우
        - 1순위: 마지막으로 접속한 위치
        - 2순위: 서울시 강남역 앞으로 디폴트
    - 미용실 리스트 지도에 노출
      - case1: 검색결과가 있을 경우(200m)
      - case2: 검색결과가 없을 경우-지역 확대 결과(500m)
      - case3: 500m 내 검색결과가 없을 경우
    - 미용실 상세화면 보기
      - 지도에서 항목 선택 시 이동

* 표는 필수입력 항목

이러한 분석을 토대로 마인드맵에 적었던 내용을 토대로 하여 사용자별로 플로우를 그려주면 다음과 같다. 일반적인 플로우 차트대로 예쁘게 그릴 수 있지만 빠르게 여러 건을 처리하기 위해 진행하는 과정이므로 양식보다는 내용을 중요시하도록 한다. 다만 제출용이나 발표용 등 산출물로서 가치가 있어야 한다면 일반적인 플로우 차트 형태로 다시 수정하기를 권한다.

여기까지 수업을 진행하고 난 후, 나는 수강생들에게 지금까지 생각한 서비스 전략을 미준맵처럼 정리해보라고 시간을 준다. 고개를 끄덕이며 눈을 반짝이던 친구들도 막상 모니터 앞에서 난색을 표한다.

> 들을 때는 알 것 같았는데 하나도 모르겠어요.

그러면 나는 웃으면서 답한다.

> 방법을 알려준다고 했지 연습이 필요 없다고는 안 했어요.

서비스 기획의 가장 큰 부분은 사용자의 목적과 기획자의 서비스 전략을 맞추고 정책을 통해 데이터와 프로세스가 어떻게 흘러가는지를 정의하는 것이다. 화면이 아니라 데이터가 왔다 갔다 하면서 양면적 사용자의 목적을 이루게 해주는 완결성이 필요하다. 미준맵을 이용하면 구현을 위한 서비스 기획을 효율적으로 하는 데 좀 더 도움이 될 수 있다.

아직도 어려워하는 수강생들의 표정을 보면서 일단 해보자고 독려했다. 과제로 해온 프로세스를 같이 리뷰하면서 나는 선배 입장에서 같이 토론하고 피드백을 해준다.

미준맵 그리기 3단계 : 정보 구조(IA) 작성하기

미준맵 1단계와 2단계를 통해 기능과 데이터를 정리하고 플로우까지 정리하고 나면 마지막으로 필요한 것은 프로젝트에 포함될 화면 목록을 정리하는 것이다.

시각적으로 보이는 화면 목록을 정리한 것을 보통 IA$^{\text{Information Architecture}}$라고 부르는데 트리 방식으로 정리되는 '정보 구조 체계'를 의미한다. 웹만 존재하던 시절에는 정보 1개당 1페이지를 차지하고 하이퍼링크나 네비게이션바에 의한 이동만 가능했다. 또한 웹 초창기에는 PC 사양도 낮고 인터넷 속도도 느렸고 무엇보다 인터넷 광랜이 정액제로 나오기 전까지는 페이지 하나를 로딩할 때마다 추가로 돈을 내는 종량제 방식이었기 때문에 이용자들이 사이트 내에서 효율적으로 콘텐츠를 찾아 빠르게 이해할 수 있도록 만드는 것이 중요했다. 그래서 당시 가장 중요하게 다뤄졌던 것이 정보 체계로서의 사이트 맵을 잘 구축하는 것이다. IA에 대한 책을 찾아보면 정보처리학이 하나의 장으로 별도로 구성되어있을 정도다.

하지만 웹 서비스가 고도화되어 직접적인 페이지 전환 없이 콘텐츠가 변경되거나(Ajax 방식의 웹) 무제한 인터넷이 보급되면서 기존과 다른 형태의 복잡한 멀티미디어 콘텐츠가 생겨났고, 디바이스가 다양화되면서 API를 활용한 서비스 등 화면 단위로만 정리하기 어려운 형태의 서비스가 많아졌다.

특히 모바일 서비스의 경우는 PC처럼 마음껏 팝업을 띄우기에 적합하지 않고 화면도 작아 스크롤에 따라 정보를 불러오거나 동일 페이지라도 개인에 따라 다른 정보를 보여주는 등 정보를 다루는 형식이 많이 달라졌다. 이런 이유로 모바일 환경에서는 IA 문서보다 유저플로우나 아트보드처럼 UI 조작에 따른 화면 변화에 주목하여 설계한 문서들이 주목받는다. 여기서 유저플로우란 앞에서 설명한 플로우 차트와는 개념이 다르다. 플로우 차트는 사용자별 입력과 출력 데이터, 로직의 흐름, 눈에 보이지 않는 데이터 저장 방식이나 연동 방식의 개념도 포

함될 수 있다. 반면 유저플로우는 같은 페이지 내에서도 이용 순서에 따라 화면
이 어떻게 바뀌는지 정의한다. 아트보드도 마찬가지다. 화면상 나올 수 있는 여
러 가지 형태를 벽지처럼 다닥다닥 붙여놓고 흐름별로 볼 수 있게 만들어놓는다.
즉 유저플로우는 프로세스 설계보다는 화면 UI를 작업하는 과정에서 좀 더 편리
하고 자연스러운 사용성Usability을 개선하는 시점에서 더 필요로 한다. 그런데 나
는 이 시점에서 아직 IA를 먼저 정의할 필요가 있다고 말한다.

용어

API(Application Programming Interface) 응용 프로그램 개발자들이 애플리케이션을 만들 때
운영체제에서 동작하는 프로그램을 쉽게 만들 수 있도록 화면 구성이나 프로그램 동작에 필요
한 각종 함수를 모아놓은 것을 말한다. 즉 다른 개발자들이 이 프로그램을 응용해서 다른 프로그
램을 만들려면 '최소한 이런 기능들은 필수로 들어가겠지'라는 생각으로 미리 필요한 함수들을
만들어서 모아놓은 도서관과 같다. 기획자 입장에서는 눈에 보이지 않는 인터페이스 방식이다.

유저플로우(UserFlow) 실제 고객이 이용하는 순서에 따라서 변화하는 UI를 보여주는 흐름표.
UI가 변화했다고 해서 해당 페이지가 변경된 것은 아닐 수 있기 때문에 페이지의 개념을 중요시
하는 IA와는 개념이 다르다.

아트보드(Artboard) 여러 가지 상황의 웹 화면을 흐름과 관계없이 타일처럼 나열하여 보여주
는 방식이다.

IA는 어드민을 포함하여 고객이 이용하는 화면까지 업무 프로세스 설계를
큼직하게 정리하기에 적합하다. 유저플로우만큼 화면 UI를 세세하게 정리하기
전에 프로세스 단위로 화면을 몇 개로 작업할지 확인해서 작업량을 산출하는 기
준을 마련할 수 있다.

미준맵으로 하는 IA 정리는 전통적인 IA 정리 방식과는 차이가 있다. 미준맵
을 사용하는 시점은 진짜 기획서를 작성하기 전에 가설계를 하는 것이므로 마인
드맵의 특징을 십분 활용하여 최대한 단순하게 작업을 한다. 앞서 보여줬던 '인
근 미용실 지도' 서비스의 예시를 통해 확인해보면 오른쪽과 같다.

위 내용에서 기능들이 노출되는 화면을 묶어서 총 5개의 페이지(파란색 상

≡ 미준맵 3단계 : 정보 구조(IA) 작성하기 ≡

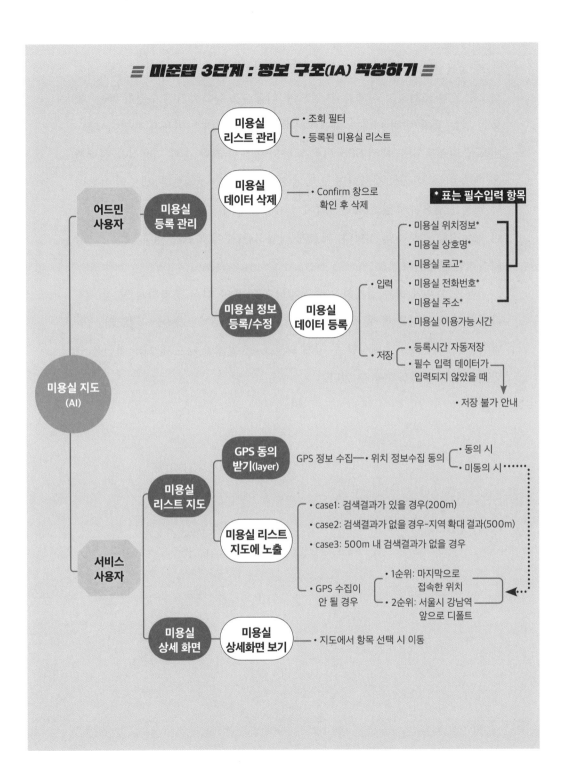

자)를 정리했다. 어드민에서 '미용실 등록 관리'라는 화면을 통해 등록된 미용실 리스트를 조회하고 삭제할 수 있으며, 미용실을 등록하거나 수정할 때는 '미용실 정보 등록/수정'이라는 화면에서 하면 된다. 서비스 이용자 측면에서는 '미용실 리스트 지도'에서 GPS 서비스 동의에 대한 작은 창과 미용실을 선택했을 때 보이는 '미용실 상세화면'으로 총 3개의 화면을 정리했다. 별도의 목록이나 엑셀을 사용하지 않고 마인드맵에서 자유롭게 항목을 옮기는 기능을 이용하여 페이지를 구분해낸 것이다. 빠르게 작업하는 것이 목표인 미준맵에서 가장 핵심적인 부분이다.

물론 이후의 UI를 설계하는 과정에서 진짜 IA는 다시 정리하게 될 것이다. 다만 미준맵 과정을 통해, 적어도 앞으로 진행할 프로젝트가 어느 정도의 개발 범위를 가져야 하는지 예상할 수 있게 되고, UI를 설계할 때도 몇 개의 화면을 고민해야 하는지 예상해볼 수 있다.

프로세스 설계에서
자주하는 실수들

기획자 산출물 : 마인드맵(미준맵)

강의실이 술렁거렸다. 앞서 진행했던 미준맵에 대한 과제를 피드백하는 시간이었다. 피드백을 받은 수강생 J는 준비해온 마인드맵과 플로우 차트에서 지적 받은 것들을 추가하여 고치기 바쁘다. 당황한 기색이 역력하다. 수강생 J는 명문대 졸업생으로 사전 과제부터 화려한 PPT 양식을 활용하는 등 눈에 띄던 학생이었다. 이번에 준비해온 과제에서도 페르소나를 활용한 서비스 전략을 멋지게 써왔지만 정작 나의 질문에는 답하지 못해 쩔쩔맸다. 어쩐지 자존심이 상한 듯 보였다. 강의실의 일부 수강생들은 피드백을 받기가 싫은지 과제를 꺼내 놓으려 하지 않았다.

> 지금 보여주지 않으면 하나도 못 배워가요. 빨리 과제 보여주세요!

나의 말에도 서로 눈치 보기 바쁘다. 용기 있게 과제를 꺼내놓은 수강생 K도 프로세스 흐름에 대해 세세하게 묻자 대답을 하지 못했다. 수강생 모두가 까인다고 느끼는 것 같았다. 하지만 현장에서 이런 난상토론은 누군가를 질책하는 것이 아니라 자연스러운 과정이다. 나는 수강생들에게 강조했다.

> 제 피드백을 받아 적을 게 아니라 자신의 생각과 다르면 반대 의견을 내셔야 해요!

사실 이게 실제 업무를 진행하는 상황이었다면, 자신보다 서비스에 대해 잘 아는 누군가가 프로세스를 봐주고 논의를 해준다는 것은 행운에 가깝다. 협업자인 개발자와 디자이너에게 전달되기 전까진 아무도 기획자 머릿속에서 정리되는 기획의 구체화 단계를 체크해주지 않기 때문이다. 더군다나 혼자서 일하는 스타트업이라면 더더욱 그렇다. 하지만 나처럼 피드백을 해주는 사람은 분명 기획안을 작성한 사람보다 이 서비스에 대해 짧게 고민했을 가능성이 높다. 그러므로 어느 정도 합리적인 논쟁이 필요하다.

논쟁은 기획자끼리 하고 끝나는 것이 아니다. 괜찮은 기획이라고 생각했다가 개발자나 디자이너에게 리뷰한 후 협업의 매운맛을 보게 되면 정신적 타격뿐만 아니라 엄청난 일정 부족에도 시달려야 한다. 온라인 서비스의 시스템적 구조를 생각하며 프로세스를 기획하는 것은 화면만 생각하며 기획하는 것보다 훨씬 많은 연습이 필요하다. 배울 선배가 있다면 깨질 것을 각오하고 기획 일정이 끝나기 전에 봐달라고 부탁하고 토론할 수 있어야 한다. 기준을 가지되 열린 마음은 기본이다. 미리 깨질수록 서비스를 기획하는 능력은 성장한다.

자, 이제 서비스 기획자가 자주 하는 실수들을 살펴보겠다.

목적에 맞는 범위로 좁힌 것이 맞나?

서비스 운영 기획에서 가장 많이 하는 실수가 '범위 설정'이다. 전략 설정까지는 적절하게 했는데 기능과 플로우 차트를 정리하는 과정에서 비대하게 커지는 경우가 생기는 것이다.

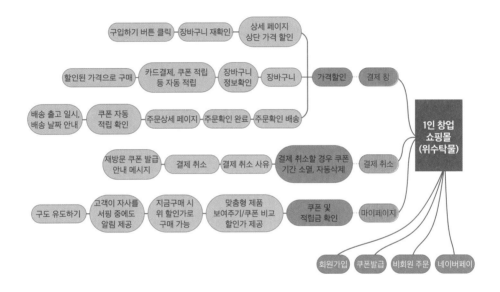

위 그림은 수강생 U가 미준맵 방식으로 작성한 플로우 차트의 일부다. 척 봐도 굉장히 범위가 넓다. 쿠폰 발급부터 결제, 마이페이지까지 결제 이후의 쇼핑몰에서 볼 수 있는 모든 화면이 담겨있다. 그런데 문제는 주어진 '주제'는 굉장히 작았다는 것이다.

수강생 U는 주어진 과제에서 '제휴를 통해서 인입되는 고객이 결제할 때 다음 재방문 시 사용할 수 있는 쿠폰을 발행해준다'는 전략을 설정했었다. 제휴로 들어온 고객을 추가 구매시키는 것도 중요하지만 다이렉트 고객화시키는 것이 더 중요하다고 생각해 재인입 시 혜택을 주는 전략을 선택한 것이다. 전략까지는 좋았는데 기능과 플로우를 정의하면서 이 프로젝트에 포함되어야 할 범위를 혼동해버렸다.

여기서 범위란 프로젝트에 포함되는 범주를 의미한다. 현재 운영 중인 서비스에 새로운 서비스를 만드는 일은 이미 다 만들어진 시스템에서 기능의 일부를 바꾸거나 추가하는 것을 의미한다. 그래서 서비스 운영 중에 진행되는 개선 프로젝트는 개발해야 하는 양을 정하는 것이 굉장히 중요하다. 수강생 U는 이번 개선을 위해 기존 기능 그대로 두어도 되는 화면까지 플로우에 넣어 범위가 너무 넓어진 것이다.

> 제가 쓰면서도 어디까지 써야 할지 감이 안 오더라고요.

수강생 U는 피드백을 들으면서 멋쩍게 웃었다.

위 프로젝트에서 수정하지 않아도 될 것 같은 기능에 X표를 쳐 보자. 아마 '재방문 쿠폰 발급 안내 메시지'만 남을 것이다. 사실 이 기능은 굉장히 세분화해서 프로세스를 만들어야 한다. 그래서 이 기능을 만들기 위한 케이스와 운영 방식을 구체화시켜야 한다는 피드백을 주었다. 그리고 물었다.

> 그런데 밑에 있는 마이페이지 하위의 내용들은 뭐죠?

> 아, 그건 마이페이지에서 추천 상품을 할인해주면 더 좋을 것 같아서 넣었어요.

수강생 U가 서비스 구석구석을 고민한 흔적이었다. 하지만 이 또한 개발 범위를 벗어난 영역이기 때문에 사족이 된다. 실무에서도 주니어들이 기획 과제를

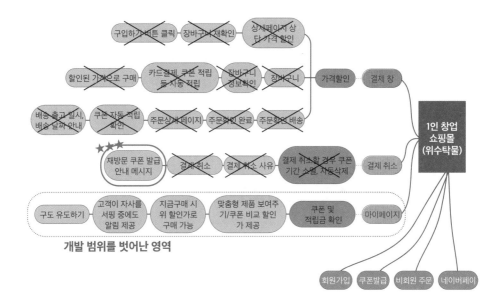

해결하면서 '있으면 좋을 것 같은 기능'을 추가하는 경우를 흔히 본다. 어차피 수정 개발을 하게 될 화면이니 기존에 하고 싶었던 개선사항을 넣는 것이다. 이는 언뜻 효율적으로 보이지만 제휴로 들어온 사람을 다이렉트로 재진입시키겠다는 전략에 있어 맞춤 추천 상품 제공 및 할인 기능은 기획 목표와 아무런 관련이 없다. 이렇게 되면 프로젝트가 완료된 후 우리가 세운 전략이 효과적이었는지 측정할 수 없게 된다는 문제가 발생한다.

린 UX에서는 필요한 부분을 빠르게 바꾸고 측정하여 올바른 방향으로 계속 나아가야 한다고 강조한다. 이는 연구 가설이 옳았는지 보려면 전략적으로 바꾸려고 하는 부분 외에 나머지 부분은 모든 조건이 동일해야 한다는 뜻이다. 관계없는 개선사항이 끼어드는 순간, 오픈 후 서비스가 정말 전략대로 수정되었는지 확인할 수가 없다.

또한 가벼운 마음으로 추가한 기능 하나에 필요한 정책이나 정의해야 할 케이스가 많아질 수도 있고, 기획자뿐 아니라 개발자와 디자이너가 감당해야 할 프

로젝트 기간과 업무량이 늘어날 뿐 아니라, 촘촘하게 연결된 서비스 내에서 영
향을 받는 다른 서비스들이 예상보다 많이 나올 수도 있다. 그러므로 목표한 바
를 위해 딱 필요한 만큼 수정할 기능을 콤팩트하게 정의하는 연습이 필요하다.

한 가지 케이스로만 만들지 않았나?

미준맵을 정리하면서 데이터와 기능에 신경 써야 한다고 이야기했었다. 모
든 온라인 서비스는 결국 입력된 데이터를 어떤 방식으로 사용하고 출력하느냐
의 문제이기 때문이다. 따라서 서비스의 모든 기능은 어떤 데이터가 들어와도
동일한 기준으로 문제없이 작동할 수 있어야 한다. 이러한 개념이 '템플릿'이다.

템플릿이란 어떠한 모양을 만들어내기 위해 찍어내는 틀을 의미하는데, 온
라인에서 틀이란 말하자면 함수^{Function}와 같다. 우리가 만들어내려는 서비스는 UI
구성이 아니라, 어떠한 데이터가 들어오더라도 동일한 기준으로 화면과 기능을
제공하는 것을 의미한다. 그러니까 서비스 기획에서 중요한 것은 들어올 가능
성이 있는 모든 데이터에 대해 케이스별로 적절한 처리 방식을 예상해주는 것
이며 예상하지 못한 데이터가 들어오더라도 서비스가 문제되지 않게끔 미리 해
결하는 것이다.

수강생 P는 제휴로 인입된 고객을 더 많이 구매로 전환시키는 과제에서 '네
이버'와 '다나와'라는 가격비교 서비스만으로 서비스 프로세스를 기획했다. 물
론 두 회사는 대표적인 가격비교 서비스이고 핵심적인 제휴처일 수 있다.

하지만 수강생 P가 대상으로 설정한 롯데닷컴만 해도 수십여 개의 제휴 서
비스를 통해 고객이 인입된다. 시스템을 만들 때 한두 개의 중요 케이스를 고려
하는 것은 문제될 게 없지만, 이 케이스를 통해서 고정적이지 않은 수백 개의 다

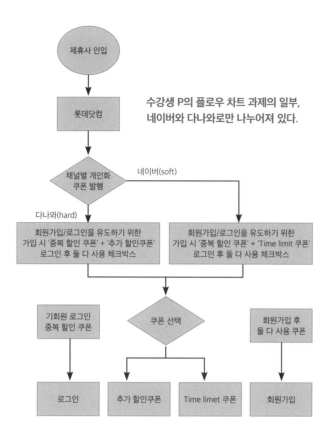

수강생 P의 플로우 차트 과제의 일부,
네이버와 다나와로만 나누어져 있다.

른 케이스 또한 오류없이 작동할 수 있어야 한다.

수강생 P는 다나와를 이용하는 고객들은 가격비교를 통해서 상품을 구매하기 위해 상세한 항목들을 비교하는 Hard 유형이라 보았고, 네이버 가격비교를 이용하는 고객들은 상대적으로 즉흥적인 Soft 유형이라고 보았다. 이럴 경우 네이버와 다나와를 기준으로 기획할 것이 아니라 제휴 진입의 두 가지 데이터 유형을 구분하여 그에 따라 작동할 수 있게 만들어야 한다. 그렇게 만들면 제휴처가 수십, 수백, 수천 개가 되어도 두 가지 유형 중 하나에 포함될 것이고, 서비스는 템플릿으로서 어떤 기능을 제공해야 할지 정의할 수 있게 된다.

설명을 들을 때는 알 것 같지만 어드민과 프론트, 사용자와 데이터까지 고민하며 이 과정을 진입하는 것은 생각보다 쉽지 않다. 흐름도 혼동되고 빼먹은 것은 없는지 확신이 서지 않아 손도 대지 못하는 경우도 있다. 걱정부터 할 필요는 없다. 첫 기획 과정에서 최적화된 플로우를 만들지 못했다 하더라도 프로젝트를 진행해나가면서 수정하면 된다. 필수적인 기능이나 데이터를 생각하지 못했다면 협업자들과 일해 나가면서 채우면 된다. 오히려 완벽하게 기획해야 된다고 생각하는 강박이 문제다. 해보면 알겠지만 처음부터 만족할 만큼 완벽한 기획은 불가능하다. 스스로 할 수 있는 데까지 해보고 얼른 협업자와 논의하는 것이 중요하다.

여기까지 잘 따라왔다면 정답이든 아니든 타당하다고 믿는 전략이 생기고 개발에 필요한 범위도 정해졌을 것이다. 이제 협업자를 만날 차례다.

마인드맵(미준맵)

서비스 운영 개발 요청서 다시 한 번 살펴보기

제목 : 제휴 인입 주문의 주문 완료 페이지 내 개인화 영역 추가

요청자 : 제휴 마케팅팀 김나나 대리

요청내용
- 가격 비교 사이트를 통해서 들어온 고객이 주문을 완료할 때, 개인화된 관심이 될 상품과 기획전을 추가 노출하여 추가 구매를 유도
- 개인화된 상품 혹은 기획전을 노출
- 행사 기간에는 동일한 영역에 제휴 인입 채널별로 시간대를 조정하여 홍보 배너를 등록할 수 있도록 어드민(Adminstratior)으로 관리 기능 추가
- 행사배너 등록은 승인 절차를 통해 우리 팀에서만 운영 등록할 수 있도록 구성

  (1월 중 오픈 필수, 2월 행사 시즌에 활용할 예정)

서비스 전략 다시 보기

주문 완료 시 이탈하는 고객에게 개인화 팝업에서 추천 상품과 앱사용 쿠폰 다운로드 링크를 노출해 주목도를 높이고, 앱으로 이동 시 제휴 마케팅팀의 KPI를 산출할 수 있도록 설정한 딥링크(앱 내 특정 페이지로 이동시키는 링크)를 실행시켜 할인수단을 제공한다. 이를 통해 다음번 앱에서 구매할 수 있도록 유도한다. 앞서 구매한 상품군을 기반으로 추천 카테고리의 상품을 한 달 내에 다이렉트로 앱 접속 시에만 사용할 수 있는 할인수단을 제공한다. 할인 종료 기간 1일 전에 만료 안내를 보내서 다이렉트 앱으로의 재접속을 일으킨다.

미준맵 작성하기

1단계: 기능정의 및 데이터 정의

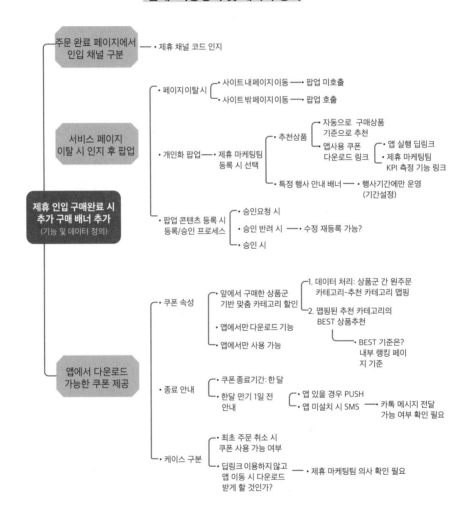

주문 완료 페이지에서
인입 채널 구분 — • 제휴 채널 코드 인지

서비스 페이지
이탈 시 인지 후 팝업

• 페이지이탈시 ─┬ • 사이트내페이지이동 ── • 팝업 미호출
               └ • 사이트밖페이지이동 ── • 팝업 호출

• 개인화 팝업 ─ • 제휴 마케팅팀
              등록 시 선택
  ┬ • 추천상품 ─┬ • 자동으로 구매상품
              │   기준으로 추천
              └ • 앱사용 쿠폰 ── ┬ • 앱 실행 딥링크
                 다운로드 링크   └ • 제휴 마케팅팀
                                      KPI 측정 기능 링크
  └ • 특정 행사 안내 배너 ── • 행사기간에만 운영
                              (기간설정)

제휴 인입 구매완료 시
추가 구매 배너 추가
(기능 및 데이터 정의)

• 팝업 콘텐츠 등록 시 ─┬ • 승인요청 시
  등록/승인 프로세스   ├ • 승인 반려 시 ── • 수정 재등록 가능?
                      └ • 승인 시

앱에서 다운로드
가능한 쿠폰 제공

• 쿠폰 속성 ─┬ • 앞에서 구매한 상품군 ─┬ 1. 데이터 처리: 상품군 간 원주문
            │   기반 맞춤 카테고리 할인 │   카테고리-추천 카테고리 맵핑
            │   └ 2. 맵핑된 추천 카테고리의
            │   BEST 상품추천
            │   └ • BEST 기준은?
            │   내부 랭킹 페이
            │   지 기준
            ├ • 앱에서만 다운로드 기능
            └ • 앱에서만 사용 가능

• 종료 안내 ─┬ • 쿠폰 종료기간: 한달
            └ • 한달 만기 1일 전 ─┬ • 앱 있을 경우 PUSH
               안내   └ • 앱 미설치 시 SMS ── • 카톡 메시지 전달
                                                           가능 여부 확인 필요

• 케이스 구분 ─┬ • 최초 주문 취소 시
              │   쿠폰 사용 가능 여부
              └ • 딥링크 이용하지않고 ── • 제휴 마케팅팀 의사 확인 필요
                 앱 이동 시 다운로드
                 받게 할 것인가?

2단계: 사용자별 플로우 정의

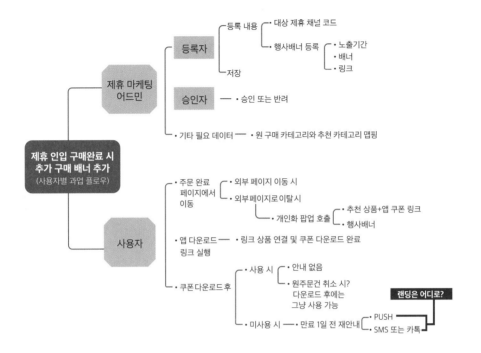

3단계: 간단하게 개발대상 페이지 구분하기(IA)

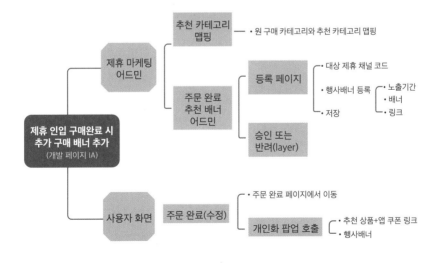

개발자와의
첫 커뮤니케이션

기획자 산출물 : 요구사항 정의서

서비스 전략도 세웠고, 프로세스도 정리했고, 기능과 화면도 떠올렸으니 얼른 그림을 그리고 싶을 것이다. 하지만 그 전에 해야 할 일이 한 가지 더 있다. 바로 개발자와 커뮤니케이션을 하는 것이다. 그런데 그 커뮤니케이션을 하려면 '요구사항 정의서Software Requirements Specification'를 작성해야 한다. 온라인 서비스 개발 프로젝트에서 사용되는 요구사항 정의서란 소프트웨어에 포함되어야 할 기능과 데이터 등 완성될 서비스의 완성 조건을 정의하는 것을 의미한다.

> 사실 제가 하려는 게 완벽한지 모르겠어요.
> 벌써 개발팀에 보여줘도 될까요?

평소 완벽주의자 성향을 보이던 수강생 O가 말했다. 꼼꼼한 사람일수록 이런 고민이 더 심하다. 마치 오디션 프로그램에 나온 참가자처럼 거친 평가를 당할까 봐 불안해한다.

우리 회사 개발팀은 뭘 보여줘도 안 된다고만 해요. 더 기분 나쁜 건 기획서를 설명할 때 한숨 쉬며 듣지도 않다가 내용이 부족하다고 해요. 뭐랄까. 자존감이 확 깎여요.

스타트업에서 마케터로 일하는 수강생 P의 회사에는 서비스 기획자가 없다. 마케터지만 열심히 연구해서 기획을 잡아 보여주면 개발부서와 항상 마찰이 생긴단다. 개발을 잘 모르니 열심히 기획안을 다듬는 것이 자기가 할 수 있는 일이라고 생각했는데 모른다고 바보취급 당하는 기분이 들어 이 수업을 신청했다는 이야기도 했다.

사실 모든 말이 맞는 말이다. 기획자가 개발자보다 모르는 것도 사실이고, 머릿속으로 구현한 기획안을 실제로 만들어달라고 찾아가야 하는 것도 사실이다. 특히 주니어 기획자인데다 갓 입사한 상태라면 당연히 아는 것보다 모르는 것이 많을 테니 잘 아는 누군가를 찾아가는 것은 두려울 수밖에 없다. 더군다나 어떠한 방식으로든 무시당한다고 느낀 경험이 있다면 더더욱 그럴 수 있다.

개발자들을 싸잡아서 욕하는 사람도 있지만 개발부서 입장에서도 생각해 볼 필요가 있다. 일을 주러 오는 사람이니 반갑지만은 않을 것이다. 게다가 개발이 불가능한 말도 안 되는 이야기만 하고 있다면 어이없고 싫은 게 당연하다. 어떤 것이 불가능한지 정의하지 못하는 주니어들에게는 공포의 대상이 될 수밖에 없다. 그래서 난 역설적으로 기획자가 하루라도 빨리 개발부서를 찾아가야 한다고 말한다.

왜 벌써 개발자를 만나야 할까?

개발자를 만날 때 추천하는 방법은 요구사항 정의서를 작성해 리뷰하는 것이다. 디자이너와 함께해도 좋다. 요구사항 정의서는 개발자가 프로젝트를 마주하는 첫 문서다. 이 문서에는 큰 프로세스를 위한 데이터의 흐름이나 UI에 대한 요건, 서비스 이용자들의 케이스도 들어간다. 그리고 만들고 싶은 서비스의 내용이 아니라 개발자들이 판단하기 쉬운 형태로 개발 내용이 정리되어있기 때문에 대화를 나누기에 용이하다.

요구사항 정의서 주요 작성 항목

1. 시스템 구분 : Front/Adminstrator/기타(API, BATCH 등)

2. 기능 신규 여부 : 신규/기존 수정

3. 요구사항번호 : 모듈명 + 숫자 (예. Order001)

4. 요구사항명

5. 요구사항 상세 설명과 분석

6. 비고 : 다른 요청사항과 선후 관계나 연결 여부 등

7. 개발 수용 여부 : Y/N/보류

8. 완료 여부 : Y/N

어떤 양식으로 요구사항 정의서를 쓰느냐는 사실 중요한 것이 아니다. 이 요청사항을 하루라도 빠르게 전달해서 협업자들이 앞으로 해나가야 할 일의 중요성이나 방향성, 스펙에 대한 감을 잡고 파악할 수 있도록 하는 것이 중요하다. 그들도 받자마자 컴퓨터 앞에 가서 바로 코딩할 수 있는 것이 아니기 때문이다. 비즈니스 전략 기획의 산물이 서비스 기획이라면 개발자의 역할은 이 서비스 기획을 실제로 구현되게 만드는 것이다. 우리가 고민한 시간만큼 또 다른 고민이 시작된다. 그래서 개발하기에 잘 정리된 내용이 아니면 난감해할 때가 많다.

요구사항 정의서

프로젝트명 : 제휴 주문건 앱 주문 전환을 위한 추천 상품 팝업

요구사항 번호	시스템 구분	요구사항명	요구사항 상세	신규 여부	비고	개발 수용 여부	완료 여부
AFM001	Admin	제휴완료 배너 관리 1) 행사배너 등록	• 대상 제휴 채널을 선택(채널코드를 선택) • 행사배너 등록 - 등록항목 : 노출기간, 배너(jpg, png), 링크 • 저장	신규			
AFM002	Admin	2) 행사배너 승인 프로세스	• 등록자가 최초 등록 시 '승인요청' 상태로 등록 • 승인 권한자 진입 시 '승인' '반려' 버튼 활성화 • 승인 버튼 클릭 시 '승인요청' → '승인완료'로 상태 변경 • 반려 버튼 클릭 시 '승인요청' → '반려'로 상태 변경(반려 사유 등록)	신규	승인권한은 사용자 ID별로 공통 기능을 그룹 관리		
AFM003	Admin	추천 카테고리 맵핑 관리	• 배너행사 미입력 시 기본 노출되는 추천 상품 • 원구매 카테고리와 추천 카테고리 맵핑 • 맵핑 카테고리 변경 시 추천 데이터에 익일 반영	신규			
AFM004	MC	주문 완료 이탈 시 팝업 호출	• 채널 중 재휴채널로 구분되는 채널에서 주문 완료 페이지로 넘어오고 난 뒤 이탈 시 체크 후 신규 팝업 호출 • 이탈 기준 : 브라우저에서 다른 도메인으로 이동 시도 시	수정			
AFM005	MC	개인화 팝업	• 디폴트 : 상품추천영역 및 앱 사용 가능 쿠폰 링크 → 링크 클릭 시 딥링크로 앱 이동 후 쿠폰 다운로드 → 미설치 시 설치 후 이동 → 회원 정보에 쿠폰 다운로드 대상여부와 카테고리 정보 남김(마지막 주문 기준으로만 기록) • 행사배너가 등록되어있는 경우 행사배너 노출	신규			
AFM006	APP	앱 쿠폰 다운로드 팝업	• 회원 로그인 시 회원정보에 앱 사용가능 쿠폰 다운로드 여부가 N일 경우 노출(해당 카테고리 및 쿠폰율 안내) • 클릭 시 쿠폰 다운로드	신규	AFM005에서 등록한 쿠폰 다운로드 여부에 따라 노출		
AFM007	MC	자동 추천 쿠폰 발행	• 프론트에서 요청 시 자동 쿠폰 발행 • 쿠폰 속성 : 1) 채널 : 앱에서만 결제 2) 적용대상 : 원구매 카테고리에 맵핑된 추천 카테고리 3) 할인율 : 중복 적용 쿠폰 10%(할인율은 협의 중)	신규			
AFM008	BI	앱 쿠폰 사용정보 관리	• 해당 기능으로 발행된 쿠폰에 대한 통계자료 제공 • 총 발급된 쿠폰 정보 요약 : 발급 수, 원주문 상품 카테고리 사용 수, 사용액	신규			

개발자가 기획자에게 느끼는 감정을 기획자는 현업부서에서 느끼는 일이 종종 있다. 일을 하다 보면 온라인 시스템을 잘 모르는 현업 실무자가 기획안을 작성해 대표에게 보고까지 한 뒤 서비스 기획부서로 휙 던질 때가 있다. 우리 회사 시스템에서 개발이 가능한 서비스인지 검증조차 되지 않았는데 말이다. 게다가 이런 경우 오픈일까지 잡혀 있는 경우가 태반이다.

 전 개발은 잘 몰라서요.
그런 부분은 나중에 개발자랑 협의하다 보면 확인되겠죠.

내가 만났던 현업 실무자의 표정은 당당했다. 이런 경우를 속된 말로 '똥 받았다'고 한다. 그들은 말만 번지르르한 똥을 던졌고, 그 똥을 말이 되게 바꾸는 일은 받은 사람의 업무가 되어 버린다.

기획자와 개발자와의 관계에서도 똑같은 일이 반복된다. 기획하는 서비스 기능이 완벽히 준비되지 않았다는 이유로 묵히고 묵혀 개발부서와 공유하지 않는다면, 어쩌면 그 기획은 '똥'이 되고 있을지도 모른다. IT 서비스와 관련된 무언가를 진행하고 있다면, 비공식적으로라도 오픈하고 개발부서에 수시로 물어보는 것이 중요하다. 법무도, 개발도, 재무도 우린 그 무엇도 정확하게 예상할 수 없다. 심지어 해당 기간에 개발자의 일정이 비어있지 않으면 어쩔 텐가? '기획안만 잘 준비하면 개발은 착착 진행되겠지'라고 생각하는 건 지금 똥을 만들고 있다는 뜻이다. 온라인 서비스는 눈에 보이지 않는 부분이 훨씬 많다. 일을 혼자 하려고 해서는 안 된다.

물론 해당 기획 건을 공유할 때는 주의해야 할 점이 있다. 기획은 여전히 초안이기 때문에 기획 내용을 설명할 때 '이렇게 하고 싶다'라고 해야지 '이렇게 정했다'라고 해서는 안 된다. 이 작은 차이가 협업을 하는 태도와 분위기를 결정짓는다. 기획한 바를 설명하되 개발 가능성에 대해서는 개발 담당자가 더 고민하고 찾아볼 수 있도록 여지를 주는 것이 필요하다. 얼토당토않은 내용을 기획해서 찾아가도 이를 해결해주려는 개발자를 만나려면 나부터 가는 말을 곱게 해야 한다.

요구사항 정의서를 리뷰하고 나면, 개발 담당자는 가능한 것과 가능하지 않은 것, 추가적으로 검토해봐야 할 것 등을 파악하게 된다. 어느 정도의 개발 인력과 시간이 투자되어야 하는지도 가늠한다. 그러므로 요구사항 정의서를 리뷰할 때는 원하는 기능뿐만이 아니라 프로젝트의 방향과 목표, 히스토리 등을 폭넓게 설명해서 공감대와 관계를 형성하도록 하자. 서비스를 구현하는 것은 기획자가 아니다. 기획자는 마에스트로가 되어야지 수석 연주자가 되어서는 안 된다.

개발부서와 공감대를 형성해야 하는 이유

그런데 왜 기획자가 개발자를 설득해야 하는 거죠?

사내에서 개발자에게 늘 주눅 들어있다는 수강생 P는 평소 맺힌 게 많은 모양이다. 협업자에게 미리 기획 내용을 공유하고 (허락 받듯) 물어가며 일을 해야 한다는 게 퍽 마음에 들지 않는 모양이다.

IT 회사가 아닌 이상 개발부서는 대체로 사내에서 '을'에 가깝다. 웹/앱 서비스를 중심으로 돌아가는 회사와 달리 제조업이나 서비스업 중심의 회사에서 IT 업무는 사내 지원 업무에 해당하기 때문이다. 하지만 수강생 P에게 개발팀은 '을'이면서 '갑'인 존재였던 듯했다.

그럼 왜 개발팀과 공감대를 형성해야 하는지, 개발의 역할을 기준으로 생각해볼까요?

개발부서는 개발을 한다. 서비스 '구축' 프로젝트든 서비스 '운영' 프로젝트든 모두 개발이 필요하다. 우리가 서비스 개발(개선) 요청을 하기 위해 만나는 개발 담당자는 실제 코딩을 하는 사람일 수도 있지만 대부분은 PL^{Project Leader}이라고 불리는 관리자다. 이들은 전체 프로젝트에 포함될 개발 인력과 실제 산출물이 되는 코딩 결과물을 관리한다.

먼저 인력관리 측면에서 보면, 기획자가 요구사항 정의서를 미리 리뷰하면 적절한 개발 인력을 선정하기 좋다. 언제부터 개발 작업에 들어가야 하는지, 개발의 난이도는 어떤지를 알고 있으면 이에 따라 적절한 개발 담당자를 준비할 수 있기 때문이다. 만약 내부에서 소화할 수 없는 큰 개발 프로젝트라면 인원을 충원하거나 외주 개발을 준비할 수도 있을 것이다.

다음으로 개발 산출물, 즉 프로그래밍의 결과인 서비스의 안정성 측면에서 보자. 만약 신규로 기획된 서비스를 개발하다가 기존에 운영 중이던 웹/앱 서비스가 작동이 안 된다면 누구에게 연락이 갈까? 개발부서로 전화와 책임이 모두 쏠릴 것이다. 문제를 해결하는 데 있어 가장 큰 역할을 하는 것도 개발부서다. 물론 기획자도 옆에서 발을 동동 구르겠지만 결국 책임을 지는 쪽은 개발부서다. 즉 서비스 운영을 담당한다는 것은 오류 없이 시스템을 유지하는 것이 목표가 될 수밖에 없다.

오류 없이 서비스를 유지하려면 어떻게 해야 할까? 오류가 일어날지 모르는 불확실성을 줄여야 한다. 개발 코딩은 하나의 긴 글과 같다. 서론, 본론, 결론이 이어지는 글을 써놓았는데 중간에 다른 사람이 일부를 고친다고 해보자. 갑자기 어조가 바뀌면 전체 내용이 흐트러질 수도 있다. 이게 바로 서비스 운영에서 일어나는 '일부 수정'이다. 전체 문장을 계속해서 조금씩 뜯어 고치다 보면 불확실성이 늘어난다. 이런 일이 자주 일어나서 어디를 수정해도 불확실성이 높은 프로그래밍 상태를 '스파게티 코드'라고 부른다. 운영기간이 늘어날수록 부분 수정이 많아지고 복잡도는 높아질 수밖에 없다. 언젠가는 전체를 처음부터 다시 작성하는 리뉴얼을 선택하게 된다. '에이 그거 조금만 살짝 고치면 되지 않을까' 하는 생각이 예상 외로 엄청난 영향을 미칠 수 있는 것이다.

시스템이 오래되고 이미 여기 저기 수정되어 코드가 너덜너덜한 상태라면? 발생할 오류가 예측조차 되지 않고 코드 전체를 분석할 여유도 없다면? 개발부서는 당연히 보수적이 될 수밖에 없다. 반면 평소 보수적인 모습을 보이다가도 서비스 리뉴얼이나 신규 개발 구축을 할 때는 여유롭게 요청사항을 받아들이는 모습도 볼 수 있다. 글을 처음부터 쓸 때는 모든 요구사항을 넣어 써도 어렵지 않기 때문이다.

운영 중인 서비스에 대한 개발 수정이 어떤 의미인지 이제 이해가 되시는지? 그래서 기획자가 요구사항 정의서를 리뷰하면 개발 리더는 다음과 같은 두 가지 질문을 꼭 던지는 것이다.

1. 기존 시스템에 있는 기능으로는 구현이 불가능한가?
2. 기존 시스템에 영향도를 최소화할 수 있는가?

개발부서의 태도는 무조건 배척하는 것이 아니라 수정으로 인한 시스템 오류 가능성을 최소화하고 싶은 것이다. 이런 입장 차이를 이해하지 못하면 개발부서는 마치 방어적이고 일하기 싫어하는 것처럼 보일 수 있다.

기획자의 의도에 개발부서가 공감한다면 분명 서비스 기획에 도움이 되는 조언을 들을 수 있다. 개발자가 기존 시스템의 숨겨진 기능을 이용해 개발 기간을 단축할 방법을 찾아줄 수도 있고 추가 개발 없이 목표를 달성하는 방법을 제안할 수도 있다. 하다못해 우리가 알 수 없었던 타사 서비스의 시스템 구조에 대한 힌트를 들을지도 모른다. 서비스 기획자가 생각할 수 있는 범주와 개발자가 생각하는 범주가 다르기에 협업은 필연적이다.

만약 개발부서와의 미팅이 모든 면에서 불만족했더라도 개발자의 질문을 듣는 것만으로도 추가적으로 기획해야 하는 것이 무엇인지 알게 되었다면 의미가 있다. 이렇게 개발부서에 요구사항 정의서를 리뷰하고 피드백을 받으면서 서비스의 기술적인 기능과 스펙이 좀 더 구체화되면 다음 단계로 넘어가도 좋다. 그 다음 단계는 그렇게 참고 참았던 UI 설계이자 세세한 동작이나 인터랙션을 정의하는 마이크로 UX를 설계할 차례이다.

> **용어**
>
> **마이크로 UX(Micro UX)** 사용자가 움직이는 동선이라고 하면 대개는 페이지 단위 이동만을 생각하는데 페이지 내에서도 많은 작은 단위의 행위와 이에 따른 변화가 생긴다. 예를 들어 회원가입을 할 때, ID를 입력하고 존재 여부를 검색할 때, 이미 존재하는 ID인지 아니면 등록 가능한 ID인지 그도 아니면 ID 등록 규정에 따르지 않는 것인지에 따라서 피드백이 모두 다르게 나온다. 이처럼 케이스별로 UI가 다르게 관리되어 사용자가 편리하게 사용할 수 있도록 유도하는 설계를 마이크로 UX라고 한다. 가능하면 기획 단계에서 마이크로 UX에 대처할 상황 케이스를 최대한 많이 구분해줄수록 디자인과 개발의 디테일에 많은 영향을 준다.

이제 UI 설계를
해봅시다

기획자 산출물 : 제휴추천 팝업에 대한 UI 설계 작업
(스케치, 와이어프레임, 프로토타입)

> 디자인씽킹이 중요하다던데, 대체 왜 이렇게 UI를 늦게 그리게 하는
> 건가요?

사전 과제 때부터 빵빵한 툴 실력으로 멋들어진 와이어프레임을 그려낸 수강생 M이 물었다. 얼른 UI를 그리고 싶은데 계속 못하게 하니 좀이 쑤셨던 모양이다. 그가 프로세스를 정리하면서 몰래 UI를 그려놨던 것도 이미 눈치 채고 있었다. 이 책을 읽는 여러분도 지금까지 그림을 못 그리게 하면서 서비스에 대해서만 자꾸 정리토록 하는 데 의문이 들었을 것이다. 솔직히 머릿속에 그림 없이 여기까지 진행하기가 쉽지는 않다. 하지만 그걸 굳이 산출물로 그리지 못하게 한 데는 그럴 만한 이유가 있다.

어릴 때 본 〈미녀와 야수〉라는 애니메이션 속 왕자는 2D 애니메이션답게 잘생긴 얼굴이었다. 하지만 최근 나온 실사판 〈미녀와 야수〉의 왕자는 어떠한가? 그의 실질적인 외모에 사람들의 호불호가 갈렸다. 모공이나 눈썹 질감, 수염 자

국 등 왕자의 모습이 상상 속 왕자와 비슷하지 않아 실망에 빠진 것이다. 스토리에 대한 몰입을 방해한다는 평도 나왔다. UI에 대한 작업도 마찬가지다.

일단 UI를 그리게 되면, 생각의 틀이 굳어져 더 이상 서비스의 정책과 본질에 관해 집중하기가 어려워진다. 그려놓은 그림에 사로잡혀 중요하지 않은 내용으로 생각이 흘러가게 된다.

"여기 공간이 비네, 이런 아이콘을 넣어볼까?
여기 옆에 복잡한 요소가 많으니까 여기는 박스를 넣어볼까?"

UI에 관한 이런 소소한 생각들이 서비스 플로우를 잘 만들기 위해 고민하는 시간을 갉아먹는다. 데이터가 어떻게 움직일지, 우리가 활용해야 할 데이터가 무엇일지, 사용자에게 중요한 이용 목적은 무엇인지를 봐야 하는 순간에 디자인 범주에 대한 고민으로 치환되어 버리는 것이다. 특히 파워포인트나 와이어프레임을 그리는 도구들을 이용하여 구현될 화면과 유사한 형태로 그릴 때 이런 현상은 더욱 심해지는데, 별 생각 없이 초기에 잡아 놓은 UI에 갇혀서 더 좋은 UI를 선택할 수 있는 기회조차 차단해버릴 가능성이 있다. 더 나아가 이런 UI 설계를 해버리면 디자이너가 발휘해야 할 역량도 줄어들기 마련이다.

그럼 디자인씽킹은 잘못된 것인가요?

지금까지 내가 설명한 것 모두가 디자인씽킹이다. 디자인씽킹의 '디자인'이란 그림을 의미하는 것이 아니다. 디자인씽킹은 '문제 해결에 있어 디자이너들이 문제를 해결하던 방식대로 사고하는 것'을 말한다. 디자인의 본래 뜻은 '지시하다', '성취하다', '계획하다'라는 뜻의 라틴어 데시그나레Designare에서 유래했다. 어원을 보면 알 수 있듯 디자인은 우리가 흔히 생각하는 '외형적인 아름다움'보다는 '실용적이고 기능적인 문제'를 해결해나가는 과정에 초점이 맞춰져 있다. 즉 디자인이란 '문제를 해결하기 위해 설계를 바꿔나가는 것'이며 이미 우리가 지금까지 해놓은 것도 충분히 디자인씽킹이라 할 수 있다.

최근 각광을 받고 있는 구글 벤처스의 스프린트 방식에서도 앞의 2일간은 문제점과 해결방안 등에 대해 잘 아는 전문가들과 구체적으로 논의하도록 한다. 그런 다음 무언가를 만들어내는데 이것이 화면이 있는 서비스라면 스케치를 통해 개념을 먼저 만들어낸 후 (UI 설계 목업이 아닌) 프로토타입을 만들어낸다.

다 똑같은 UI 설계 같지만 사실은 여기에도 절차가 있다. UI 설계방식 간의 차이를 이해하려면 비슷비슷해서 혼동되는 용어들에 대해 먼저 구분할 수 있어야 한다.

스케치

스케치[sketch]란 말 그대로 슥슥 밑그림을 스케치한 것을 말한다. 요즘 많이 사용하는 동명의 특정 소프트웨어를 말하는 것이 아니다. 스케치는 종이와 펜만 있으면 할 수 있다는 장점이 있다. 모든 구성요소를 하나하나 세밀히 스케치할 필요는 없다. 서비스의 핵심적인 부분만을 집중적으로 고민해볼 수 있다는 점, 여러 가지 버전의 그림을 그려도 크게 힘들지 않다는 장점이 있다.

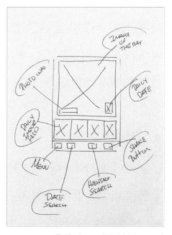

출처 : https://dribbble.com/
shots/4006131-App-project

스케치를 할 때는 지금까지 서비스의 전략과 구조, 시스템을 고민하면서 어렴풋이 정리된 구성요소들을 배치해야 한다. 디자인 구성에 대한 역량을 평가하는 것이 아니라 합리적인 구성과 좀 더 편리한 UX 인터랙션을 상상하는 시기다. 카페에 앉아 음악을 들으며 노트에 스케치하는 자신을 상상해보라. 멋있어 보일 것이다.

스케치를 할 때 중요한 점은 디테일한 UI를 그리기보다는 여러 가지 UI 형태를 배치해보는 것이다. 하나의 아이디어만 생각하지 말고 생각의 다양성을 넓혔다가 그중에서 가장 논리적으로 적합한 UI를 찾는 것이 핵심이다. 경험치가 많아질수록 다양한 UI를 그리지 않고 습관적으로 익숙한 UI만 그리려고 하는 경향이 생기므로 주의해야 한다.

와이어프레임

선^{wire}으로 이루어진 프레임 구조를 말한다. 네모와 텍스트 정도의 간단한 조합으로 정리된 영역들을 합쳐 페이지 전체의 구성을 볼 수 있도록 한 것이다. 손으로 그린 스케치를 좀 더 구체화하기 위해 영역과 구성요소들을 단순하게 표현하여 디지

털 문서화시키는 경우가 많다. UX 디자이너에게서 많이 나오는 문서 양식 중 하나다. 하지만 모바일 환경에서는 UI가 대체로 표준화되면서 위의 사진처럼 스케치 자체를 와이어프레임 형태로 진행해버리고, 문서 작업할 때는 바로 목업 형태로 진행하는 경우가 많다.

목업

화면 UI가 2D 형태로 만들어져 있는 형태를 의미한다. 휴대폰 상점에 가면 겉은 스마트폰인데 속이 텅 빈 가짜 전시용 폰이 있다. 이를 '목업폰'이라고 하는데, 겉으로 보기에는 다 만들어진 것 같지만 인터랙션이나 기능적인 움직임이 전혀 없는 상태다.

와이어프레임
구조+기능+콘텐츠
Structure + Functions + Content

목업
스타일+컬러+정렬+콘텐츠
Style+Colours+Right+Content

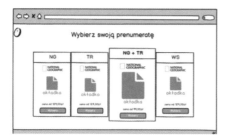

서비스 기획 문서에 UI를 컬러와 요소까지 지정해놨다면 목업에 가깝게 만들었다고 봐야 한다. 하지만 진짜 목업은 디자이너가 만들어낸 시안에 해당한다. 요즘 유행하는 스케치(Sketch B.V.사의 UI 설계를 위한 소프트웨어) 툴을 이용해 기획자가 여러 요소로 화면을 구성한 경우 몇 단계만 거치면 앱으로 만들어낼 수 있으니 그런 의미에서 스케치 산출물은 목업이라고 부를 수 있다.

아트보드

아트보드란 하나의 화면이 다양한 해상도에서 어떻게 보이는지 나란히 펼쳐놓거나 하나의 서비스에 포함된 화면들을 순서대로 주욱 펼쳐놓은 형태를 말한다. PC 시대에는 기준이 되는 해상도가 정해져 있고 화면 단위로 명확하게 구

스케치 소프트웨어에서 보는 아트보드 형태
(출처: sketch.com)

분되어있어 이런 개념이 필요 없었다. 그러나 모바일 시대가 되면서 반응형 웹을 비롯하여 하나의 OS에서도 다양한 해상도에 최적화된 UI를 만들어야 하고, 화면이 완전히 전환되지 않아도 레이어나 탭 등으로 UI가 완전히 바뀌는 인터랙션도 생겨났다. 이럴 때 아트보드는 한 화면 내에서의 변화나 한 화면이 보여주는 다양한 변주들을 늘어놓아서 보여준다.

기획자가 아트보드 개념을 갖고 있다는 것은 해상도에 따라 스케치도 여러 번하고 프로세스에 따라 한 화면도 여러 번 스케치한다는 것을 의미한다. 이는 와이어프레임도 목업도 마찬가지다.

프로토타입

프로토타입의 가장 큰 특징은 '동적'이라는 점이다. 기존의 목업이나 스케치가 정지된 화면 형태였다면 프로토타입은 움직인다. 더 정확히 말하면 움직여 볼 수 있다. 링크를 타고 이동하거나 셀렉트 박스를 열어서 항목을 선택할 수 있게 해준다. 좌우로 화면을 움직이는 스와이프나 위아래로 움직이는 스크롤도 해볼 수 있다. 이렇게 움직이는 화면은 두 가지를 관찰할 수 있게 한다.

> 1. **프로세스의 검증** : 사용자가 보기에 이상한 점은 없는지, 사용자가 어떤 방식으로 사용하게 될지 예상할 수 있다.
> 2. **UI의 구성과 위치 검증** : 디자인 요소의 구성과 위치가 맞게 되었는지 검증이 가능해진다.

프로토타입은 시점에 따라 콘셉트를 확인하기 위해서 만드는 PoC$^{Proof\ of}$ ^{Concept}일 수도 있고, 나중에 만들어진 서비스를 사용자가 혼란 없이 이용할 수 있는지 확인하는 사용성 테스트$^{Usability\ Test}$일 수도 있다. 전자에 해당한다면 그냥 전

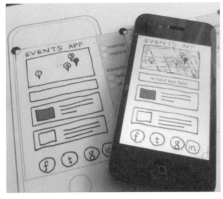
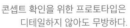

콘셉트 확인을 위한 프로토타입은
디테일하지 않아도 무방하다.

실제 서비스의 사용성을 판단하기 위한 프로토타입은
디자인된 시안과 인터랙션을 넣어서 만든다.
(출처 : 프로토타이핑 에이전시, app-press.com)

체적인 서비스 콘셉트 검증을 위한 차원이기 때문에 기획자가 적당히 목업 형태의 이미지만 만들어도 된다. 하지만 후자라면 디자이너가 만든 디자인 시안으로 인터랙션을 넣어 만드는 것이 좋다.

지금까지 UI 설계를 위한 용어들을 순서대로 정리해봤다. 이러한 과정을 통해 논리적인 디자인이 만들어진다. 좋은 디자인은 심미성보다는 합리적이고 논리적이어야 한다. 왜 이 위치에 이 버튼이 있어야 하는지를 설명하기 위해 기획자의 관점이 들어가 있어야 하고, 그런 관점은 기획자가 UI 설계를 하기 전까지 천천히 쌓아올린 서비스 방향성과 전략에 대한 구체화 과정에서 만들어진다. 이것이 바로 UI 설계를 최후까지 미루고 기획적 사고를 탄탄히 하는 것에 집중토록 한 이유다.

그렇다면 위에서 설명한 여러 가지 디자인 단계에서 가장 중요한 과정은 무엇일까? 모든 과정을 거치는 것은 쉽지 않다. 스케치 상태에서 디자이너에게 부탁할 경우도 있고 프로토타이핑을 아예 생략하는 경우도 있다. 하지만 요즘처럼 빠르게 서비스가 출시되고 사라지는 때는 '먹힐 만한 디자인을 빠르게' 만들어

종이에 그린 스케치를 이용한 페이퍼 목업 테스트
(출처 : http//aaronbrako.com)

내는 것이 중요하다. 그래서 프로토타이핑이 최근에는 중요시되고 있다.

앞서 잠시 소개했던 구글의 스프린트도 주어진 문제를 해결하기 위해 각자 해결책을 스케치하고 프로토타입을 만든다. 디자인씽킹 또한 문제를 해결하는 디자인적 과정을 통해서 프로토타입을 만들어내고 실제 문제 해결을 검증하는 것을 주된 과정으로 한다. 물론 디자이너가 만드는 완벽한 디자인 산출물은 그 다음 단계에서 이어져야 한다.

하지만 이렇게 중요한 프로토타이핑이 실제 실무에서 생략되는 경우도 많다. 여러 개의 과제를 동시에 수행하면서 UI 설계 과정에 오랜 시간을 들이기란 쉽지 않기 때문이다. 프로토타입을 만들 수 있는 유료 소프트웨어를 업무 현장에서 쓰기까지의 비용 문제도 해결해야 한다. 아직까지 프로토타이핑의 중요성에 대한 이해가 깊지 않은 회사도 많다.

이럴 때 기획자가 간단하게 해볼 수 있는 방법이 있다. 바로 '페이퍼 목업 테스트Paper Mock-up Test'다. 페이퍼 목업 테스트란 기획자가 종이에 그린 스케치나 간단히 작성한 목업 이미지를 이용하여 별도의 프로토타이핑 작업 없이 종이로 콘셉트나 사용성을 체크해보는 것이다. 유튜브에서 '페이퍼 목업 테스트'로 검색해보면 다양한 동영상을 찾아볼 수 있다.

페이퍼 목업 테스트는 프로토타이핑 목적인 서비스의 콘셉트를 확인하고 간단하게 사용성 테스트를 해볼 수 있다는 점에서 의미가 있다. 옆 페이지 사진처럼 종이나 스티로폼으로 스마트폰의 형태를 만든 후에 인쇄한 목업을 넣어 스크롤이나 링크를 수동으로 작동해볼 수도 있을 것이다. 초등학교 미술 시간에 만들었던 것처럼 엉성하고 간단하겠지만 일단 해보면 UI 설계에 큰 도움이 되는 것을 느낄 수 있다. 빠진 구성요소는 없는지 프로토타입에서만 해볼 수 있는 UI의 적절성을 체크해볼 수 있다는 점도 장점이다. 목업이라는 가시적인 산출물이 있으므로 누군가에게 설명하거나 보고를 할 때도 효과적이다.

> 그럼 이제 논리적인 생각을 가지고 UI 설계를 해볼까요?
> 아, 물론 눈에 보이지 않는 부분의 흐름까지 꼭 다시 기억하면서요.

제휴추천 팝업에 대한 UI 설계 작업

1. 지금까지 머릿속에 정리된 내용을 기반으로 손으로 스케치를 한다

스케치를 하면서 더 여러 가지 케이스를 떠올려보고, 논리적으로 추가되어야 하는 부분

을 더 고민해본다.

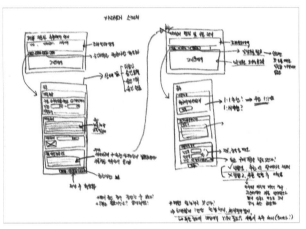

스케치 BO

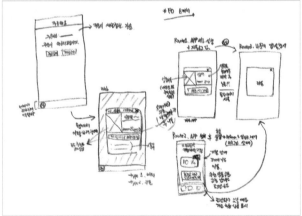

스케치 FO

2. 와이어프레임 작성

스케치를 바탕으로 와이어프레임을 작성한다. 빠르게 작성하기 위해서는 기존에 만들어 놓은 UI 목록을 이용하면 편하다. 이런 종류의 프로그램에는 파워포인트에서 이용할 때는 PowerMockup을 설치하여 자주 사용하는 UI를 모아놓거나 Axure에서 기본 제공되는 목 업툴을 이용하면 좋다. 그러나 정말 파워포인트만 있고 준비되지 않은 상황에서 UI를 빠르 게 작성해야 할 때 나는 간단히 크롬 브라우저에서 바로 사용할 수 있는 draw.io(온라인용은 http://draw.io 설치 다운로드용은 http://diagrams.net)를 많이 활용한다. Draw.io에서 왼쪽 하 단에 있는 [more shapes]를 누르면 다양한 목업과 안드로이드 기본 UI인 메터리얼 디자 인을 추가하여 빠르게 편집할 수 있다. 편집한 항목을 캡쳐해서 파워포인트로 옮기거나 이 미지로 저장한 뒤 사용하고 있다. 아래와 같은 방식으로 빠르게 와이어프레임을 그려낸다.

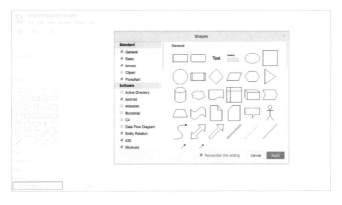

와이어프레임 설계 모습

3. 프로토타입 작성

와이어프레임을 그리고 나면, 화면상의 흐름이 자연스러운지 보기 위해서 아주 간단한 프로토타입을 만들어볼 수 있다. Framer와 같은 고급스런 프로토타입을 만들 수도 있지만, 디자인 능력과 코딩 능력이 부족하다면 굳이 어려운 프로토타입 툴을 가지고 긴 시간을 보낼 필요는 없다. 그보다 중요한 것은 프로세스에 대해 깊이 있게 고민하는 것이다. UI적인 흐름이나 동작의 자연스러운 연결에 대한 코딩은 협업자들이 많이 도와줄 수 있는 영역이기 때문이다.

나는 간단히 웹으로 이용 가능한 카카오의 무료 프로토타이핑 툴인 Oven(https://ovenapp.io/)을 이용하여 프로세스 흐름이 이상하지 않은지 검토한다. 이렇게 만든 프로토타입은 화려하진 않지만 프로세스의 검증을 돕고, 나중에 디자이너나 개발자 등 협업자들에게 기획한 것에 대해서 정확한 모습을 전달할 수 있다.

카카오의 무료 프로토타이핑 툴인 Oven으로 만들어본 프로토타입

QR 코드를 통해 위 프로토타입을
볼 수 있습니다.

기획자 실력이 드러나는
종합 커뮤니케이션 세트
기획자 산출물 : 화면설계서와 사용자 스토리

서비스 전략과 프로세스를 고민하고 UI를 그리기 시작했다면 이제 세부적인 내용에 대해 정리를 해야 한다. 이때 사용하는 방법론에 따라 두 가지 형태의 대표적인 기획 산출물이 나오게 된다. 워터폴 방법론에서는 화면설계서 또는 스토리보드라고 불리는 문서가 나오고, 애자일 방법론에서는 사용자 스토리User Story 또는 백로그Backlog라고 불리는 리스트가 산출물이 된다.

방법론에 따라 형태의 차이는 있지만, 원하는 서비스의 모습을 협업자에게 전달하기 위한 기획자의 최종 산출물이자 이 자체가 커뮤니케이션의 핵심이라는 점에서는 동일하다.

화면설계서 작성법

먼저 워터폴 방법론에서 사용되는 화면설계서부터 알아보자. 화면설계서와 스토리보드 두 가지가 있다고 했는데, 이 두 가지는 묘한 어감의 차이가 있다.

화면설계서 : 웹 서비스 대부분이 화면을 기반으로 하고 있어서 나온 용어이다. 화면을 구성하기 위해 기획 과정에서 나온 모든 산출물을 포함하는 의미로 사용한다.

스토리보드 : 영상 제작 시 이야기의 흐름을 보여주는 스토리보드처럼, 서비스 이용 시나리오 혹은 인터랙션을 중심으로 한 전반적인 흐름을 보여줘야 한다는 의미에서 사용된다.

국내에서는 화면설계서와 스토리보드를 혼용해서 사용되는데, 공통적으로 화면을 전제하고 만들어진 문서들이다. 최근까지도 모든 온라인 서비스들이 화면을 기본으로 하여 만들어졌기 때문에 화면설계서는 자연스러운 형태다. 화면설계서라고 해서 화면에 대한 내용만을 간단하게 적는다고 생각하면 안 된다. 제대로 된 화면설계서에는 다음과 같은 내용이 포함된다.

화면설계서 주요 내용

1. **수정 이력 관리** : 표 형태로 수정된 날짜와 버전명, 수정 내용, 수정자를 기록한다.
2. **기획의도/KPI** : 기획한 서비스의 의도와 목표, 그리고 이를 측정할 수 있는 과업목표[KPI]를 작성한다.

3. **프로세스 플로우 차트** : 서비스의 사용자별 혹은 케이스별 프로세스 플로우. 화면적인 구분뿐 아니라 기능이나 데이터적인 로직도 함께 볼 수 있으면 더 좋다.

4. **수정 및 신규 화면 목록(IA), 화면 외 개발 대상** : 해당 프로젝트에 포함되어 수정되거나 신규로 개발되는 화면 목록과 API 등 화면이 없는 형태로 개발되는 대상을 적는다.

5. **와이어프레임 또는 목업 인터렉션(케이스별로 별도 노출)** : 앞 과정에서 그려놓은 와이어프레임을 상황에 따른 노출 케이스별로 상세하게 세분화하여 작성한다.

6. **디스크립션(기능 명세서)** : 와이어프레임에 숫자를 표시하여 해당 숫자에 해당하는 설명이나 노출 로직, 디자인, 솔루션 사용 등 설명할 수 있는 모든 것을 기입한다(5번과 6번은 한 페이지에 영역을 나누어 기재한다.).

화면설계에서는 우리가 이 문서를 쓰기까지 기획을 하면서 고민하고 결정한 '모든 것'을 담아낸다. 화면에 대한 부분은 와이어프레임과 디스크립션을 한 페이지 내에 기재하여 좀 더 설명을 하게 되어있다. 화면에 어떤 구성요소가 있는지만 써주는 것이 아니라 왜 필요하고 누가 사용하며 어떻게 사용하는 것인지를 케이스별로 조목조목 쓰는 것이다.

화면설계서의 화면 순서를 보여주는 데는 두 가지 방식이 있다. 모든 케이스를 한 번에 보여주는 방식$^{Full\ Case\ Description}$과 케이스에 따라 분리하여 따로따로 설명해주는 방식$^{Case\ description}$이다. 전자는 복잡도가 낮고 비교적 화면이 단순한 어드민 작업 시에 많이 사용한다.

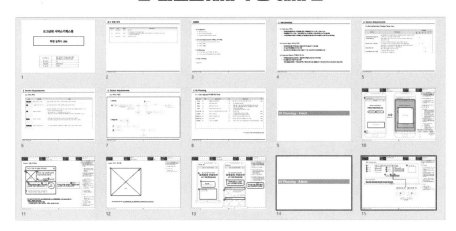

어드민 화면설계서 작성 시 특이사항

어드민 화면에는 보통 버튼이 많이 등장하는데 사용자나 케이스에 따라 사용 여부가 결정되는 버튼도 많다. 예를 들어 등록자와 승인자가 구분되어있는 경우 한 화면에서 둘 다 이용을 하되 두 버튼이 케이스에 따라 활성화 처리만 달라지는 경우 화면상에는 큰 차이가 없기 때문에 디스크립션에만 그 차이를 명시한다. 즉 동일 버튼이 접속한 사람의 ID에 부여된 권한에 따라서 활성화 상태만 달라진다고 하면, 화면설계서에는 활성화인 케이스만 노출시키고 디스크립션에만 다음과 같이 작성할 수 있다.

이렇게 특정 기준으로 비교적 변화가 적고 활성화나 노출 정도만 바뀌는 경우 화면을 구분해서 그리는 것보다 간단히 표시해주는 것이 효과적이다. 개발자는 이 화면을 기능별로 처리하기 때문이다.

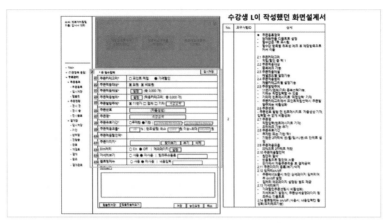

관리자(어드민) 페이지 화면설계서 구성 예시

개발자가 좀 더 명확하게 이해할 수 있도록 케이스별 버튼 활성화 여부나 입력가능 항목 등을 정리해주고 싶다면 디스크립션 옆이나 다른 페이지를 할애해서 케이스별로 표를 만들어 정리해주어도 좋다.

케이스별로 버튼 활성화 여부, 입력란 등을 표로 정리한 예시

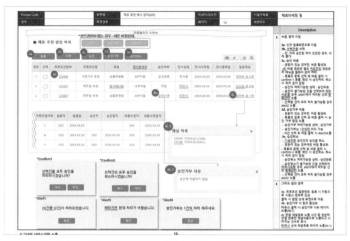

풀 케이스 방식 : 다양한 전시 상태와 승인 상태를 한 장의 화면에서 모두 표시

프론트 화면설계서 작업 시 특이사항

반면 프론트 화면에서는 고객의 특징과 상황에 따라 UI가 완전히 바뀌는 경우가 많다. 그래서 한 페이지에서 전체 케이스를 다 설명하기보다는 케이스별로 화면을 그리고 설명하는 것이 바람직하다. 기준이 되는 하나의 케이스를 작성한 다음, 케이스별로 시나리오에 따라 UI가 차이나는 부분을 명확하게 표시해주면 디자인부서와 개발부서 모두 그 흐름을 이해할 수 있을 것이다.

예를 들어 한 쇼핑몰이 회원 등급을 '하수, 중수, 고수'로 나누어 마케팅한다고 가정해보자. 등급별로 다른 인사문구가 노출되고 그 뒤로 다른 프로세스가 노출된다면, 해당 페이지를 회원등급 수만큼 3번 노출하고 정확하게 어떻게 달라지는지 전부 그려줘야 디자인에서 누락되지 않는다. 디자이너가 판단했을 때 분명 강조해야 할 부분이 다를 수 있기 때문이다.

물론 개발자의 혼동을 최소화하기 위해 케이스별로 화면을 그리기 전에 다음 페이지에서 보는 것처럼 케이스별 차이를 명확하게 표로 정리해주면 이해하기가 훨씬 수월할 것이다.

≡ 프론트 화면설계서 구성 예시 ≡

등급	하수	중수	고수
인사말	OOO 하수님, 2번만 더 방문하시면 중수가 됩니다! 단번에 고수되는 방법이 궁금하신가요?	OOO 중수님, 고수가 되기까지 이제 겨우 3번 구매가 남았어요! 고수가 될 상품추천드립니다!	OOO 고수님, 쇼핑 무림의 승자는 바로 당신! 고수를 유지할 수 있는 비결을 알려주세요.
프로세스	유료 등급 업 상품 링크	추천 상품 링크	고수 글쓰기 게시판 연결

쇼핑몰 회원 등급을 하수, 중수, 고수로 나누어 마케팅한다고 할 때 케이스별로
화면을 그리고 설명을 한다. 화면을 그리기 전에 표로 작성해두면 이해하기가 쉽다.

> 막상 화면설계서를 쓰려니까 어떻게 써야 할지 엄두가 안 나요!

    화면설계서를 작성하려고 하면 굉장히 겁이 난다. 도대체 어느 수준으로 어떤 내용까지 설명해야 할지 감을 잡기 어렵기 때문이다. 제일 좋은 방법은 사내 선배들이 작성한 화면설계서들을 참고하면서 그 수준을 확인하는 것이다. 아마 사내 공통관리 폴더에 선배들이 만들어놓은 문서들이 있을 것이다. 대부분 비슷하지만 회사마다 작성 방법이나 어휘가 다를 수 있다. 특히 서비스 개선을 담당하게 된다면 해당 서비스의 화면설계서를 기본으로 조금씩 수정하면서 화면설

계서 작성에 대한 감을 잡아가도록 한다.

화면설계서는 전방위로 사용되는 커뮤니케이션 문서다. 디자이너에게 화면을 설명할 때도 사용되고, 개발자에게 원하는 기능을 설명할 때도 사용되며, 테스트를 함께할 QC나 QA 인력에게 기획 내용을 설명할 때도 사용된다. 프로젝트 기간 동안 아마 수십 번은 화면설계서를 리뷰해야 할 것이다. 만약 지금 작성한 문서에 빠뜨린 부분이 있더라도 리뷰 과정에서 피드백을 받으면서 업데이트해 나갈 수 있다. 처음부터 완벽한 문서를 만들 수는 없다.

화면설계서를 거론하다 보면 도구^{Tool}에 대한 이야기가 꼭 나오다. 기존에는 주로 MS 파워포인트를 활용하여 작성했다. 하지만 파워포인트는 파일로 버전 관리를 하기가 불편하고, UI를 하나하나 그려야 한다는 단점이 있다. 최근에는 대안으로 제시되는 여러 툴이 등장했다. PPT는 물론 목업 또한 쉽게 작성하도록 도와주는 액슈어^{Axure}와 스케치^{Sketch}가 대표적이다.

QR 코드를 통해 도그냥이 작성한 화면설계서에 대한
동영상 강의를 보실 수 있습니다

도그냥 리뷰 보기(1)

도그냥 리뷰 보기(2)

도그냥 리뷰 보기(3)

화면설계서(SB)

프로젝트명 : 제휴 주문건 앱 주문 전환을 위한 추천 상품 팝업

인덱스(Index)

1. 소개(Introduction)

1. 1. 개요(Overview)
- 제휴 트래픽으로 들어와서 구매완료한 고객이 주문 완료 페이지에서 이탈 시 리텐션 서비스
- 주문 완료 페이지에서 이탈 시, 추천상품 또는 행사배너를 통해서 다른 상품 또는 내부 서비스로 유도
- APP 전용 쿠폰을 제공하여 APP으로의 다이렉트 트래픽 전환 유도(제휴 수수료 절감 및 장기적 충성 고객 확보)

1.2. 서비스 목표(Service Goals)
- 제휴 트래픽을 통해 구매한 일회성 고객의 체류시간 확보 및 자사 고객 전환
- APP 설치 유도 프로모션 및 리텐션 강화
- 효과 있을 경우 제휴 트래픽 인입한 상품 페이지 이탈 시에도 적용할 수 있도록 확장성 고려

1.3. 기대효과 및 KPI(Expected Effects)
- 제휴 트래픽으로 인한 매출 증대 – 오픈 전후 제휴 트래픽 구매자의 재구매율 증가
- 해당 프로세스에 따른 APP 설치자 증가 – 해당 프로모션을 통해서 사용된 인당 쿠폰 사용액과 기존 앱 설치 프로모션에서 인당 설치에 들어간 비용 비교하여 효과성 검토

2. 서비스 요구사항(Service Requirements)

2. 1. 서비스 요약(Process, Policy, misc)

서비스	상세 설명(Description)	영향 범위					
		PC FO	MC FO	APP	BO	API	etc
제휴 트래픽 주문자 주문 완료 페이지에서 이탈 시 방지	• 채널 구분을 통해서 현재 인입한 제휴 사이트 구분하여 해당 프로모션 대상일 경우, 주문 완료 페이지에서 타 페이지 이탈 시 레이어 팝업 호출 • 타입1) 구매완료 상품 기준 추천 카테고리 내 상품추천 및 APP 전용 쿠폰 자동 발행 타입2) 행사배너 노출		V				
APP 페이지 접속 시 쿠폰 안내	• 앱 미설치 시 : 앱 설치 후 앱 실행시키고 대표 안내 페이지로 이동 처리 • 앱 기존 설치 시 : 앱 실행 후 로그인되어있을 경우 레이어 노출 (웹과 동일) • 추후 앱 실행 시 : 로그인 시점에 해당 쿠폰 다운로드 여부 체크 후 레이어 팝업 노출		V	V			
팝업 및 행사의 관리	• 제휴 마케팅팀에서 인입 제휴채널 및 기간별로 등록 관리 • 등록 후 일부 승인 권한자가 승인 및 거부 처리				V		
카테고리별 추천 카테고리 맵핑	• 구매 상품 대비 추천 카테고리 맵핑 • 기존 랭킹에서 우선 노출 상품이 있는 경우 우선노출 가능.				V		

2. 2. 서비스 정책

항목	상세 항목	내용
서비스 범주	모바일 가격비교 사이트	• 채널 제휴 사이트 및 서비스 프로세스는 모바일에 국한한다(PC 제외).
추천	구매 상품에 따른 추천 기준	• 구매상품이 N개일 경우 주문번호 내 첫 번째 상품을 기준으로 처리한다.
쿠폰	쿠폰 제공 관련 정책	• 매번 제휴 인입을 통해 구매 후 혜택을 보는 과사용 방지 위해 사용 후 쿠폰 다운로드 제한 기간 설정(상세 기간 제휴 마케팅팀과 협의 필요) • 자동 발행 쿠폰 사용 기간 : 발행일로부터 20일 간 사용 가능 • 쿠폰 미사용 시 사용 독려 프로모션은 제휴 마케팅팀에서 수동 처리하기로 협의(개발 스펙 아웃)
행사배너	행사배너 노출 정책	• 상품추천형과 행사배너형이 동시에 해당할 경우 최신 등록 프로모션이 실행된다. • 행사배너형은 상품추천형에 의해 제한기간이 설정되어있어도 이와 무관하게 노출한다.
프로모션 관리	제휴추천 프로모션 등록 시	• 이미 실행되어 1명이라도 프로모션 번호로 쿠폰을 다운로드한 후에는 프로모션 삭제 불가

2. 3. 서비스 흐름도

1) 고객 흐름

2) 관리자 흐름

3. UI 계획(UI Planning)

3.1. 수정개발 대상 및 IA(To-do Page list)

페이지 코드	구분	페이지 이름(Page Name)	Div.	디스크립션(Description)	비고
AC-LP1	FO	주문 완료-제휴추천 팝업	수정	대항 케이스에 대해 레이어 팝업 노출 기능 구현	Layer
API001	API	쿠폰 다운로드 호출	기존	기존 쿠폰 다운로드 API 활용	
API002	API	회원 정보 추가 및 수정	신규	팝업 노출 시, 쿠폰 자동 다운로드 및 회원 정보에 대상 정보 저장(추천 상품, 프로모션 번호, 대상 여부, 쿠폰 발행 제한기간 등록)	
AC001	FO	기본 안내 페이지(비로그인 시)	신규	로그인 안내 및 쿠폰 안내 로그인 상태에서는 추천 상품 리스트 노출	
AC-LP1-APP	APP	앱 로그인 시 해당 대상자일 경우 레이어 노출	신규	앱 레이어 개발	Layer
BOAC001	BO	제휴추천 팝업 관리	신규	제휴 추천 프로모션 전체 리스트 조회 신규 등록, 삭제, 수정, 승인요청, 승인처리	Page
BOAC001-01	BO	제휴추천 팝업 등록/수정	신규	제휴추천 팝업 관리에서 등록/수정 시 사용	
BOAC001-02	BO	승인거부 처리	신규	제휴추천 팝업 관리에서 일괄 승인거부 시 사용	Layer
BOAC002	BO	카테고리 추천 맵핑 관리	신규	구매한 카테고리 기준으로 추천할 상품 카테고리와 특정 상품 맵핑	Page

3.2. UI Planning - 프론트(Front) 페이지

Process Code		화면명	주문 완료	작성자/접수자		사용자 등록	프론트 사용자
영역		화면 경로	주문서 > 주문 완료	페이지	10	화면 코드	

	Description
정책	제휴추천 팝업에 등록되어있는 채널로 인입 시 주문 완료에서 이탈 시 제휴추천 팝업으로 체류 유지 또는 앱 전용 쿠폰 제공
1	가격비교 구매 완료 후 이탈 시도 시
	1a. URL 도메인 인 자사 도메인으로 이동하려 할 경우 1b. 브라우저 홈을 눌러서 페이지를 벗어나려 할 경우 * 페이지 내에서 정상적인 도메인 내 이동 시에도 작동 안 됨
2	제휴추천 팝업 노출
	팝업 노출 조건 1) 인입채널의 파라미터 코드와 주문번호 내 구매된 첫 번째 상품의 카테고리에 해당하는 제휴 팝업 프로모션이 있는 경우(현재 승인완료되고 전시 진행 중) 2) 회원 정보 내에 프로모션 대상 제한 기간에 해당하지 않은 경우 3) 제휴 팝업 관리에 해당하는 프로모션이 N개 있을 경우, 최신 일련번호 프로모션 적용 * 팝업 노출 시 해당 쿠폰은 해당 아이디에 자동다운로드된다(API001). → 쿠폰 지급 시 발행되는 쿠폰 번호에 해당 프로모션 번호를 지급정보 사유에 자동 저장된다. * 회원 정보 내 저장사항API(002) 1) 추천된 상품 정보 2) 쿠폰 다운로드 일자 3) 프로모션 제한 기간(쿠폰 다운로드 일자로부터 N일) * 제휴 마케팅팀 확인 필요

* 기존 프로모션 대상자의 기준값 처리

제한기간	기존 정보 여부	팝업 및 쿠폰 대상 여부
경과	Y	Y - 신규 다운로드 하며 회원정보 내 저장사항 업데이트
미경과	Y	N

3.2. UI Planning - 프론트(Front) 페이지

Process Code		화면명	주문 완료	작성자/접수자		사용자 등록	프론트 사용자
영역		화면 경로	주문서 > 주문 완료	페이지	11	화면 코드	

Case1. 상품추천형

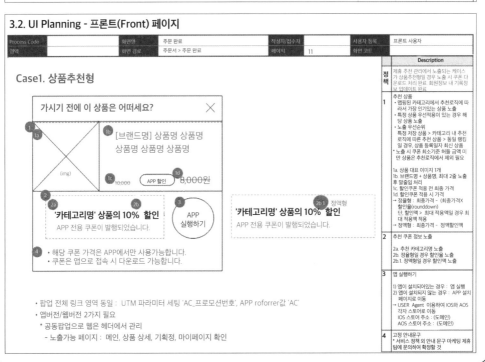

	Description
정책	제휴 추천 관리에서 노출되는 케이스가 상품추천형일 경우 노출용 시 쿠폰 다운로드 처리 완료 회원정보 내 기록정보 업데이트 완료
1	추천 상품 • 앱링킹 카테고리에서 추천로직에 따라서 가장 인기있는 상품 노출 • 특정 상품 우선적용이 있는 경우 해당 상품 노출 • 노출 우선순위 특정 저장 상품 > 카테고리 내 추천로직에 따른 추천 상품 > 동일 랭킹일 경우, 상품 등록일자 최신 상품 * 노출 시 쿠폰 최소기준 허들 금액 미만 상품은 추천로직에서 제외 필요 1a. 상품 대표 이미지 1개 1b. 브랜드명 + 상품명, 최대 2줄 노출 후 말줄임 처리 1c. 할인쿠폰 적용 전 최종 가격 1d. 할인쿠폰 적용 시 가격 • 정률형 : 최종가격 - (최종가격X할인율) 단, 할인액 > 최대 적용액일 경우 최대 적용액 적용 • 정액형 : 최종가격 - 정액할인액
2	추천 쿠폰 정보 노출 2a. 추천 카테고리명 노출 2b. 정율형일 경우 할인율 노출 2b.1 정액형일 경우 할인액 노출
3	앱 실행하기 1) 앱이 설치되어있는 경우 : 앱 실행 2) 앱이 설치되지 않는 경우 : APP 설치 페이지로 이동 → USER Agent 이용하여 IOS와 AOS 각자 스토어로 이동 IOS 스토어 주소 : (도메인!) AOS 스토어 주소 : (도메인!)
4	고정 안내문구 • 서비스 정책에 안내 문구 마케팅 제휴팀에 문의하여 확정할 것

• 팝업 전체 링크 영역 동일, UTM 파라미터 세팅 'AC_프로모션번호', APP roforrer값 'AC'
• 앱버전/웹버전 2가지 필요
    * 공동팝업으로 웹은 헤더에서 관리
        - 노출가능 페이지 : 메인, 상품 상세, 기획전, 마이페이지 확인

3.2. UI Planning - 프론트(Front) 페이지

Process Code		화면명	주문 완료	작성자/접수자		사용자 등록	프론트 사용자
영역		화면 경로	주문서 > 주문 완료	페이지	12	화면 코드	

Case2. 행사배너형

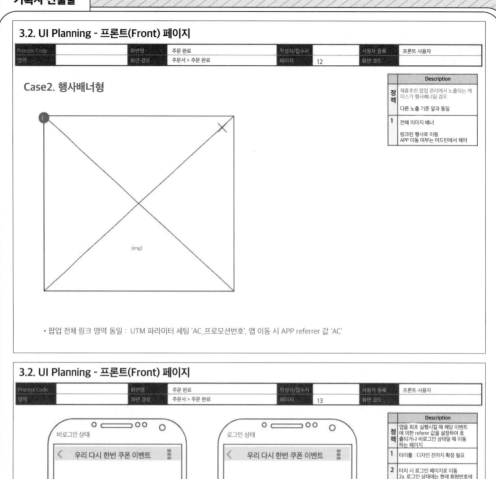

		Description
정책		제휴추천 팝업 관리에서 노출되는 케이스가 행사배너일 경우
		다른 노출 기준 앞과 동일
1		전체 이미지 배너
		링크된 행사로 이동 APP 이동 여부는 어드민에서 제어

• 팝업 전체 링크 영역 동일 : UTM 파라미터 세팅 'AC_프로모션번호', 앱 이동 시 APP referrer 값 'AC'

3.2. UI Planning - 프론트(Front) 페이지

Process Code		화면명	주문 완료	작성자/접수자		사용자 등록	프론트 사용자
영역		화면 경로	주문서 > 주문 완료	페이지	13	화면 코드	

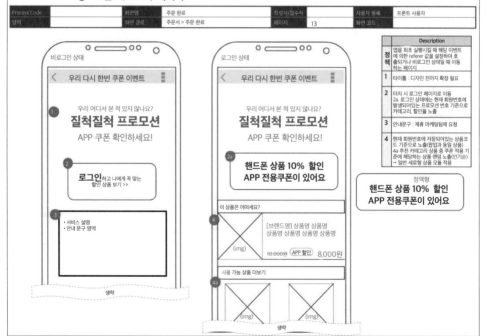

		Description
정책		앱을 최초 실행시킬 때 해당 이벤트에 의한 referer 값을 설정하여 호출되거나 비로그인 상태일 때 이동하는 페이지
1		타이틀 : 디자인 전까지 확정 필요
2		터치 시 로그인 페이지로 이동 2a 로그인 상태에는 현재 회원번호에 발생되어있는 프로모션 번호 기준으로 카테고리, 할인율 노출
3		안내문구 : 제휴 마케팅팀에 요청
4		현재 회원번호에 저장되어있는 상품코드 기준으로 노출(팝업과 동일 상품) 4a 추천 카테고리 상품 중 쿠폰 적용 기준에 해당하는 상품 랜덤 노출(인기순) → 일반 세로형 상품 모듈 적용

3.3. UI Planning - 어드민(Admin) 페이지

Process Code		화면명	제휴추천 팝업 관리1/2)	작성자/접수자		사용자 등록	제휴 마케팅팀
영역		화면 경로	주문서 > 주문 완료	페이지	15	화면 코드	

제휴추천 팝업 관리

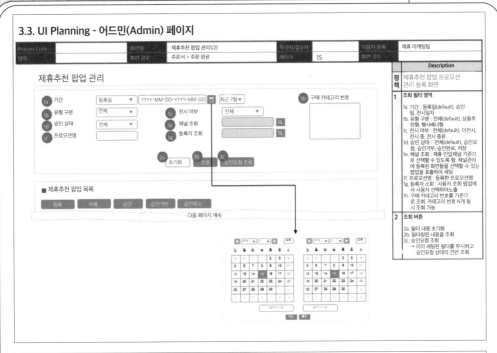

다음 페이지 계속

Description

정책

1
제휴추천 팝업 프로모션 관리 등록 화면

조회 필터 영역

1.
1a. 기간 : 등록일(default), 승인일, 변경일자
1b. 유형 구분 : 전체(default), 상품추천형, 행사배너형
1c. 전시 여부 : 전체(default), 미전시, 전시 중, 전시 종료
1d. 승인 상태 : 전체(default), 승인요청, 승인완료, 저장
1e. 채널 조회 : 제휴 입점채널 기준으로 선택할 수 있도록 함. 채널관리에 등록된 화면들을 선택할 수 있는 팝업을 호출하여 세팅
1f. 프로모션명 : 등록한 프로모션명
1g. 등록자 조회 : 사용자 조회 팝업에서 사용자 선택하여노출
1h. 구매 카테고리 번호 : 기준으로 조회. 카테고리 번호 N개 동시 조회 가능

2
조회 버튼
2a. 필터 내용 초기화
2b. 필터링한 내용을 조회
2c. 승인요청 조회
→ 이미 세팅된 필터를 무시하고 승인요청 상태의 건만 조회

3.3. UI Planning - 어드민(Admin) 페이지

Process Code		화면명	제휴 추천 배너 관리(2/2)	작성자/접수자		사용서 등록	제휴 마케팅팀
영역		화면 경로	주문서 > 주문 완료	페이지	16	화면 코드	

제휴추천 팝업 관리

이전 페이지 이어서.

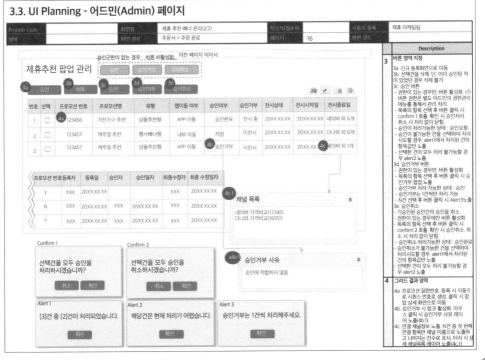

Description

3 버튼 영역 지정
3a. 신규 등록화면으로 이동
3b. 선택건을 삭제. 단, 이미 승인된 적이 있었던 경우 삭제 불가
3c. 승인 버튼
- 권한이 있는 경우만, 버튼 활성화. cf) 버튼 권한은 별도 어드민 권한관리 메뉴를 통해서 관리 처리
- 목록의 항목 선택 후 버튼 클릭 시 confirm 1 호출, 확인 시 승인처리. 취소 시 처리 없이 닫힘
- 승인이 처리가능한 상태 : 승인요청
- 승인이 불가능한 건을 선택하여 처리 시도할 경우, alert10에서 처리된 건의 항목값만 노출
- 선택한 건이 모두 처리 불가능할 경우 alert2 노출
3d. 승인거부 버튼
- 권한이 있는 경우만, 버튼 활성화
- 목록의 항목 선택 후 버튼 클릭 시 승인거부 처리
- 승인거부가 처리 가능한 상태 : 승인
- 승인거부는 1건씩 처리 가능
- N건 선택 후 버튼 클릭 시 Alert3노출
3e. 승인취소
- 기승인된 승인건의 승인을 취소. 권한이 있는 경우에만 버튼 활성화
- 목록의 항목 선택 후 버튼 클릭 시 confirm 2 호출. 확인 시 승인취소. 취소 시 처리 없이 닫힘
- 승인취소 처리가능한 상태 : 승인완료
- 승인취소가 불가능한 건을 선택하여 처리시도할 경우, alert1에서 처리된 건의 항목값만 노출
- 선택한 건이 모두 처리 불가능할 경우 alert2 노출

4 그리드 결과 영역
4a. 프로모션 일련번호 등록 시 자동으로 시퀀스 번호로 생성. 클릭 시 팝업 상세 화면으로 이동
4b. 승인거부 시 링크 활성화. 마우스 클릭 시 승인거부 사유 레이어 노출(4b.1)
4c. 연결 채널정보 노출. N건 중 첫 번째 연결항목의 채널 이름으로 노출하고 나머지 건수로 표시. 터치 시 상세 채널목록 레이어 노출(4c.1)

3.3. UI Planning - 어드민(Admin) 페이지

Process Code		화면명	승인거부(Layer popup)	작성자/접수자		사용자 등록	제휴 마케팅팀
영역		화면 경로	제휴추천 팝업 관리 > 승인거부(Layer popup)	페이지	17	화면 코드	

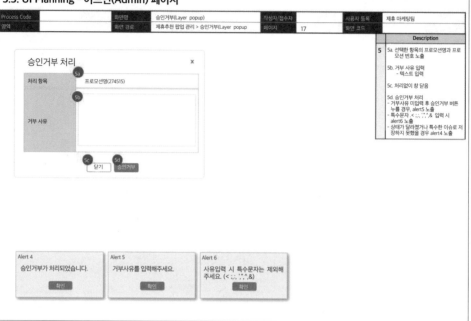

	Description

5	5a. 선택한 항목의 프로모션명과 프로모션 번호 노출
	
	5b. 거부 사유 입력
	  - 텍스트 입력
	
	5c. 처리없이 창 닫음
	
	5d. 승인거부 처리
	  - 거부사유 미입력 후 승인거부 버튼 누를 경우, alert5 노출
	  - 특수문자 <;:,'"^,& 입력 시 alert6 노출
	  - 상태가 달라졌거나 특수한 이슈로 저장하지 못했을 경우 alert4 노출

Alert 4
승인거부가 처리되었습니다.
[확인]

Alert 5
거부사유를 입력해주세요.
[확인]

Alert 6
사유입력 시 특수문자는 제외해
주세요. (<;:,'"^,&)
[확인]

3.3. UI Planning - 어드민(Admin) 페이지

Process Code		화면명	제휴추천 팝업 등록	작성자/접수자		사용자 등록	제휴 마케팅팀
영역		화면 경로	제휴추천 팝업 관리 > 등록	페이지	18	화면 코드	

*분기처리 표 : 유형별 항목 분기처리 / 등록과 수정시 변경 불가 항목

구분	대상 항목		등록/수정 시 수정 가능 항목	
	상품추천형	행사기간형	신규등록 시	수정저장(저장/승인거부)
프로모션 번호	V	V	-	-
프로모션명	V	V	입력	수정 가능
등록일자	V	V	자동입력	변경 불가
유형	V	V	선택	변경 불가
승인기간	V	V	-	-
전시기간	V	V	입력(시작 시간 오늘 이후로)	수정 가능
대상제휴채널	V	V	선택 입력	추가/삭제 가능
추천 맵핑 카테고리	V		선택 입력	추가/삭제 가능
앱 연결여부	V(고정처리)	V	선택	수정 가능
노출 화면		V	(고정처리)	수정 가능
연결 URL		V	입력	수정 가능
배너등록		V	이미지 업로드	수정 업로드 가능
등록자	V	V	-	-
등록일시	V	V	-	-
승인자	V	V	-	-
승인일시	V	V	-	-
최종 수정자	V	V	-	-
최종 수정일지	V	V	-	-

3.3. UI Planning - 어드민(Admin) 페이지

Process Code		화면명	제휴추천 팝업 등록(상품추천형) (1/2)	작성자/접수자		사용자 등록	제휴 마케팅팀
영역		화면 경로	제휴추천 팝업 관리 > 등록 또는 번호 클릭	페이지	19	화면 코드	

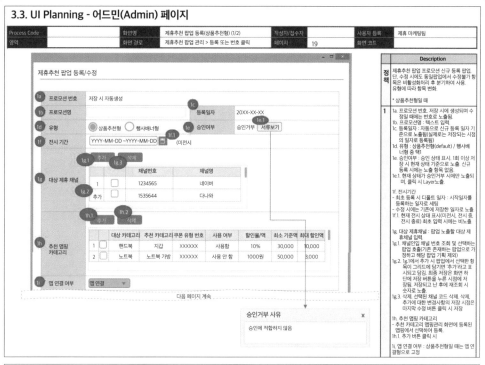

Description

정책

제휴추천 팝업 프로모션 신규 등록 팝업.
단, 수정 시에도 동일팝업에서 수정불가 항목은 비활성화처리 후 분기하여 사용.
유형에 따라 항목 변화.

* 상품추천형일 때

1
1a. 프로모션 번호 : 저장 시에 생성되며 수정일 때에는 번호로 노출됨
1b. 프로모션명 : 텍스트 입력.
1c. 등록일자 : 자동으로 신규 등록 일자 기준으로 노출됨(실제로는 저장되는 시점의 일자로 등록됨)
1d. 유형 : 상품추천형(default) / 행사배너형 중 택1
1e. 승인여부 : 승인 상태 표시. 1회 이상 저장 시 현재 상태 기준으로 노출. 신규 등록 시에는 노출 항목 없음.
1e.1. 현재 상태가 승인거부 시에만 노출되며, 클릭 시 Layer노출

1f. 전시기간
 - 최초 등록 시 디폴트 일자 : 시작일자를 등록하는 일자로 세팅
 - 수정 시에는 기존에 저장한 일자로 노출
1f.1. 현재 전시 상태 표시(미전시, 전시 중, 전시 종료). 최초 입력 시에는 비노출

1g. 대상 제휴 채널 : 팝업 노출할 대상 제휴채널 입력.
1g.1. 채널인입 채널 목록 조회 및 선택하는 팝업 호출(단 존재하는 팝업으로 가정하고 해당 팝업 기획 제외)
1g.2. 1g.1에서 추가시 팝업에서 선택한 항목이 그리드에 담기면 '추가'라고 표시되고 담김. 최종 저장은 화면 하단에 저장 버튼을 누른 시점에 저장됨. 저장되고 난 후에 재조회시 숫자로 노출
1g.3. 삭제. 선택된 채널 코드 삭제. 삭제, 추가에 대한 변경사항의 저장 시점은 마지막 수정 버튼 클릭 시 저장

1h. 추천 맵핑 카테고리
 - 추천 카테고리 맵핑관리 화면에서 등록된 맵핑에서 선택하여 등록.
1h.1. 추가 버튼 클릭 시

1i. 앱 연결 여부 : 상품추천형일 때는 앱 연결형으로 고정

3.3. UI Planning - 어드민(Admin) 페이지

Process Code		화면명	제휴추천 팝업 등록(상품추천형) (2/2)	작성자/접수자		사용자 등록	제휴 마케팅팀
영역		화면 경로	제휴추천 팝업 관리 > 등록	페이지	20	화면 코드	

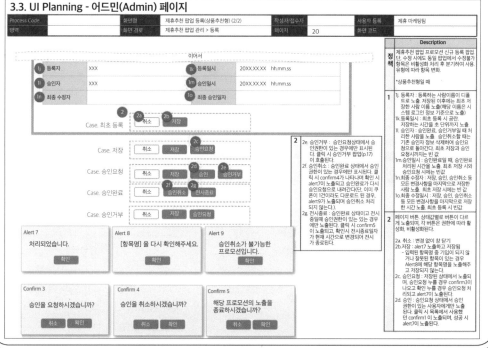

Description

정책

제휴추천 팝업 프로모션 신규 등록 팝업.
단, 수정 시에도 동일 팝업에서 수정불가 항목은 비활성화 처리 후 분기하여 사용.
유형에 따라 항목 변화.

*상품추천형일 때

1
1j. 등록자 : 등록하는 사람이름이 디폴트로 노출 저장된 이후에는 최초 저장한 사람 이름 노출(해당 이름은 시스템 로그인 정보 기준으로 노출)
1k.등록일시 : 최초 등록 시 공란. 저장하는 시간를 초 단위까지 노출.
1l. 승인자 : 승인완료, 승인거부일 때 관련 사람을 노출. 승인취소시에는 기존 승인자 정보 삭제하여 승인요청으로 돌아간다. 최초 저장과 승인요청시까지는 빈 값
1m.승인일시 : 승인완료일 때, 승인처리된 시간를 노출. 최초 저장 시와 승인요청 시에는 빈값
1n.최종 수정자 : 저장, 승인, 승인취소 등 모든 변경사항을 마지막으로 저장한 사람 노출. 최초 저장 시에는 빈 값
1o.최종 수정일자 : 저장, 승인, 승인취소 등 모든 변경사항을 마지막으로 저장한 시간 노출. 최초 등록 시 비활성

2
페이지 버튼 : 상태값별로 버튼이 다르게 노출되고, 각 버튼은 권한에 따라 활성화, 비활성화된다.

2a. 취소 : 변경 없이 창 닫기
2b.저장 : alert7 노출하고 저장됨
 - 입력된 항목들 중 기입이 되지 않거나 잘못된 항목이 있는 경우 Alert8에 해당 항목명을 노출해주고 저장되지 않는다.
2c. 승인요청 : 저장된 상태에서 노출되며, 승인요청 누를 경우 confirm3이 나오고 확인 누를 경우 승인요청 처리되고 alert7이 노출된다.
2d. 승인 : 승인요청 상태에서 승인권한이 있는 사용자에게만 노출된다. 클릭 시 목록에서 사용했던 confirm1이 노출되며, 성공 시 alert7이 노출된다.
2e. 승인거부 : 승인요청상태에서 승인권한이 있는 경우에만 표시된다. 클릭 시 승인거부 팝업(p.17)이 호출된다.
2f. 승인취소 : 승인완료 상태에서 승인권한이 있는 경우에만 표시된다. 클릭 시 confirm4가 나타나며 확인 시 alert7이 노출되고 승인완료가 다시 승인요청으로 내려간다(단, 이미 쿠폰이 1건이라도 다운로드 된 경우, alert9가 노출되며 승인취소 처리되지 않는다.)
2g. 전시종료 : 승인완료 상태에서 전시중일때 승인권한이 있는 경우에만 노출한다. 클릭 시 confirm5가 노출되고, 확인시 전시종료일자가 현재 시간으로 변경되어 전시가 종료된다.

Alert 7	Alert 8	Alert 9
처리되었습니다.	[항목명] 을 다시 확인해주세요.	승인취소가 불가능한 프로모션입니다.
확인	확인	확인

Confirm 3	Confirm 4	Confirm 5
승인을 요청하시겠습니까?	승인을 취소하시겠습니까?	해당 프로모션의 노출을 종료하시겠습니까?
취소 확인	취소 확인	취소 확인

3.3. UI Planning - 어드민(Admin) 페이지

| Process Code: | | 화면명 | 제휴추천 팝업 등록(행사배너형) | 작성자/접수자 | | 사용자 등록 | 제휴 마케팅팀 |
| 영역 | | 화면 경로 | 제휴추천 팝업 관리 > 등록 | 페이지 | 21 | 화면 코드 | |

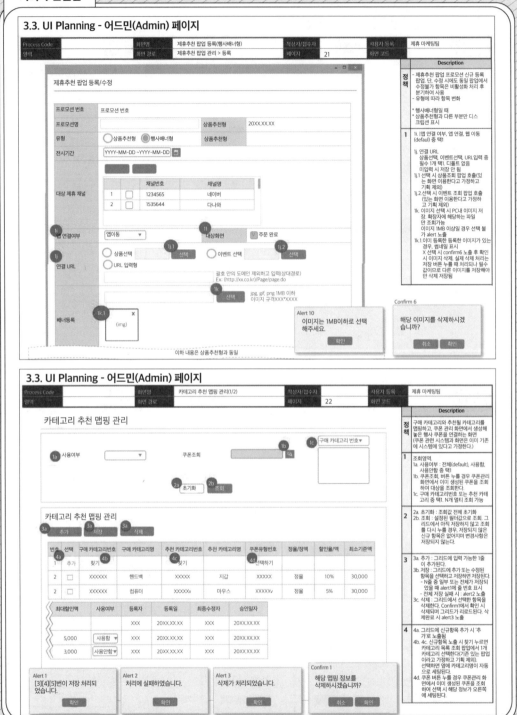

Description

정책
- 제휴추천 팝업 프로모션 신규 등록 팝업. 단, 수정 시에도 동일 팝업에서 수정불가 항목은 비활성화 처리 후 분기하여 사용
- 유형에 따라 항목 변화

* 행사배너형일 때
* 상품추천형과 다른 부분만 디스크립션 표시

1 1i. 앱 연결 여부, 앱 연결, 웹 이동 (default) 중 택1

1j. 연결 URL
상품선택, 이벤트선택, URL 입력 중 필수 1개 택1. 디폴트 없음
미입력 시 저장 안 됨
1j.1 선택 시 상품조회 팝업 호출(있는 화면 이용한다고 가정하고 기획 제외)
1j.2 선택 시 이벤트 조회 팝업 호출(있는 화면 이용한다고 가정하고 기획 제외)
1k. 이미지 선택 시 PC내 이미지 저장. 확장자에 해당하는 파일만 조회가능
이미지 1MB 이상일 경우 선택 불가 alert 노출
1k.1 이미 등록한 이미지가 있는 경우, 썸네일 표시
X 선택 시 confirm6 노출 후 확인 시 이미지 삭제. 실제 삭제 처리는 저장 버튼 누를 때 처리되나 필수값이므로 다른 이미지를 저장해야만 삭제 저장됨

Alert 10
이미지는 1MB이하로 선택해주세요.
[확인]

Confirm 6
해당 이미지를 삭제하시겠습니까?
[취소] [확인]

이하 내용은 상품추천형과 동일

3.3. UI Planning - 어드민(Admin) 페이지

| Process Code: | | 화면명 | 카테고리 추천 맵핑 관리(1/2) | 작성자/접수자 | | 사용자 등록 | 제휴 마케팅팀 |
| 영역 | | 화면 경로 | | 페이지 | 22 | 화면 코드 | |

Description

정책
구매 카테고리와 추천할 카테고리를 맵핑하고, 쿠폰 관리 화면에서 생성해 놓은 쿠폰을 연결하는 화면
(쿠폰 관련 시스템과 화면은 이미 기존에 시스템에 있다고 가정한다.)

1 조회영역.
1a. 사용여부 : 전체(default), 사용함, 사용안함 중 택1
1b. 쿠폰조회 버튼 누를 경우 쿠폰관리 화면에서 이미 생성된 쿠폰을 조회하여 대상을 조회한다.
1c. 구매 카테고리번호 또는 추천 카테고리 중 택1. N개 멀티 조회 가능

2 2a. 초기화 : 조회값 전체 초기화
2b. 조회 : 설정된 필터값으로 조회. 그리드에서 아직 저장하지 않고 조회를 다시 누를 경우, 저장되지 않은 신규 항목은 없어져며 변경사항은 저장되지 않는다.

3 3a. 추가 : 그리드에 입력 가능한 1줄이 추가된다.
3b. 저장 : 그리드에 추가 또는 수정된 항목을 선택하고 저장하면 저장된다.
- N줄 중 일부 또는 전체가 저장되었을 때 alert1에 줄 번호 표시
- 전체 저장 실패 시 : alert2 노출
3c. 삭제 : 그리드에서 선택한 항목을 삭제한다. Confirm1에서 확인 시 삭제되며 그리드가 리로드된다. 삭제완료 시 alert3 노출

4 4a. 그리드에 신규항목 추가 시 '추가'로 노출됨
4b. 4c. 신규항목 노출 시 찾기 누르면 카테고리 목록 조회 팝업에서 1개 카테고리 선택하면 기존에 있는 팝업이라고 가정하고 기획 제외).
선택하면 열어 카테고리명이 자동 노출된다.
4d. 쿠폰 버튼 누를 경우 쿠폰관리 화면에서 이미 생성된 쿠폰을 조회하여 선택 시 해당 정보가 오른쪽에 세팅된다.

카테고리 추천 맵핑 관리

사용여부 ▼   쿠폰조회 [   ]   구매 카테고리 번호 ▼

[초기화] [조회]

카테고리 추천 맵핑 관리

[추가] [저장] [삭제]

번호	선택	구매 카테고리번호	구매 카테고리명	추천 카테고리번호	추천 카테고리명	쿠폰유형번호	정율/정액	할인율/액	최소기준액
1	추가	찾기		찾기		선택하기			
2	☐	XXXXXX	핸드백	XXXXX	지갑	XXXXX	정율	10%	30,000
3	☐	XXXXXX	컴퓨터	XXXXXv	마우스	XXXXXv	정율	5%	30,000

최대할인액	사용여부	등록자	등록일	최종수정자	승인일자
		XXX	20XX.XX.XX	XXX	20XX.XX.XX
5,000	사용함 ▼	XXX	20XX.XX.XX	XXX	20XX.XX.XX
3,000	사용안함 ▼	XXX	20XX.XX.XX	XXX	20XX.XX.XX

Alert 1
[3][4][5]번이 저장 처리되었습니다.
[확인]

Alert 2
처리에 실패하였습니다.
[확인]

Alert 3
삭제가 처리되었습니다.
[확인]

Confirm 1
해당 맵핑 정보를 삭제하시겠습니까?
[취소] [확인]

BI 화면 설계 시 참고 사항

1. 해당 제휴추천 팝업의 클릭 코드 'AC_프로모션번호' 로 조회 가능.

2. 쿠폰 유형별로 지급 시 프로모션 번호를 지급내역에 저장되어있다.

   → 전체 발행된 쿠폰 중에서 프로모션 번호로 조회 후 사용기록을 비교할 수 있다.

   → 쿠폰 발행일자와 사용일자를 비교하면 제휴 구매 후 평균 몇 일만에 앱에서 구매가 일어났는지
      추정할 수 있다.

4. Issue Tracking

번호	발생일자	작성자	상세 설명(Description)	담당자	완료 여부
1	1620XX-XX-XX	이미준	웹에서 이탈 시 케이스별로 구분이 가능한지 확인 필요	개발팀	
2	1620XX-XX-XX	이미준	앱 설치 후 referer를 통해서 리다이렉팅시키는 것은 앱 업데이트 필요. → Ios 앱 업데이트 일정 맞춰서 선 등록 후 오픈 일정 검토	개발팀 기획팀	

부록(Appendix)

1) 현업요청 문서(20XX.XX.XX)

1. 서비스 운영 개발 요청서

제목 : 제휴 인입 주문의 주문 완료 페이지 내 개인화 영역 추가

요청자 : 제휴 마케팅팀 김나나 대리

요청일자 : 20XX.XX.XX

요청내용
- 가격 비교 사이트를 통해서 들어온 고객이 주문을 완료할 때, 개인화된 관심이 될 상품과 기획전을 추가 노출하여 추가 구매를 유도
- 개인화된 상품 혹은 기획전을 노출
- 행사 기간에는 동일한 영역에 제휴 인입 채널별로 시간대 조정하여 홍보 배너를 등록할 수 있도록 어드민(Admin, adminstratior)으로 관리 기능 추가
- 행사배너 등록은 승인 절차를 통해 우리 팀에서만 운영 등록할 수 있도록 구성 (1월 중 오픈 필수. 2월 행사 시즌에 활용할 예정)

2. 요청 사항 확인 미팅 진행

- 일자 : 20XX.XX.XX
- 장소 : 13층 도그냥룸
- 참석자 : 제휴 마케팅팀 김나나 대리, 서비스기획팀 이신입 사원

부록(Appendix)

2) UX 분석
- 가격비교 제휴를 통해 인입된 고객은 최저가를 중요시하므로 직접적인 금전적 혜택이 중요하다.
  참고) UPS 온라인구매동향 조사(2018.12~ 2019.1 조사)

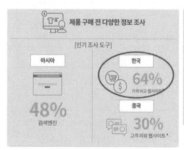

- 만약 최저가 상품으로 인입된 것이 아니라면, 이미 우리 쇼핑몰에 대해서 포인트나 간편페이 등 구매 요소를 가지고 있는 사람이다.
  참고) 서비스기획 스쿨 내 토론 결과 (1~5기)

  - N페이가 되어있는 경우 가격이 약간 비싸도 선택한다.
  - 포인트가 있어서 동일한 상품이 있으면 그 사이트를 간다.

부록(Appendix)

2) UX 분석

- 평균 구매 분석 결과 한 달에 한 번꼴로 구매가 일어난다. 정말 필요한 물건이 아니라면 구매 직후 바로 구매로 이루어지지 않는다.

참고) 제휴 구매자 조사 (20XX.1.XX~20XX.3.XX)

첫 구매 기간 구분	제휴 구매자 수(ID 기준)	구매 이후 1달 내 재구매자 수	구매 이후 1달 내 평균 재구매자 횟수	구매 이후 1달 내 평균 재구매자 기간
1월(31일)	XXXXXX	XXXXXX	1.X	2X일
2월(28일)	XXXXXX	XXXXXX	1.X	2X일
3월(31일)	XXXXXX	XXXXXX	0.X	2X일
총계(전체 일 평균)	XXXXXX	XXXXXX	1.X	2X일

- 주문 완료 페이지는 체류 시간이 매우 짧다. 주문 완료 페이지 배너들은 인입 대비 클릭 수가 높지 않다.

참고) 주문 완료 페이지 일주일 평균 PV 대비 배너 클릭 수 비교 (일 평균 기준)

구분	평균 제휴시간	주문 완료 PV	주문 완료 배너 총	클릭 전환율
1월(31일)	1.X s	XXXXXX	XXX	0.XX%
2월(28일)	1.X s	XXXXXX	XX	0.XX%
3월(31일)	2 s	XXXXXX	XX	0.XX%
총계(전체 일 평균)	1.X s	XXXXXX	XX	0.XX%

cf) 주문서 평균 체류시간 : 22초

부록(Appendix)

2) 사전 요구사항 정의서 (20XX.XX.XX)

리뷰 개발자 : 개발팀 지보수 수석

요구사항 번호	시스템 구분	요구사항명	요구사항명	신규 여부	비고	개발수용 여부	피드백 및 비고
AFM001	Admin	제휴완료 배너 관리 1) 행사배너 등록	- 대상 제휴 채널을 선택 (채널코드 선택) - 행사배너를 등록 - 등록항목 : 노출기간, 배너(jpg,png), 링크 - 저장	신규			
AFM002	Admin	2) 행사배너 승인 프로세스	- 등록자가 최초 등록시 '승인요청' 상태로 등록 - 승인 권한자 진입 시 '승인'반려'버튼 활성화 - 승인 버튼 클릭 시 '승인요청' → '승인완료' 상태 변경 - 반려 버튼 클릭 시 '승인요청' → '반려'로 상태 변경(반려 사유 등록)	신규	승인권한은 사용자 ID별로 공통기능을 그룹 관리		
AFM003	Admin	추천 카테고리 맵핑관리	- 배너행사 미입력 시 기본 노출되는 추천 상품 - 원구매 카테고리와 추천 카테고리 맵핑- 앱- 카테고리 변경 시 추천 데이터에 익일 반영	신규			
AFM004	MC	주문 완료 이탈 시 팝업호출	- 채널 중 제휴채널로 구분되는 채널에서 주문 완료 페이지로 넘어오고 난 뒤 이탈 시 체크 후 신규팝업 호출 - 이탈 기준 : 브라우저에서 다른 도메인으로 이동 시도 시	요구사항 번호			
AFM005	MC	개인화 팝업	- 디폴트 : 상품추천 영역 및 앱 사용 가능 쿠폰 링크 → 링크 클릭 시 딥링크로 앱 이동 후 쿠폰 다운로드 → 미설치 시 설치 후 이동 -> 회원 정보에 쿠폰 다운로드 대상 여부와 카테고리 정보 남김(마지막 주문 기준으로만 기록) - 행사배너가 등록되어있는 경우, 행사배너 노출	신규			앱용과 웹용 구분하여 작업 필요
AFM006	MC	앱쿠폰 다운로드 팝업	- 회원 로그인 시 회원정보에 앱 사용가능 쿠폰 다운로드 여부가 N일 경우 노출(해당 카테고리 및 쿠폰툴 안내) - 클릭 시 쿠폰 다운로드	신규	AFM005에서 등록한 쿠폰 다운로드 여부에 따라 노출		앱 이동 시 로그인이 되어있지 않으면 확인 불가
AFM007	MC	자동 추천 쿠폰 발행	- 프론트에서 요청시 자동 쿠폰 발행 - 쿠폰 속성 : 1) 채널 : 앱에서만 결제 2) 적용대상 : 원구매 카테고리에 맵핑된 추천 카테고리 3) 할인율 : 중복 적용 쿠폰 10% (할인률은 협의 중)	신규			기존 쿠폰 생성메뉴에서 맵핑 연결처리
AFM008	BI	앱쿠폰 사용정보 관리	- 해당 기능으로 발행된 쿠폰에 대한 통계자료 제공 - 총 발급된 쿠폰 정보 요약 : 발급 수, 원주문 상품 카테고리, 사용 수, 사용액	신규			

사용자 스토리 작성법

애자일 방법론에서 기획자는 PO^{Product Owner}의 역할을 수행한다. PO란 서비스(프로덕트)에 대한 서비스 기준을 마련하는 사람이라는 점에서 기존의 서비스 기획자와 비슷하지만 프로젝트 참여도에서는 한 발 물러서 있는 사람이라고 볼 수 있다. 기획에서 앞의 과정까지는 동일하다. 요청사항을 기반으로 기획 목표와 정책을 정리하고 와이어프레임이나 콘셉트를 확인하기 위한 프로토타이핑까지 작성하고 나면, 기획자가 머릿속에 그려놓은 서비스는 어느 정도 정리가 된다. 이 후 프로젝트에 적용하는 부분부터 차이가 있다.

기존 워터폴 방법론에서는 기획자가 화면설계서를 작성하면서 세세히 케이스를 나누어 IT 개발자들과 논의를 해가며 개발에서 적용할 로직까지 디스크립션에 녹이지만, PO는 사용자 스토리를 통해 개발자와 디자이너에게 서비스의 대상이 되는 고객이나 UX에 대한 사상, 비즈니스 모델 등 서비스가 가야 할 방향을 숙지시키고 나면 프로젝트가 올바른 방향으로 가는지에 대한 관리와 이슈에 대한 의사결정을 하는 역할에만 집중한다. 실제로 구현되는 서비스의 세부적인 부분은 개발자와 디자이너의 창의력이 발휘될 수 있도록 한발 물러서는 것이다.

기능정의와 요구사항이 명확한 화면설계서 방식에 비해 사용자 스토리는 방향성을 더 중시한다. 애자일 방식의 지향점이 모든 참여자가 능력을 최대한 발휘해서 더 좋은 서비스를 만들어내는 것이기 때문에 기획자 한 명의 결정보다 모두가 공감하는 형태로 만들어가는 것이 중요하다. 그래서 고객중심의 UX에 대한 고민을 모든 구성원이 해야 하며 개발자와 디자이너가 창의적으로 이를 구현할 수 있도록 환경을 조성해야 하는 것이다. 그러려면 스프린트 기간 동안 기획자는 개발자와 디자이너에게 추가 요건을 준다거나 방해하는 일이 없어야 한다. 기획자는 중간 중간 스프린트가 끝난 뒤 서비스 방향성에 맞게 구현되었는지를 확인하고, 문제가 있다면 그 다음 스프린트에서 수정될 수 있도록 가이드를 마련하면서 방향성을 지킨다.

그렇다면 사용자 스토리는 어떻게 작성해야 할까? 사용자 스토리는 UX 정의부터 비즈니스 방향성, UI적 요소, 화면설계서의 디스크립션, 더 나아가 테스트 케이스의 역할을 하며 협업을 중심으로 한다. 서비스 기획자가 서비스 콘셉트를 확인시키기 위해 작성해온 프로토타입을 보며 모든 협업자가 규칙에 맞게 사용자 스토리를 작성한다. 특별한 양식이 있는 것은 아니지만 통상적으로 따르는 형태가 있다. 처음 사용자 스토리를 구성할 때는 포스트잇을 이용한 형태로 많이 설명된다. 물론 양식에 대한 이해가 있다면 포스트잇이 아닌 여러 소프트웨어를 활용해도 된다.

사용자 스토리 주요 내용

제목(Title) : 10개 어휘 이하

실제 내용(Description)
- 사용자 : As a (Who)
- 사용자의 목적 : I Want to (Goal)
- 서비스 목표 : So that / In order to (Reason)

완성기준 (Acceptance Criteria)

먼저 '제목Title'은 간단한 단어의 조합으로 구성한다. 영단어로는 10단어 미만이라고 하는데 한글이니까 그냥 너무 길지 않도록 구성하면 된다.

제목 : 제휴 주문 완료 시 다이렉트 전환용 추천영역 표시

'실제 내용Description'은 가능하면 하나의 문장으로 구성하되 3가지를 포함해야 한다. 사용자는 누구Who이며, 무엇을 목표Goal로 하고, 이렇게 하도록 하는 비즈니스 이유가 무엇인지Reason가 그것이다. 너무 길어지면 문장이 쪼개질 수도 있으니 유의한다.

실제 내용

(Who) 가격비교 제휴를 통해 구매한 고객이

(Goal) 이 주문 완료 페이지에서 이탈하려 할 때 앱에서만 할인되는 연관 상품을 보고 이를 구매하기 위해 앱으로 이동한다.

(Reason) 다이렉트 채널인 앱 고객으로 전환시키기 위해서다.

마지막으로 기획자가 생각하는 '완성기준Acceptance Criteria'에 대해서 작성한다. 완성기준은 나중에 서비스 테스트 시점에서 테스트 케이스를 대체하기도 한다. 완성기준은 이 서비스를 이용하여 다소 다른 결과가 나오는 케이스를 구분하고, 케이스 구분의 기준에 대한 정책rule 등을 정의하고 그에 따른 결과를 명시한다.

완성기준

(Given) 가격비교 제휴를 통해 구매가 완료된 주문 완료 페이지에서

(When) 고객이 주문 완료 페이지에서 다른 사이트로 이탈하려 할 때

(Then) 앱에서만 할인되는 상품 정보 및 앱으로 이동시키는 쿠폰 다운로드 링크가 나온다.

사용자 스토리는 앞서 정리했던 요구사항 정의서와 비슷해 보이지만 본질적으로는 다르다. 사용자에 대한 페르소나 개념이 포함되고, 서비스의 목표Goal가 그 사용자의 과업Task이 되며, 마지막으로 비즈니스 모델에서의 목표나 중요성이 포함된다. 주의할 점은 절대로 어떠한 로직으로 그렇게 만들 것인지 UI적인 부분을 고정하여 작성하지 않아야 한다는 것이다. 예를 들면 추천 상품이 표시되

는 영역이 팝업 방식인지 아니면 화면 내에 새로운 영역으로 만들지에 대해 기획자가 정하지 않고 디자이너가 풀어갈 숙제로 남겨둔다. 워터폴 방식에서 작성하는 요구사항 정의서나 화면설계서는 모든 개념을 기획자가 정리하지만 애자일 방식의 사용자 스토리는 개발자와 디자이너가 최대의 창의력을 발휘할 수 있게 하는 것이 핵심이기 때문이다.

하지만 아무리 예시를 들어 설명을 해도 막상 사용자 스토리를 작성하라고 하면 수강생들은 잘하고 있는 건지 어려움을 느낀다. 애자일 소프트웨어 개발에 대한 교육과 컨설팅을 제공하는 마운틴 고트 소프트웨어 설립자인 마이크 콘Mike Cohn이 '좋은 사용자 스토리의 조건'으로 6가지를 들었는데, 사용자 스토리를 작성할 때 이를 기준으로 해도 좋겠다.

좋은 사용자 스토리 조건 6가지

- **Independent** : 독립적이다.
- **Negotiable** : 협상 가능하다.
- **Valuable** : 사용자와 비즈니스에 가치가 있다.
- **Estimate** : 예측과 측정이 가능하다.
- **Small** : 사이즈가 작아야 한다(2~3주내 개발 가능).
- **Testable** : 테스트가 가능해야 한다.

이를 줄여서 INVEST라고 하는데, 사실 이 모든 성질을 갖추기란 쉬운 일이 아니다. 그래도 최대한 위 특징들을 지키면서 작성하려고 노력해야 한다. 사용자 스토리는 작성하는 사람에 따라 스토리의 레벨이 들쭉날쭉하기 마련이다. 그러나 앞에서 프로토타입을 공유한 뒤이기 때문에 전혀 관계없는 사용자 스토리

가 나올 가능성은 현저히 줄어들 것이다.

이제 팀원들이 작성한 사용자 스토리를 정리해야 하는데, 전체를 모아놓고 정리하다 보면 서로 작성한 사용자 스토리가 중첩되거나 아니면 너무 큰 범위로 쓰인 경우가 보일 것이다. 너무 큰 범위를 작성한 경우 완성기준을 작성하면서 이미 느끼게 된다. 한 문장 내의 기능과 케이스가 너무 다양해서 완성기준이 끝도 없이 많아지기 때문이다.

앞의 예시에서도 마찬가지다. 제휴고객에게 앱으로 유도할 추천상품을 보여주는 것까지도 굉장히 많은 로직이 필요하다. 일단 제휴로 들어와 주문한 고객이라는 것을 구분하는 것도 하나의 기준이 되고, 추천상품을 노출할 때 어떤 기준으로 노출할 것인지에 대한 부분도 있을 수 있다.

이렇게 특정 사용자 스토리가 너무 많은 기능을 포함하고 있을 때는 이를 가장 상위에 놓고 그 하위에 들어갈 사용자 스토리를 모으거나 새로 작성하여 체계를 잡을 수 있다. 사용자 스토리에서 최상단에 놓이는 사용자 스토리를 에픽Epic이라 부르고 하위의 가장 작은 기능 단위로 정의된 항목을 백로그Backlog라고 부른다.

사용자 스토리 맵

이때 '사용자 스토리 맵User story Map'을 통해 정리하면 좀 더 체계적으로 판단이 가능하다. 사용자 스토리 맵은 지금껏 작성한 사용자 스토리 간의 계층과 관계를 정리하여 실제 스프린트에서 나눌 업무 단위를 산출해내는 방법이다.

1단계 : 에픽을 찾는다

사용자 스토리들을 합치다 보면 한 가지 큰 목표를 찾아낼 수 있다. 예를 들어 기준이 되는 사용자 스토리가 '회원의 상품 주문'이라면 '신용카드로 결제하기', '간편페이로 결제하기'와 같은 사용자 스토리는 하위에 포함된다. 상위로 올라갈수록 큰 에픽이 된다.

≡ 사용자 스토리맵 예시 ≡

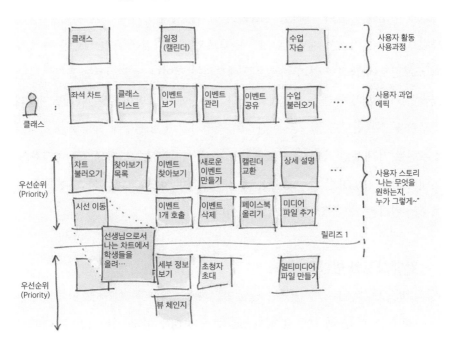

2단계 : 에픽 하위 사용자 스토리 간의 선후관계를 정리한다

하나의 에픽이라고 해도 선후관계가 있을 수 있다. 고객여정지도에서 보여주는 사용자의 이용 흐름은 좋은 기준이다. 에픽 내에서 좌에서 우로 사용자 이용 순서에 맞추어 정돈한다.

3단계 : 백로그로 작성한다

각 사용자 스토리를 구현하기 위해서 추가로 필요한 개발 사항들을 추려내어 하위 백로그로 작성하여 추가한다.

팀원들과 함께 다양한 사용자 스토리 맵을 이용하여 사용자 스토리 간 체계를 정리했다면, 이제 기획자는 스프린트 하나에 포함될 사용자 스토리 또는 백로그를 선정해야 한다. 애자일 방법론은 워터폴 방법론과 다르게 여러 개의 스프린트 기간을 거쳐서 개발한다. 이때 PO로서 기획자의 중요한 역할은 여러 개의 스프린트에 적절한 양의 백로그를 배분하는 것이다. 스프린트는 2~3주 내에 개발이 가능한 범위만을 포함해야 한다. 또한 애자일 방법론은 각 개발자들의 업무량을 스프린트당 점수로 환산하여 측정하는데, 2~3주에 해당하는 하나의 스프린트 기간 동안 특정 점수 모두를 소진시키는 방식으로 업무량을 측정한다. 이것이 바로 개발자별 업무 현황을 측정하는 칸반 보드Kanban Board와 이 현황을 보여주는 번다운 차트Burn Down Chart의 개념이다.

칸반 보드와 번다운 차트

칸반 보드는 해야 할 일To do, 하고 있는 일Doing, 완료한 일Done로 영역을 구분하고 해당 스프린트에 포함된 백로그를 진행 상태에 따라 이동시킨다. 각 백로그는 미리 우선순위를 매겨서 각 중요도만큼 포인트를 가지고 있도록 한다. 이렇게 하면 각 작업자에게는 일정한 포인트만큼 업무를 나눠줄 수 있고 하나의 스프린트에는 특정 포인트만큼의 업무가 배정된다.

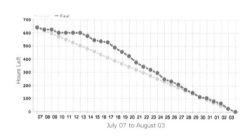

번다운 차트는 바로 이렇게 주어진 포인트를 개인 혹은 스프린트 단위로 얼마나 빠르게 처리해나가는지 눈으로 볼 수 있도록 해주는 그래프다. 업무가 완료될 때마다 해당 포인트만큼 차감하는 방식이라고 이해하면 된다. 때문에 번다운 그래프는 점수가 부

번다운 차트 : 백로그의 완료 예정일별로 줄어드는 계획과 실제 백로그가 완료되는 일정을 비교하는 추세가 생긴다.

여했을 때부터 백로그의 완료 예정일별로 줄어드는 계획과 실제 백로그가 완료되는 일정을 비교하여 두 개의 줄이 생긴다. 이를 통해서 계획 대비 다르게 움직

이는 일정을 효율적으로 조율할 수 있다.

그러려면 앞서 말했듯이 백로그에 먼저 각각의 점수를 매겨야 한다. 이 점수는 우선순위에 해당하는데 여러 가지 측정 방법이 있다. 이중 대표적인 3가지를 소개한다.

- **비즈니스 추정 방식**Assumption Test : 중요한 비즈니스 가설일수록 큰 포인트
  + 사용자에게 중요도가 높을수록 큰 포인트
- **MoSCoW 방식** : Must/Should/Could/Won't로 나누어 포인트 부여
- **BUC 방식** : 사업상 이익(Business Benefit) + 사용자 혜택(User Benefit) - 비용(Cost)

위의 방식은 그저 방법론일 뿐, 프로젝트에서 사용자 스토리의 중요도를 파악하고 점수를 매기는 방식은 각 프로젝트 내에서 합의하여 정할 수도 있다. 중요한 것은 비즈니스적으로 의미있고 고객에게도 의미있는 백로그가 높은 점수를 받을 수 있어야 한다는 것이다. 왜냐하면 애자일 방법론에서 사용자 스토리는 서비스에서 꼭 필요한 최소의 구성요소부터 개발한다는 MVP에 집중하고 있기 때문이다. 물론 중요도가 비슷해 점수 차가 크지 않게 되면 선택에 어려움이 생길 수 있다. 이럴 때는 점수차가 일부러 크게 벌어질 수 있도록 피보나치 수열 (1, 2, 3, 5, 8, 13, 21) 순으로 점수를 주면 선택의 어려움을 줄일 수 있다.

> 용어 **MVP(Minimum Viable Product)** 서비스에서 구현가능한 최소한의 형태로 최소 서비스 단위라고 정의할 수 있다. 빠르게 시장에 내놓아서 가설을 체크하여 서비스가 나가야 할 방향을 체크하기 위해 필요하다.

점수까지 정리하고 나면 각 백로그의 스프린트별 개발 항목의 선택은 전적으로 기획자의 몫이다. 어떤 기준으로 배분하는 것이 적절한지는 함께 일하는 사람들과 경험을 쌓아가면서 조율해나가면 된다. 아무리 많이 공부하고 고민해도

함께 일하는 사람들이 소화가능한 양을 알아내는 것은 실제로 일을 해보지 않고는 알 수 없는 부분이기 때문이다.

애자일 방법론은 국내 업계에서는 아직까지 낯선 것이 사실이다. 정석대로의 애자일 방법론은 시도 단계에 머무르고 있어 좀 더 공부하려면 해외 사례 등을 참고해야 한다. 현장에서는 애자일 방식으로 프로젝트를 진행한다고 했지만 스프린트 하나가 워터폴처럼 되는 '미니 워터폴' 방식이 되기도 하고, 사용자 스토리를 썼는데 다시 화면설계서를 정리해야 하는 경우도 많다. 이럴 경우 기획자는 워터폴 방법론의 화면설계서도 작성하고 사용자 스토리와 백로그도 써야 하는 이중고를 겪는다. 지라Jira나 트렐로Trello와 같은 프로그램이 빠르게 전파되고 있는 것과 대조적으로 애자일 방법론을 성공적으로 수행한 사례는 손에 꼽는다.

하지만 애자일 방법론을 성공적으로 적용한 해외 기업들의 선례를 보고 있자면 뭔가 해야겠다는 생각이 든다. 사용자 스토리를 만들고 다루는 데 있어서 이 책에서 소개한 방식도 모두 해외에서 시작된 방법들이다. 화면설계서처럼 국내에서 정착되어 발전된 형태가 아니기에 아직 어색하고 어설플 수밖에 없다. 때문에 소개된 방식이 정답은 아니다. 나뿐만 아니라 국내 많은 기획자들이 경험과 시도를 하고 있는 중이다. 곧 화면설계서처럼 한국만의 사용자 스토리 방법론이 나올 것이라고 생각한다.

사용자 스토리

프로젝트명 : 제휴 주문건 앱 주문 전환을 위한 추천 상품 팝업

구분			백로그	우선순위	스프린트	현재 상태
EPIC			주문 완료 페이지에서 이탈 시 제휴추천 팝업을 노출한다. 제휴추천 팝업에는 상품추천과 행사배너가 있다.	P1	스프린트1	진행 중
	TASK		상품추천 팝업의 경우에는 구매 카테고리에 따라 상품이 추천되고 쿠폰이 자동 다운로드된다.	P1	스프린트1	진행 중
		SUBTASK	상품추천 팝업을 쿠폰을 다운로드 받은 사람은 사용 여부와 무관하게 3개월간 프로모션 대사에서 제외된다.	P2	스프린트2	대기 중
		SUBTASK	상품추천 팝업의 상품은 구매 카테고리와 쿠폰 적용 기준에 맞추어 추천 카테고리 내 상품으로 노출된다.	P3	스프린트2	대기 중
		SUBTASK	상품추천 팝업의 링크 터치 시 앱으로 이동하며, 앱이 설치되어있지 않은 경우 설치 후 이동시킨다.	P1	스프린트2	진행 중
	TASK		행사배너형의 팝업은 링크를 상품, 이벤트, 직접 작성된 곳으로 이동하며 웹 내 이동, 앱 내 이동을 선택할 수 있다.	P2	스프린트2	대기 중
EPIC			추천팝업에 대한 프로모션을 '제휴추천 팝업 관리'에서 관리한다.	P1	스프린트1	진행 중
	TASK		제휴 인입 채널에 따라서 쿠폰 노출 여부와 종류를 정의한다.	P1	스프린트1	진행 중
		SUBTASK	상품추천 형은 구매 카테고리와 추천 카테고리, 해당하는 쿠폰에 대한 정보는 '추천 카테고리 맵핑관리'라는 화면에서 관리한다.	P3	스프린트1	진행 중
		SUBTASK	행사추천형의 경우 배너 이미지를 등록한다.	P2	스프린트2	대기 중
	TASK		제휴추천 팝업 등록은 제휴 마케팅팀 내에서 승인 담당자가 승인 후 전시된다.	P1	스프린트1	대기 중

- 기획자가 판단하기에 최우선 기능을 P1으로 판단한다.
- 이 경우에는 상품추천 팝업이 행사배너보다 중요하다고 판단하며 세부적인 기준보다는 서비스 노출 자체를 핵심 기능으로 봐서 정의한 우선순위다.
- 스프린트에 포함할 대상을 선정할 때 기획자는 MVP를 구성하기 위한 최소개발 범위를 설명하며 개발 리더가 실무자의 개발 역량에 대한 의견을 반영해서 세팅한다.

기획자 산출물

아래처럼 각 스토리는 '티켓'화하여 지라^{Jira}나 노션^{Notion} 등 관리 툴에서 칸반 형태로 관리

할 수 있다(아래는 노션을 사용한 관리 예제).

시작 전 2 ··· +

추천팝업에 대한 프로모션을 '제휴 추천 팝업 관리'에서 관리한다.

🐾 도그냥 서비스기획자

Epic ⚠

구매카테고리와 추천카테고리, 쿠폰을 BO 카테고리 매핑관리에서 관리한다.

🐾 도그냥 서비스기획자

Epic ⚠

+ New

진행 중 3 ··· +

📄 주문완료페이지에서 이탈시 제휴 추천 팝업을 노출한다.

🐾 도그냥 서비스기획자

Epic ⚠

Sprint 1   Sprint 2

📄 상품추천 팝업일 경우, 구매카테고리...

행사배너형의 팝업은 링크를 상품상세, 이벤트페이지, 직접입력한 링크로 이동할 수 있으며 웹 내 이동, 앱으로 이동을 선택할 수 있다.

Task 🔧

Sprint 2

📄 주문완료페이지에서 이탈시 제휴 추...

상품추천 팝업의 링크 터치 시 앱으로 이동한다.

🐾 도그냥 서비스기획자

Task 🔧

Sprint 2

+ New

완료 3 ··· +

상품추천 팝업일 경우, 구매카테고리에 따 상품이 추천되고, 쿠폰이 자동 다운로드 된다.

🐾 도그냥 서비스기획자

Task 🔧

Sprint 1

📄 상품추천 팝업을 통해 쿠폰을 다운로...

📄 상품추천 팝업의 상품은 구매카테고...

📄 상품추천 팝업의 링크 터치 시 앱으로 ...

상품추천 팝업을 통해 쿠폰을 다운로드 받은 사람은 사용여부와 무관하게 **3개월간** 프로모션 대상에서 제외된다.

🐾 도그냥 서비스기획자

Task 🔧

Sprint 1

📄 상품추천 팝업일 경우, 구매카테고리...

상품추천 팝업의 상품은 구매카테고리에 맵핑된 추천 카테고리에 맵핑된 쿠폰이 사용될 수 있는 상품을 노출한다.

🐾 도그냥 서비스기획자

Task 🔧

Sprint 1

a day for me

date ....

list

기존 서비스 시스템을
파악해야 할 때

신입 기획자들에게 질문은 특권이다. 하지만 가끔은 성급하게 남용된다. 어떤 주니어 기획자들은 "기존 시스템을 설명해주세요."와 같은 굉장히 추상적인 질문을 던지곤 하는데, 이런 광활한 질문은 '우주의 섭리를 답하라'는 질문처럼 선배들의 말문을 막아버린다. 주니어 기획자 입장에서는 왜 처음부터 시스템을 차근차근 가르쳐주는 사람이 없냐며 불만이겠지만 아마도 이 불만은 영원히 해소되지 않을 것이다. 시스템 파악은 어디까지나 '본인 하기 나름'일 수밖에 없다.

사실 어떤 선배 기획자라도 전체 서비스를 통괄하고 시스템 정책 모두를 알고 있을 수는 없다. 서비스는 멈춰 있지 않다. 계속 변한다. 따라서 새로운 서비스를 기획하여 추가하기에 앞서 현행 시스템 정책과 서비스 상태를 파악해야 한다. 그래야 헛발질하는 기획을 최소화시킬 수 있다. 시니어 기획자라고 해도 마찬가지다. 문제없는 서비스를 기획하려면 돌다리도 두드리며 가는 습관을 들여야 한다.

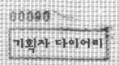
　함께 일하던 토끼 같은 주니어 기획자가 한 번도 해본 적 없던 소위 '뒷단(고객이 보지 않는 쪽의 어드민과 처리 프로세스에 관한 부분을 이르는 말)'의 복잡한 업무를 맡게 됐다. 선배 입장에서 가이드하고 도와주려다 보니 뭔가 부족하다는 느낌을 받았다. 평소 기본 정책은 다 알고 있다고 자부했는데 내가 회사 서비스의 정책을 습득한 시점이 2012년이고, 수년이 지난 사이에 일어난 무수한 정책 변화를 또렷이 알려줄 자신이 없었다.

　주니어 기획자는 스펀지와 같아서 가르쳐주는 대로 배우게 될 테니 자칫 잘못 가르쳐주면 큰일이다. 직접 알아보라고 할 수도 있겠지만 책임감을 가지고 제대로 정리해서 가르쳐주고 싶었다. 비즈니스에 대한 이해가 부족한 상태에서 변화된 정책을 찾아내 공부하려면 힘들기도 하겠거니와 배가 산으로 갈 수도 있어서 나 역시 초심 장착하고 기존 시스템을 공부하기로 했다.

　운영 중인 서비스 중간에 투입된 기획자라면 신입이든 경력이든 누구를 막론하고 거쳐야 하는 과정이 있다. 바로 '현행 분석'이다. 학생 때 시험 기간이 되면 공부 잘하는 누군가가 요점 정리하여 쫘악 돌리기라도 하지만 회사에는 그런 사람이 없다. 선배가 설명해준다고는 하지만 본인이 뒤

a day for me
*
date ....
list

져보면서 뼈에 새겨야 내 지식이 된다. 안 가르쳐줘서 몰랐다고 해봤자 용납되지 않는다. 큰 목차는 가르쳐줄 수 있어도 세부사항까지 가르칠 천사 같은 선배는 없다. 그래서 준비했다. 거창할 것은 없지만 현행 서비스와 정책을 분석하는 현실적인 방법들에 대해서 이야기해보자.

개발자는 소스를 까서 보지만 기획자는 역사를 뒤져야 한다

STEP1. 정책 문서를 읽는다

서비스가 잘 정돈되어 운영되고 있다면 모듈을 아우르는 정책 문서가 있기 마련이다. 하지만 이런 서비스라도 운영기간이 길고 서비스 양이 방대하다면 어휘 정리나 굵직한 기능 중심의 목차 수준일 수 있다. 그래도 머릿속이 백지와도 같을 때는 이런 문서라도 도움이 된다. 적어도 어디에서 뭘 알아야 하는지 경로는 될 수 있기 때문이다.

STEP 2. 스토리보드와 화면을 동시에 본다

정책 문서를 훑은 다음에는 모니터 두 개에 한쪽에는 스토리보드, 한쪽에는 실제 구현 화면을 찾아서 띄운다. 스토리보드를 읽을 때는 적어

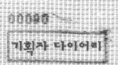
도 세 가지를 파악해야 하는데 서비스 목적, 기능별 프로세스, 케이스가 그것이다.

전시 스토리보드의 경우 흐름과 동작, 인터렉션 등이 많기 때문에 보면서 화면을 쉽게 파악했다는 생각이 들지만, 정말 중요한 건 한눈에 파악되지 않는 디스크립션에 있다. 눈에 보이는 화면의 구분보다 버튼이나 숨겨진 기능이 나열되어있는 어드민 화면의 기획서에서는 더더욱 모든 핵심이 디스크립션에 있다고 봐야 한다.

그런데 이 디스크립션이 진짜 난제다. 작성 규칙이 없다 보니 작성자마다 개성이 묻어나고 수준 차이도 크다. 읽었다고 해서 이해했다고 생각하면 오산이다. 그래서 한쪽에 실제 화면을 펴놓고 어떻게 구현됐는지 확인해봐야 한다. 적어도 UI 노출 정도는 확인해볼 수 있기 때문이다. 스토리보드와 실제 구현이 너무 다르다면 원래 기획하거나 개발했던 담당자에게 물어보면서 현재 서비스 운영사항을 파악해야 한다.

STEP 3. 테스트해본다

화면을 조금씩 클릭해봤다고 해서 테스트를 했다고 생각하면 안 된다. 진짜 테스트는 프로세스를 따라가면서 이해한 그대로 작동되고 있는지

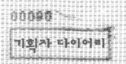

파악하는 것이다. 테스트를 하다 보면 이해가 안 돼서 계속 미간을 찌푸린 (-"-) 표정이었다가 '아~ 이거구나' 소리를 연발하며 ('O') 표정을 짓게 된다. 정책과 서비스가 체화되기 시작하는 자연스러운 탄성이다.

운영 서비스에서 해볼 수 있는 건 바로바로 해보고, 비정상적인 케이스나 비용이 드는 거라면 회사 내부의 테스트용 서버에 접속해서 테스트 해보게 해달라고 해보자. 결국은 제대로 한번 해보는 게 제일 중요하다.

STEP 4. 내 손으로 도식을 만들고 질문 찾아내기

수십 가지 정책과 프로세스가 잘 정리되어있어도 내 손으로 직접 정리해보는 것이 제일 좋다. 플로우 차트와 마인드맵은 훌륭한 정리 도구가 된다. 개인적으로 자주 사용하는 무료 서비스 두 가지를 소개한다.

> • **Xmind** : 마인드맵 도구. 기획 과정에서 미준맵을 만들 때도 사용한다 (xmindkorea.net).
> • **draw.io** : 웹에서 바로 사용하는 플로우 차트 작성 도구이다(https://www.draw.io).

이 두 가지를 이용해서 모듈 또는 서비스 단위로 정리하되, 정책은 마인드맵으로 도식은 플로우 차트로 정리한다. 머릿속에서 정리된 걸 정리

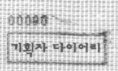

a day for me
*
date ....
list

하다 보면 드디어 '구멍'이 나타난다. 이해한 줄 알았는데 이해 못한 것, 2차원적인 화면설계서, 미미하게 적혀 있는 정책문서, 시간과 비용상 테스트해볼 수 없는 것들에 대한 질문이 떠오른다. 또는 화면설계서가 너무 오래되어서 현재 시스템과 다른 점도 있을 수 있다. 여하튼 이때 발견하는 것들을 정리해두면 누구보다도 완벽하게 서비스를 분석할 기반은 닦은 셈이다.

STEP 5. 선배들에게 물어보자

질문 사항들이 나왔으면 선배들에게 물어볼 차례다. 지금까지의 과정은 완벽한 질문을 준비하기 위한 과정이었다. 선배에게 질문하는 내용은 지금까지 알아낸 것 중에서 빠진 것은 없는지 왜 빠진 건지에 대한 것이어야 한다. 덮어놓고 처음부터 가르쳐달라고 하면 웃으면서 다음만 기약하게 될 것이다. 설명해주고 싶어도 방대해서 해줄 수 없는 경우가 더 많다.

우리는 두 부류의 선배에게 질문할 수 있다. 나보다 잘 아는 기획자 선배와, 소스를 뒤져서라도 정확하게 파악해줄 개발자 선배다. 정책을 정한 이유를 알고 싶으면 기획자 선배에게 묻고, 서비스 로직을 파악하고 싶다면 개발자 선배에게 묻자. 질문할 때 중요한 건 예의 바르게 자신의 추측

a day for me
*
date ....
list

과 현재의 내용이 맞는지를 묻는 것이다. 보따리 내놓으라는 식으로 덮어

놓고 묻지는 말자.

질문 방식도 중요하다. 메일로 한꺼번에 질문지를 보내기보다는 메신

저로 자기소개를 하면서 미팅하고 싶은 이유와 시간은 되는지를 묻고 병

아리 같은 눈망울로 음료수라도 하나 드리면서 물어보는 게 최고다. 처음

에 면을 잘 터놓으면 그 다음부터는 전화나 메신저, 이메일로 해도 괜찮

다. 열심히 배워보겠다는 후배를 싫어할 선배는 없다.

혹시 이런 걸 기대하는 게 꼰대 같은 요구라고 생각이 들 수도 있다. 하

지만 시니어 기획자인 나도 여전히 담당 기획자에게 정책을 묻고 개발자

에게 가서 로직을 배운다. 이건 연차와 관계없는 업무에 대한 열의이고 더

좋은 기획을 위한 노력일 뿐이다.

최근의 웹/앱 서비스는 미래의 불확실성에 유연해야 대처해야 한다. 불

확실한 변수에 대처하려면 현재를 제대로 알아야 한다. 그래서 주니어 기

획자도 시니어 기획자도 계속해서 자신이 속한 서비스의 현행을 파악해

야 하는 것이다. 이런 상황에서 자가 습득 능력은 꼭 필요하다. 신입이라

면 한 번에 전체를 파악하려는 욕심은 내지 않기를 바란다. 시니어 기획

자 또한 계속해서 현행 서비스 운영을 따라잡기 위한 노력을 해나가야 한

a day for me
*
date ....
list

다. 너무 정석 같은 말들이라 딱히 도움이 될지 모르겠지만, 여하튼 이렇

게 지식이 쌓이면 서비스에 대한 애정 또한 높아지는데, 이 감정을 꼭 느

껴보았으면 좋겠다.

a day for me
*
date ....
list

데이터 흐름과
용도를 생각하는 기획

"저 궁금한 게 있는데요.

평균 구매 전환율, 위시리스트 전환율, 장바구니 전환율,

위시리스트 유입 수, 장바구니 유입 수, 평균 위시리스트 상품 수,

평균 장바구니 상품 수 좀 알려주세요."

메신저에 갑자기 폭탄이 날아들었다. 의욕 넘치는 한 인턴 친구가 던진

폭탄이다. 기획과제를 받은 모양인데 데이터를 충분히 보고 기획하라고

조언했더니 이런 폭탄 질문을 보내왔다. 내부에서 통계를 체크할 때 사용

하는 BI 화면을 봐도 잘 모르겠으니 물어본 듯했다.

  저 정상적이고 의욕적인 질문이 폭탄인 이유는 데이터의 탄생이 생각

보다 많은 고민과 노력에 의해서 만들어지기 때문이다. 폭탄 맞은 당황스

런 마음을 가라앉히고 인턴에게 회신을 보냈다.

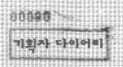

a day for me

date ....

list

"이것만으로는 데이터를 뽑아줄 수가 없어요.

평균이란 기간은 어떻게 돼요? 구매 전환율의 기준 공식은요?

유입 수는 PV 기준인가요, UV 기준인가요?

이 데이터를 뽑으려는 목적은 무엇이죠?"

인턴은 당황하며 그런 기준은 이미 정해져 있는 것 아니냐고 반문했다. 나는 애정을 갖고 인턴에게 목적을 다시 물은 뒤 나름대로 기준을 정리해서 해당 데이터를 뽑아주었다. 단 하나의 자료도 쉬운 게 없었다. 야근을 하며 따로 시간을 내야 했다. 원하는 목적에 맞는 데이터를 뽑는 일은 아무리 통계용 내부 서비스가 있어도 기준에 맞는 재가공이 필요하다. 게다가 일부 데이터는 아예 구할 수조차 없었다. 인턴이 퇴사 전에 확인할 수 있길 바라며 데이터 수집을 위한 서비스 개발 요청서도 넘겨주었다.

의미있는 데이터 분석을 하려면

구글 애널리틱스가 인기를 얻고 소프트웨어 사업에서도 BI 프로그램에 대한 중요성이 강조되면서 모든 기획자들이 데이터를 말하고 있다. 일부는 우리 회사는 해석할 데이터가 없다며 한탄하기도 한다. 하지만 지금 당

a day for me
*
date ....
list

장 BI 도구를 도입한들 뭔가 의미있는 데이터가 바로 생겨나는 것이 아니다. 데이터를 모으기 위해서도, 데이터를 해석하기 위해서도 기획과 개발이 필요하다.

구글 애널리틱스의 도입을 예로 들어보자. 가장 먼저 해야 할 일은 구글에 가입하는 것이다. 하지만 그런다고 의미 있는 데이터 분석이 바로 이루어지지는 않는다. 화면 내의 영역별 클릭 수를 보려고 해도 몇 가지 절차를 거쳐야 한다.

1. 웹과 앱 내에 구글 제공 스크립트나 SDK^{Software Development Kit}(소프트웨어 개발키트) 삽입

2. 각 화면 영역별로 클릭 수 체크를 위한 클릭 이벤트 명칭 정의

3. 영역별로 해당 이벤트 명칭이 삽입되도록 개발

4. 정상 수집 테스트 및 부하 테스트

5. 웹과 앱 배포 및 데이터 정상 수집 여부 확인

이렇게 하면 적어도 화면 내의 특정 영역에 대한 클릭 수를 체크할 수 있다. 물론 이 정도만 하려 해도 운영 서비스가 크면 오래 걸릴 수밖에 없

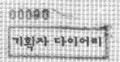

고 인턴이 질문한 '구매 전환율'은 구할 수가 없다. 구매 전환율을 구하려면 명확한 기준에 대한 기획 절차가 있어야 하기 때문이다.

목적에 맞는 데이터가 필요하다

데이터 활용을 위해 가장 중요한 일은 기준을 마련하는 것이다. BI 화면에서 '클릭, 클릭'했는데 원하는 데이터 값이 나온다면 이미 누군가가 그 페이지에 기준을 잡고 데이터가 쌓이도록 만들어놨다는 의미다. 그러면 도대체 그 기준은 '어떻게' 정해야 할까? 이런 정책은 데이터의 활용에 있어 핵심이 된다. 같은 이름의 데이터라도 내가 생각한 가설과 다른 데이터라면 목적에 맞춰 활용할 수가 없다. 즉 데이터는 생성되기 전부터 활용 목적이 분명해야 한다.

이것이 바로 '빅데이터Big Data'에 활용 가능한 '스몰데이터Small Data'의 개념이다. 아무것도 하지 않아도 데이터는 쌓인다. 그러나 주문 데이터처럼 명확한 데이터를 제외하면 모든 화면에서 모든 사람의 로그Log를 쌓아놓진 않는다. 쌓아놓는다고 해도 가설 없이는 해석이 불가능한 데이터일 뿐이다.

이 지점에서 어떤 데이터라도 해석할 수 있을 것만 같은 '데이터 사이

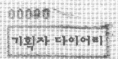

언티스트'가 출현한다. 이름만 보면 연금술사처럼 필요한 데이터를 만들어줄 것 같지만 그들의 역할은 명확하다. 운영하는 서비스의 데이터 쌓는 방식을 차후 활용 가능하도록 설계해주고, 이미 쌓아놓은 데이터를 명확하게 분석하는 데 도움을 주는 것이다. 이들은 '파이썬'이나 'R'과 같은 빅데이터 분석에 적합한 개발언어를 사용한다. 능숙한 데이터 사이언티스트는 이런 데이터를 갖고 놀면서 상용화된 BI 툴보다 좀 더 합목적적인 데이터를 만들 수 있다. 그러나 데이터 사이언티스트가 모든 회사에 존재하진 않는다. 없다면 결국 목마른 사람이 우물을 파야 한다. 보통 목마른 사람은 언제나 뭔가 분석하려는 기획자뿐이다(기획 능력이 있는 개발자와 디자이너, 그리고 마케터도 포함한다.).

쓸 만한 데이터를 뽑아내려면 가설이 있어야 한다

다시 인턴의 요청으로 돌아와 보면, 당시 상황에서 인턴은 무엇을 했어야 할까? 내가 데이터를 뽑아주든 개발자가 뽑아주든 BI로 찾아봤든 그것은 중요하지 않다. 가장 먼저 데이터에 대한 가설이 있어야 했다.

덮어놓고 이 화면에 대한 데이터를 다 뽑아보면 뭔가 나오지 않을까 생각했던 적이 나도 있었다. 하지만 그런 중구난방 데이터는 뽑는 것도 어렵

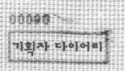

a day for me
*
date ....
list

지만, 의미 있는 데이터는 대개 1차 데이터가 아니라 가공된 2차 데이터에

있었다. 딥러닝하는 AI도 아닌 우리가 데이터를 다 꺼내놓고 규칙을 찾는

다는 것은 아주 비효율적이다. 우린 AI처럼 생각할 수가 없다. 인간인 우

리는 여러 가지 비즈니스에 대한 이해를 바탕으로 가설 검증을 반복하는

것이 효율적이다. 가령 인턴이 말한 '위시리스트 페이지의 구매 전환율'이

란 항목도 분석 목적에 따라 얼마든지 기준이 변경될 수 있다.

1. 위시리스트 대비 주문 완료 비율 = 주문 완료 페이지 PV$^{Page\ View}$**(페이지에 접**

   속한 수) / 위시리스트 PV

→ 페이지 간 접속률 비율일 뿐 특별한 가설을 세울 수 없다.

2. 위시리스트를 통해서 주문 완료된 건수 비율 = 위시리스트를 통해서 일어난

   주문 완료 건 수 / 위시리스트 PV

→ 이런 케이스도 목적에 따라 데이터가 달라질 수 있다. 주문에 대한 영향력

   을 보고 싶다면 주문 후 취소 건수는 제외해야 할지 말지를 결정해야 한다.

   반면 이 케이스에 대한 주문서 UX에 대한 적합도를 판단하려면 위시리스

   트 PV 대신 위시리스트에서 '주문하기' 버튼 클릭 수를 분모로 삼고 분자

에는 취소된 주문 건수까지 모두 포함해야 한다.

이렇게 깊이 고민해본다면 데이터를 뽑는 시기도 고민 대상이 된다. 값 싼 생활용품이 많이 팔리는 7~8월, 선물을 주고받는 날이 많은 5월, 성탄 절이 있는 연말인 12월은 데이터가 각기 다를 것이기 때문이다. 명절이나 연휴 같은 변수에 의해서도 사용자의 서비스 이용 목적이 영향을 받는다. 이에 따른 데이터 가설이 달라져야 함은 물론이다.

가설 없는 데이터에는 맹점이 있다

아무 조건 없이 남이 만들어놓은 데이터를 믿는다면 어이없는 결과를 도출할 수도 있다. 인턴이 말한 것처럼 BI에서 관리되는 구매 전환율이 있 긴 있었다. 하지만 이건 회원당 구매 전환율을 보기 위한 거시적 목적의 데이터로 UV^{Unique View}(해당 페이지에 접속한 사람의 수) 기준으로 한 달 동안 평 가된 것이었다. 그러니까 한 달을 기준으로 100번을 와서 1번 구매한 사용 자와 우연히 1번 와서 구매한 사람을 동질로 여기는 데이터였다.

인턴처럼 단순히 페이지를 보려는 사람이 이 데이터를 기준으로 삼아 데이터를 비교했다면 어떤 결론이 도출됐을까? 어떤 결론을 내린다고 해

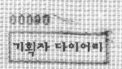
a day for me
*
date ....
list

도 데이터의 전제조건이 맞지 않기에 걸보기에만 그럴듯한 데이터의 맹점에 빠질 수 있다.

인턴이 요청한 데이터를 입수하려면 추가로 개발을 요청해야 했고, 그것은 인턴이 퇴사하기 직전에 사이트에 반영되어 데이터가 수집되기 시작했다. 안타깝게도 그 친구는 그 데이터를 분석해보지 못한 채 인턴 기간이 끝나 버렸다. 그만큼 데이터를 수집하기 위해서는 기획, 개발, 수집의 시간이 필요하다.

분석용 데이터 또한 기획 과정부터 고민해야 한다

2015년에 모바일 리뉴얼 프로젝트를 진행하면서 가장 크게 고민했던 것이 바로 이것이다. 당시까지만 해도 분석해서 내밀 데이터가 없던 우리 팀장님과 기획자들은 모든 모바일 화면 구석구석에서 분석할 만한 데이터를 찾아보자고 했다. 각 항목의 클릭 수는 물론이고 화면 URL, 이동 없는 탭 변경이나 스와이프까지 어떻게든 수집해보려고 했다. 그리고 이 작업을 위해 페이지별로 가설을 세웠다.

제일 기억에 남는 페이지는 '딜 매장'의 측정용 데이터였다. 상품이 순

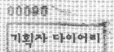
a day for me
*
date ....
list

서대로 전시되어있을 때 상품 순번별 클릭 수를 기록했고, 스크롤하면서 추가로 상품을 호출해올 때마다 카운트가 쌓이도록 했다. 이렇게 상품이 쭉 늘어져 있을 때 어디까지가 의미 있는 상품인지를 파악하고, 고객의 가독 범위 내에서 효율성 있는 UI를 만들고자 했던 것이다. 이러한 분석 덕분에 무절제하게 상품 수를 늘리는 것을 막을 수 있었다.

네이버의 핫딜 페이지
상품이 동일한 형태로 계속 이어진다

쓸 만한 데이터는 갑자기 맨땅에서 나오지 않는다. 데이터 사이언티스트든 기획자든 개발자든 누가 먼저 시작하자고 하든 그것은 중요하지 않다. 화면을 만드는 시점부터 보이는 영역뿐 아니라 데이터에 대해서도 가설을 세우고 고민한다면 필요한 시점에 적절한 데이터를 얻을 수 있다. 나에게 폭탄을 안겨준 그 친구가 인턴이 아니라 신입이었다면 스스로 원하는 데이터를 만들어내는 것부터 데이터를 분석해서 개선하는 것까지 해볼 수 있었을 텐데, 그걸 가르쳐주지 못한 것이 못내 아쉽다.

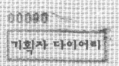

a day for me
*
date ....
list

데이터의 확장성까지 생각하는 기획자

기획자에게 중요한 데이터는 두 가지다. 분석을 하기 위해 별도로 쌓은 데이터와 기능이 작동되기 위한 필수적인 데이터. 지금까지는 주로 분석을 위한 데이터에 대해서 이야기했다. 이제 기능이 작동되기 위한 데이터에 대해 이야기해보자.

기능이 작동되기 위한 데이터란 이를 테면 기획의 확장성을 이해하는 데이터다. 즉 기획을 위해 꼭 알고 있어야 하는 데이터다. 보통은 기획자가 데이터 형태까지 결정하진 않는다. 하지만 차후 활용도를 생각해 개발 담당자들에게 제안할 수는 있다.

예를 들어 이미 봤던 상품을 보여주는 영역이 있다고 해보자. 단순히 화면 기획만 한다면 개발자가 이 데이터를 쿠키로 쌓든, DB에 쌓든 기획자는 데이터가 쌓이는 위치를 모를 것이다. 상품코드로 쌓든, 상품명 자체를 복사해서 저장하든 개발자는 오로지 개발 효율과 시스템 여건을 고려하여 선택할 것이다.

하지만 애초에 이 데이터를 기준으로 다른 개인화 페이지를 확장한다든가, 모든 디바이스에서 동일하게 보여야 한다는 기준을 제시한다면 어떨까? 개발자도 최대한 그 목적과 의도에 맞게 데이터를 코드화시키고 저

a day for me

*

date ....

list

　　장 방식도 고려할 것이다. 다시 말해 기획자가 화면만 기획하는 것이 아니

라 데이터의 확장성까지 고민한다면, 개발부서와 함께 데이터를 다루는

청사진을 그리면서 설계할 수 있다.

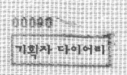
a day for me

date ....

list

나의 상식으로
UX를 설계하면 안 되는 이유

모바일 서비스 헤더 부분에 있는 내비게이션 메뉴. 캐로셀 방식이라 손 가락으로 움직이면 컨베이어 벨트처럼 보이지 않던 메뉴가 등장한다. 콘 텐츠 영역을 스와이프하여 화면을 넘겨도 다음 메뉴로 이동한다.

"다른 메뉴로 갈 때 스와이프를 하는 사람과 다른 메뉴명을 누르는 사람 중 어떤 사람이 더 많을까?"

손을 들어보라고 하면 선택은 반반이다. 이 유를 말해보라고 하면 답은 제각각이지만 결국 자신의 경험에 따라 대답한다. 본인의 경험이 평균이라 생각하는 것이다. 보통 12명의 사람 을 모아놓고 사용성에 대한 고객 인터뷰를 진

a day for me

date ....

list

행하면 거의 전체 고객에 준하는 의견을 도출할 수 있다는 말이 있다. 하지만 이런 단순한 UI 사용을 놓고도 20명이 넘는 인턴들은 서로 일치를 보지 못한다. 자신이 사용하는 방식이 더 '상식적'이지 않느냐고 의문을 던질 뿐이다.

상식을 논하다 보면 몰상식해진다

물론 나는 답을 알고 있다. (현재 우리 회사의 서비스에 국한되어 정답이라 할 수는 없지만) 메뉴에 진입하는 세 가지 방식에 대해 클릭 수를 체크하고 있기 때문이다.

> 1. 메뉴명 클릭
> 2. 스와이프 이동
> 3. 링크를 통한 직접 랜딩

서비스마다 고객이 다르기에 단언할 수는 없지만 현재 우리 회사가 운영하는 서비스의 클릭 수로만 본다면 메뉴명을 직접 클릭하여 유입하는 비율이 더 많았다. 또한 뒤에 숨어 있어도 찾고 싶은 이벤트가 있으면 클

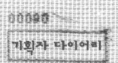
릭률이 높았다. 혹시 한눈에 보이지 않아서 이런 것일까 싶어 아예 메뉴를 펼쳐 한눈에 보이게 하는 방식도 적용해봤지만 효과는 신통치 않았다. 고객은 굳이 어떤 메뉴가 있는지에는 관심이 없었다.

하지만 대부분의 현업부서에서는 메인 메뉴에 한 탭으로 자신의 서비스가 들어가기를 원한다. 메인 탭에 배치된 잘 만든 배너 하나가 저 뒤쪽에 있는 메뉴 페이지보다 효과적일 수도 있는데도 말이다. 생각보다 효과적이지 않다고 말해도 메인 메뉴에 탭으로 페이지를 추가해달라고 한다.

a day for me
*
date ....
list

요청자는 소비자가 스와이프하여 넘기다 보면 분명 여기에도 올 거라고 말한다. 사실 고객은 스와이프로 넘기지 않고 그 옆에 있는 관심 메뉴로 바로 클릭해버릴 가능성이 높은데 말이다.

이런 상황이 바로 '나만의 상식'만 주장하는 '몰상식'한 모습이다. 자신의 경험을 토대로 맞다고 우기는 것은 도리어 의미 없는 기획이 된다.

"아닌데요. 제 친구들도 그래요"

인턴 기간이 끝날 때 인턴들은 기획과제를 제출해야 한다. 그때마다 학교에서 하던 대로 나름의 사용자 테스트를 해오곤 하는데, 조사 자료를 만드는 태도는 높이 사지만 문제가 좀 있다.

예전에 인턴으로 있던 한 친구는 UX에 열의가 높았다. 사이트 메인에 대한 사용자의 이용 성향을 알아보기 위해 친구를 불러 모아 직접 사용해보도록 했다고 한다. 그 결과 그는 이런 결론을 내렸다.

> **인턴의 결론 및 메인 전략**
> • (내가 조사한) 사용자들은 단지 몇 번만 스크롤을 내려본 뒤 탐색을 정지한다.
> • 따라서 중요한 정보는 원 스크롤(One Scroll) 영역에 집중하여 스크롤이 없도록 메인을 구성해야 한다.

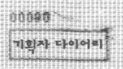
인런의 논리로만 보자면 전략은 나름 훌륭하다. PC 시절에는 '노스크롤
no-scroll 영역'이라고 해서 각 페이지의 핵심 정보를 스크롤하지 않아도 볼
수 있도록 하는 정책이 불문율처럼 존재했다. 소위 F자 형태의 서치 방식
에 대한 이야기로 연결된다. F자 형태의 서치 방식은 실제 사용자들의 이
용 패턴을 분석해보니 알파벳 F자처럼 상단에 집중되어있다는 이론이다.
하지만 지금의 모바일 서비스에서도 그럴까?

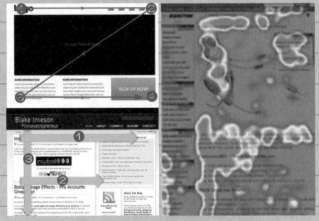

과거 PC에서 사용자는 웹페이지를 볼 때 F자 형태로 봤다.

메인 페이지의 영역별 클릭 수를 동일선상에서 비교하기 쉬운 '딜 상품
판매 페이지'를 생각해보자. 11번가의 쇼킹딜이나 네이버쇼핑의 핫딜 등

a day for me

* *date* ....

list

을 떠올리면 된다. 고객이 페이지에 진입하여 스크롤하지 않고 한 번에

볼 수 있는 상품은 많아야 두 개 정도다. 인턴의 가정대로라면 모든 클릭

은 상품 두 개에 집중되고 이후의 상품은 기하급수적으로 떨어져야 한다.

모바일 화면 한 페이지에 전시되는 상품 수는 기껏해야 두 개이다.
네이버 핫딜(좌)과 11번가 쇼킹딜(우)

하지만 실제 클릭 데이터를 뽑아보면 딜 페이지 최상위부터 200번째

상품까지 완만한 기울기로 클릭 수가 줄어든다. PC 시절과는 확연히 다

르다. PC 시절에는 노스크롤 영역이 지나면 절벽처럼 클릭 수가 바닥으로

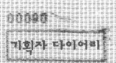

a day for me
*
date ....
list

꼬꾸라졌다. 모바일 화면에서도 위쪽에 배치된 상품의 클릭 수가 많은 것은 분명 맞지만 양태가 다르다. 특히 상위 60여 개까지의 상품은 상품 콘텐츠가 무엇이냐에 따라 클릭 수가 역전되기도 한다.

몇 번의 개선에 걸쳐 한 상품의 UI 높이를 다르게 해가면서 노스크롤에 보이는 상품 수를 바꿔본 적이 있다. 상품 높이가 달라도 상품을 노출하는 UI 요소가 변하지 않으니 큰 변화가 없었다(아주 원초적 형태의 A/B 테스트였다고 할 수 있겠다.). 즉 모바일 고객은 스크롤에 아주 익숙하다.

오히려 스크롤하는 스와이프에 익숙하다 못해 중독됐다는 주장까지 제기되고 있다. 해외 매체인 〈서치 포스〉가 발표한 모바일에서의 탐색 방식에 대한 분석 자료를 보면, 고객들이 내용을 주의 깊게 보지 않고 스크롤부터 해버린다는 사실을 밝혀냈다. 이는 모바일에서는 최상위 스크롤만 의미 있는 것이 아니라는 의미다. 이 기사에서는 구글조차도 2016년에 모바일 화면에서 고전적인 상단 우측의 광고 영역을 없애고 콘텐츠를 꽉 채우되 I자 형태의 시각적 흐름에 맞추어 바꾸었다는 이야기를 전하고 있다.

다시 인턴의 이야기로 돌아오면 사용자 조사를 직접 한 인턴은 억울할 수 있지만 그 조사에는 문제가 있다. 사용자 조사의 기본적인 규칙, 즉 사용자에게 목적를 주지 않았기 때문에 의미 없는 조사가 되어버린 것이다.

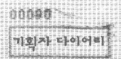
a day for me

*
date ....
list

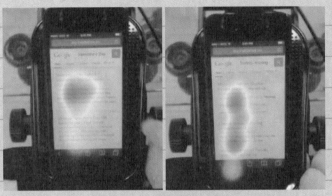

모바일에서는 I자 형태로 시각적 흐름이 흐른다.
참조 : ⟨search force⟩의 칼럼 'How Mobile Changed the Way We See Search
Results&Ads', www.searchforce.com

　부연 설명하자면 친구에게 메인에 들어가 서비스를 한번 써보라고 하면, 그 친구는 보통의 사용자와는 다르게 움직인다. 테스트에 참여하는 친구의 목적은 '서비스를 써보는 것' 그 자체가 되어버리기 때문이다. 그때부터 친구의 눈에는 괜히 서비스가 불편하고 스크롤이 재미없고 스와이프가 버벅거리고 색깔이 거슬린다. 소위 '모든 것이 다르게 보이는' 게슈탈트 붕괴 현상이 나타나서 자연스러웠던 것도 어색하고, 신경 쓰이지 않았던 것도 잘못되어 보인다고 말할 수 있다. 이런 상황에서 나온 지적사항은 '사용자 의견'이라고 보기 힘들다. 지적을 위한 지적이기 때문이다.

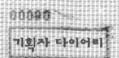

상식을 믿지 말고, 데이터 검증부터 하기

그런 의미에서 아무리 경험 많은 UX 기획자라고 해도 자신의 '상식'을 온전히 믿어서는 안 된다.

"보통 다 이렇게 사용하지 않아요? 다른 곳도 다 이렇게 쓰던데요?"

기획안을 보고하면서 UI를 설계한 이유에 대해 이런 답을 하고 있다면 자신의 기획 습관에 대해 생각해보기 바란다. 서비스의 UX를 개선하려는 눈빛으로만 본다면 우리는 절대 사용자의 눈을 가질 수가 없다. 사용자는 서비스를 경험할 때는 서비스 화면 구성과 같은 디테일에 무심하다. 그저 서비스를 목적 달성을 위한 도구로 이용한다. 그리고 이는 오직 사용자일 때만 느낄 수 있다.

'상식과 경험'이 아예 쓸모없는 것은 아니다. 우리의 '상식'은 사용자일 때의 사고관으로 만든 '가설'일 때 의미가 있다. 상식을 믿지 말고 의심해 보자. 이런 태도로 데이터를 검증한다면 보다 설득력 있는 UX 개선의 출발점에 서게 될 것이다.

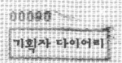

a day for me
*
date ....
list

데이러에도 함정은 있다

그런데 가끔은 데이러를 검증했는데 완전히 생각지도 못한 결론이 날 때가 있다. '통계의 역설'이다. 아마 너무 낮은 수치의 모수를 가졌거나, 다른 치명적인 외부 요인으로 인해 이용자의 행동 자체가 생각과 달랐을 수 있다. 예를 들어 특정 상품이 압도적인 싼 가격으로 '뽐뿌' 같은 사이트에 올라갔다면? 평소에는 아주 낮은 효율을 보이는 영역이지만 그날 하루의 데이러만 본다면 클릭 수가 몹시 높아 보일 수 있다.

데이러에 대한 가설을 세우고 검증하려면 서비스에 대한 이해가 다방면으로 이루어져야 한다. 단지 그 화면의 데이러만을 볼 것이 아니라 사용하는 사람의 표정이나 목표, 그날의 특이점에 대해서도 분석해야 한다. 이런 것을 기반으로 가장 '합리적인 예상'을 내리고 이를 검증하는 것이 중요하다.

머릿속에 떠오르는 '상식'이라는 이름의 '고정관념'은 이런 여러 가지 사고 과정을 통해서 나온 '가설'과는 본질적으로 다르다. 데이러와 고민이 반영된 기획은 당연히 파워풀한 설득력을 가진다. 물론 이렇게 기획했다고 해도 결과가 항상 좋은 것만은 아니다. 만약 그렇다면 또 고치면 된다. 그러면서 제대로 먹히는 전략을 찾아가는 것이다.

Chapter 4.
프로젝트는 여럿이 함께

화면설계에
장인정신은 필요 없다
- 화면설계서의 디스크립션 잘 쓰는 방법 -

디스크립션은 어떻게 해야 잘 쓸 수 있어요?

화면설계서를 작성하는 과제가 나가기 시작하면, 수강생 중 한두 명은 심각한 얼굴로 이 질문을 던진다. 그리고 작성해온 화면설계서를 보여주면서 "아직 미완성이에요."라는 단서를 붙인다. 그럴 때면 나는 꼭 이렇게 대답한다.

화면설계서는 오픈한 다음날이 되어야 최종 버전이 나와요.

회사에서도 이런 고민은 매번 반복된다. 모두가 퇴근한 금요일 저녁, 주니어 기획자가 끙끙대며 일어날 생각이 없기에 이유를 물었다, 역시나 디스크립션(상세 설명)이 고민되어 이리저리 써보고 있었다고 한다.

다 정의해주면 좋죠. 코드명까지 알면 그것까지 써주면 더 좋고요.

생각나는 대로 답을 해주었지만 신입사원은 고개만 갸우뚱했다. 화면설계서에서 디스크립션이란 와이어프레임의 인터랙션이나 케이스별 형태에 따른 개발 로직, 서비스에서 정한 정책 등을 적는 영역이다. 경우에 따라서는 개발자와 커뮤니케이션한 것으로 채워지기도 하고, 또 어떤 때는 현업 실무자들이 비즈니스를 이해할 수 있도록 자세한 상황과 입장을 기록하기도 한다. 그렇다 보니 기획서를 작성한 사람과 상황에 따라 디스크립션의 분량과 기록 방식에 차이가 난다.

앞서도 말했지만 디스크립션 작성 방법은 보통 선배의 검수를 받으면서 배우거나 선배의 화면설계서를 보면서 스스로 익히는 것이다. 그것도 아니면 경험 많은 개발자들과 프로젝트를 하면서 욕을 먹어가며 깨닫는다. 0.1 버전에서 3.0 버전까지 계속 업데이트하면서 말이다. 일단 주니어 기획자에게 내가 썼던 화면설계서를 주면서 감을 잡을 수 있길 바랐지만 그것만으로는 속 시원하게 해소되지 않는 것 같았다.

그때 이후, 서비스 기획 스쿨 과정을 진행하면서 어떻게 하면 디스크립션을 쉽게 설명할 수 있을지 고민하다가 우연히 EBS 어린이 코딩 교육 프로그램 〈소프트웨어야 놀자〉를 보게 되었다. 여기에 명쾌한 설명이 있었다.

두 팀으로 나뉜 초등학생 아이들이 가상 로봇인 '선생봇'에게 이 닦기를 명령하기 위해 어떻게 해야 할지를 물어봤다. 처음 나온 답변은 '양치질해라'였다. 당연히 로봇은 못 알아들을 용어다. 왜냐하면 이 로봇은 아무것도 정의되지 않은 상태니까. 선생님은 좀 더 자세히 설명해야 한다고 말해주었다. 아이들이 힘을 모아 각각 세부화시켜보지만, 모범답안의 세밀함에는 미치지 못한다.

이 세부적인 정의의 조합이 로봇으로 하여금 의도한 행동을 하도록 만든다. 물론 이 예시는 굉장히 단순하다. 하지만 디스크립션의 정석을 보여준다. 즉 화면설계서의 디스크립션은 정밀하고 순서를 확실하게 해야 한다. 동작도 쓰고 로직도 써야 한다. 목표도 쓰고 정책도 쓰고 예외조항도 적어줘야 한다. 그래야 개발하는 사람이 정확하게 코딩할 수 있다. 디스크립션이 잘 쓰여 있을 때 우리는 '디스크립션 수준이 높다'라고 한다.

≡ EBS〈소프트웨어야 놀자〉 방송 화면 ≡

(위 : 모범답안 / 아래 : 학생들이 낸 답안)

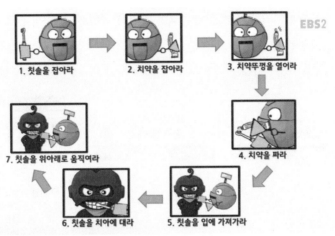

협업자에게 리뷰하여 질문을 받기

연차도 많고 시스템에 대해 아는 바가 많은 기획자일수록 높은 수준의 디스크립션이 가능하다. 이제 시작인 기획자라면 아무리 의욕이 넘쳐도 높은 수준의 디스크립션을 쓰기 어렵다. 이럴 때 디스크립션 수준을 높이는 방법은 바로 '협업'이다.

아래의 스토리보드는 실시간 동영상과 하단의 채팅 영역으로 이루어져 있다. 디스크립션이 있는 1번 영역과 2번 영역은 동일한 영역이 분기 처리된 형태다. 디스크립션 내용을 살펴보자.

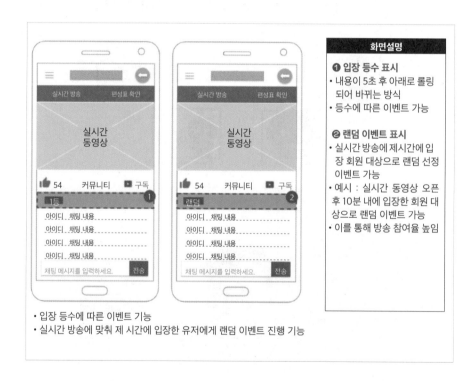

기획자는 머릿속으로 해당 동작을 모두 구현해봤을 것이므로 이 설명만으로도 무슨 의미인지 알 수 있다. 하지만 디자이너와 개발자에게 리뷰를 하는 순

간 질문이 쏟아질 것이다. 그리고 이 질문들은 우리가 디스크립션을 고도화시킬 수 있는 보석 같은 것들이다. 이 디스크립션에 대해 협업자들이 쏟아낼 것으로 예상되는 질문은 다음과 같다.

 디자이너 예상 질문

- 5초 후 롤링되면 뭘로 바뀌는 거죠? 바뀐 뒤의 모습을 알려주세요.
- 등수에 따른 이벤트에 해당하면 어떤 표시를 해주나요? 옆의 공간은 그냥 비어있나요?
- 등수 딱지는 몇 등까지 표시되나요? 자릿수가 몇 등까지 노출되나요?
- 가로 모드에서도 동일하게 1줄 전체에 차지하게 나오면 되나요?
- 랜덤 이벤트 시에는 '랜덤'이라는 딱지명으로만 고정되나요?

 개발자 예상 질문

- 5초 후 롤링될 때 동작은 아래로 가나요? 위로 가나요?
- 동시에 입장할 경우 입장 등수는 어떤 기준으로 산정하나요?
- 등수에 따른 이벤트는 어느 백오피스 화면에서 컨트롤하나요? 이것도 개발해야 하나요?
- 실시간 방송 전에 인입할 때는 어떻게 처리하나요?
- 실시간 방송 시간 이후 나가지 않고 있는 경우에도 이벤트 진입이 가능하도록 할 건가요?
- 랜덤 선정 이벤트는 로그인 회원 대상인가요? 회원 중 제외 대상은 없나요?
- 랜덤 이벤트 진행 시 링크를 클릭하면 뭔가 액션이 있나요?
- 시작 후 10분은 서버 시간인가요? 디바이스 시간인가요? 동영상 시작 시점부터인가요? 실시간 방송이지만 디바이스에 따라 로딩 속도는 다를 수 있어요.

위 영역 하나만 가지고도 이 정도의 질문이 쏟아져 나올 수 있다. 전체 서비스의 연결 속에서는 얼마나 많은 질문이 나올지 상상해보라. 기획자가 모든 질문을 예상할 수 있다면 좋겠지만, 모르겠다면 빨리 리뷰를 진행해서 이런 질문을 받아내고 답을 찾는 것이 더 명확하게 기획할 수 있는 길이다. 기획자가 생각한 로직이 구현 불가능한 수준이라면 개발자가 다시 이슈를 제기할 것이고, 그때서야 비로소 커뮤니케이션을 통해 더 나은 서비스를 만들 기회와 빠르게 성장할 수 있는 기회도 찾아온다.

추가 질문과 고민은 서비스가 오픈하기 전까지, 심지어 개발과 테스트 기간에도 계속된다. 기획자가 최대한 머리를 짜내는 것은 예의이고, 이슈가 발견될 때마다 빠르게 정리해서 디스크립션을 업데이트해주고 협업자의 업무를 정리해주는 것은 센스다. 예의를 지켰으면 이제는 센스를 키워할 때다.

이런 이유로 최종 산출물은 결국 오픈하고 안정화가 끝난 다음에야 만들어진다. 지금 책상에서 정리되지 않는 화면설계서 디스크립션 때문에 고민이라면 빨리 다음 단계로 넘어가자. 이 바닥에서는 잘 물어보는 사람이 더 빨리 배운다.

디스크립션의 완성도를 더욱 올리는 방법

화면설계서를 작성할 때 예외처리, 분기처리, 정합성 체크를 고려하면 화면설계서의 완성도를 높일 수 있다. 물론 초안을 작성할 때 단번에 작성하지 못하더라도 개발의 과정, 테스트의 과정에서 이러한 부분이 추가될 수 있다.

예외처리(Exception Handling)

정상적이지 않은 예외적인 상황에 대해서 대응할 수 있도록 처리하는 것을 예외처리라고 한다. 기획에서 개발적 예외처리가 필요한 경우 함께 고민하여 화면설계서에 추가할 수 있다. 예를 들어 주문서에서 배송지 영역은 회원정보에 등록된 배송지 정보를 불러와서 보여주는 것으로 화면을 설계했는데 특정 회원의 경우 배송지가 입력되지 않은 경우가 있을 수 있다. 이렇게 기본적인 설계 조건에서 벗어나는 경우에 대해 기획하는 것을 예외처리라고 한다. 배송지가 없는 회원의 경우 주문서에서 "배송지를 등록해주세요."라는 문구가 대신 나온다고 케이스를 분리하여 처리할 수 있다.

분기처리(Divergence)

예외처리가 대표적인 상황에서 벗어난 케이스를 대응하는 방식을 의미한다면, 분기처리는 애초에 유형이 여러가지가 있어서 한 개의 페이지가 유형에 따라 다르게 나와야 하는 경우를 의미한다. 예를 들어 쿠폰이 정율형 쿠폰과 정액형 쿠폰이 있으면 할인액을 표시할 때 '10%'와 '1000원'의 방식으로 아예 다르게 노출해야 하며 이에 따라서 달라지는 내용들이 있기 때문에 아예 케이스를 분리하여 만들지만 기본적으로 1개의 화면에서 처리되는 내용이기 때문에 디자인이 다르게 된다고 해도 이는 분기처리된 1개의 화면으로 이해시켜야 한다.

정합성 체크(Validation Check)

정합성 체크란 데이터 처리에서 규칙에 맞는지를 보는 것을 의미한다. 보통 입력하는 폼Form이 있는 경우, 숫자가 들어가는 항목에 글자를 넣는다거나 필수적으로 입력해야 하는 항목을 입력하지 않았을 때 이에 대해 체크하여 다음 프로세스로 넘어가지 않도록 확인하는 절차인데, 꼭 막아야 하는 실수에 대해서는 아예 정합성 체크에 대한 기준을 정하여 디자인 요소로 포함시키고 개발에서도 거를 수 있도록 해주는 것이 중요하다.

서비스 기획자는
디자인을 얼마나 알아야 할까
- 디자이너와 협업하기 -

> 강사님, 디자인 시안 받았을 때 마음에 안 들면 어떻게 말해야 해요?

서비스 기획자는 자신의 원하는 서비스의 모습을 UI 디자이너(혹은 UX 디자이너)가 더 멋진 UI로 구현해주길 기대한다. 그런데 가끔 상상했던 것과 굉장히 다른 디자인 시안을 받을 때가 있다. "아, 이건 아닌데?" 싶은 순간이다.

분명 서비스 기능과 동작에 대해 충분히 설명했는데, 기획 문서 안의 UI가 그대로, 심지어 컬러까지 똑같아 당황스러울 때도 있고, 반대로 꼭 있어야 할 구성요소까지 싹 바꾸거나 없애버려 애초에 생각했던 서비스가 아니게 되어버릴 때도 있다.

기획자의 머릿속을 다 보여줄 수 없다 보니 이를 구현하는 그래픽 디자이너와의 커뮤니케이션은 더욱 중요할 수밖에 없다. 하지만 주니어 기획자에게는 이 과정도 쉽지만은 않다.

디자인을 '1'도 모르는 기획자

실제 현장에서 서비스 기획자들의 업무는 회사마다 조금씩 다르다. 작은 회사의 경우 비주얼 디자이너가 기획까지 책임져야 하는 경우도 있는데, 이 경우 기획자와 디자이너 간에 커뮤니케이션 문제는 발생하지 않는다. 개발 위주의 전통적 SI 회사 또한 디자인 전공자가 와이어프레임을 통한 기능 기획과 규격 퍼블리싱까지 진행하고 있으니 마찬가지다.

디자이너와 실제 구현자인 개발자가 각을 세우기는 한다. 개발자는 디자이너에게 상상 속에서나 존재하는 봉황을 그려왔다 욕하고 디자이너는 개발자들이 뭐든 안 된다면서 자기 편한 대로만 하려 한다고 화를 낸다.

서비스의 품질과 정책을 유지하며 개선해나가는 것이 중요한 인하우스 서비스의 경우, 서비스 기획자는 이 사이의 간극을 메우며 산출물을 프로듀싱해야 한다. 이른바 협업의 시작점이다. 서비스 기획 스쿨 대부분의 수강생은 개발도 디자인도 전혀 모르는 상태로 일을 배우기 시작한다. 현장에 뛰어들 무렵의 나 역시 그랬다.

처음 기획한 서비스의 디자인 시안을 받아보았을 때 나는 살짝 당황했다. 요즘이야 스케치 같은 동적 디자인 툴이 있어서 인터렉션을 고려한 목업이나 퍼블리싱, 스타일시트까지 한방에 처리할 수 있지만, 아직도 오래된 현장에서는 포토샵 그래픽으로 첫 시안이 나오기 마련이다. 포토샵은 수준 높은 디자인 도구이긴 하지만 정적인 이미지를 작업하기 때문에 모바일에서의 동작이나 움직임을 보여주지 못한다. 따라서 처음 시안을 받게 되면 어떤 기준을 가지고 시안을 판단해야 할지 어려움을 겪는다.

산출물로 받은 디자인 시안이 잘된 건지 아닌지를 판단하는 기준이 없던 나는 절절 매며 현업 실무자의 요청에 따라 정신없이 디자인을 수정해달라고 하기 바빴다. 그러다 보니 변경 전과 변경 후 뭐가 달라졌는지 알 수도 없는 디테일까지도 디자이너에게 이야기한 적이 있다. 하도 기준 없이 실무 디자이너를 괴롭히다 보니 디자인 디렉터에게 불려 가는 참사도 겪어야 했다.

디자인 디렉터

이거 왜 이렇게 계속 고치는 거예요?

주니어 시절 '나'

현업에서 좀 더 수정해달라고 해서요. 눈에 안 보인다고 글씨 크기하고 컬러를 수정해달래요. 그리고 안내문구가 꼭 필요하다고 해서 넣었어요.

디자인 디렉터

이렇게 수정하면 디자인 가이드에서 틀어져요. 이런 색깔은 컬러 가이드에 있지도 않고요. 게다가 자꾸 문구만 추가하면 공간도 없이 빽빽할 테고 주목도도 더 떨어져요. 요소가 빠글빠글하니 눈에 하나도 안 들어오잖아요. 안내문구 줄일 수 없어요?

주니어 시절 '나'

????

처음에 나는 디자인 디렉터의 의견을 조금도 이해하지 못했다. 그저 현업 실무자와 실무 디자이너의 의견을 듣고 상대방에게 앵무새처럼 전하면서 중간점을 찾으려고만 노력했다. 꾸역꾸역 시안을 완성해서 개발부서에 전달한 뒤에는 더 큰 문제가 찾아왔다.

프론트엔드 개발자

이 케이스의 동작은 어떻게 되는 거예요? 기획서에 나온 동작은 이 디자인으로는 표현할 수가 없는데요~

아, 그런가요. 디자인 다시 수정해서 올게요.

디자인해서 넘어온 영역대로 하면 글씨가 밖으로 튀어나가요. 가격은 대략 몇 만 원대 자릿수까지 기준으로 작업해야 하나요?

아, 그런가요. 디자인부서에 영역을 늘려달라고 이야기할게요! 그리고 가격 자 릿수는 디자인부서와 상의해서 말씀드릴게요.

개발이 시작되고 나서도 수정은 계속됐다. 디자인 단계에서 정의했어야 하 는 부분들이 정리되지 못했기 때문이다. 여러 작업자들을 쫓아다니며 수정한 후 에야 어느 정도 확정안이 나왔다. 이제 서비스 기획팀에도 확정 보고를 해야 하 는 시점이 됐다.

이 UI는 왜 이런 식으로 구성되어있나요? 고객은 A 기능을 더 많이 사용하지 만 사실 회사에서는 B 기능을 쓰도록 유도해야 하는데 이렇게 하면 회사에 도 움이 되는 기능은 완전히 묻히잖아요.

아, 그건… 확인해보겠습니다.

신규 기능을 눈에 띄게 하는 건 좋지만, 이 영역에 매력 있는 가격의 상품이 들어올 수 있겠어요? 높은 가격의 상품이 들어올 경우에는 역효과가 날 것 같 은데요.

주니어 시절 '나'

아, 그건… 생각 못했습니다. 수정하겠습니다.

기획팀 내부에서 컨펌을 받으면서도 깨지기 시작했다. UI는 왜 이렇게 되어있냐는 질문에 나는 말문이 막혔다. 분명 고객을 고려하기 위해 사용자 조사도 여러 번 하고 와이어프레임도 해나갔는데, 컨펌을 받는 과정에서 뭔가 잘못된 것을 깨달았을 때는 너무 많이 진행된 뒤였다. '시안을 만드는 과정 내내 힘들었고 개발을 다 해놓고도 UI를 또다시 수정해야 하다니. 욕은 욕대로 먹고 내가 일을 못 하나'라는 생각에 괴롭기까지 했다. 과연 기획자로서 당당하려면 비주얼 디자인에 대해 어떤 식으로 접근해야 할까?

비주얼 디자인(UI 디자인)의 역할

먼저 비주얼 디자인의 역할부터 이해할 필요가 있다. 비주얼 디자인이 시작되는 시점은 언제인가? 두 가지로 나눌 수 있다.

- 기능 조건만 정리된 상태에서 바로 디자인 목업을 만들면서 발전시키는 시점
- 서비스 기획자가 1차로 와이어프레임 형태의 UI 설계를 완료하여 넘긴 시점

둘의 공통점이라고 한다면, 이미 기능에 대한 필요 요소는 기획자에 의해 정리된 후라는 것이다. 비주얼 디자인은 상세 서비스의 UI를 서비스에 반영할 수준으로 올리는 작업이다. UI 구성요소 및 기능은 기획자가 정하지만 실제 서비스에서의 상세한 위치나 움직임 등은 이 작업에서 결정된다.

실제 작업자들의 작업방식에 대해서 알아보자. UI 디자이너는 흰 바탕에 펜을 들어 휘리릭 디자인을 하는 걸까? 사실 기획을 이제 막 시작한 주니어 기획자들은 이에 대해 깊이 생각해본 적이 없을 것이다. 그냥 디자이너니까 만들어내겠지 생각하기 쉽다.

디자이너는 맨바닥에서 시작하지 않는다. 사내에는 대부분 기본 UI와 인터랙션 가이드가 있고 사용할 폰트와 컬러 레벨 등을 갖춘 스타일 가이드가 있다. 사내에 없다면 구글이나 애플에서 제공하는 디자인 가이드를 이용하여 빠르게 디자인을 진행한다. 구글의 '머터리얼 디지인'은 플랫한 모바일 UI에서 대세이다. 단순하고 간결한 디자인에 질감, 광원, 그림자 등 깊이감이 추가된 디자인으로 생동감 있는 인터랙션 애니메이션과 레이어 간의 차이를 명확히 표현해준다.

이러한 디자인 가이드에는 규칙이 있고 전체적인 서비스 분위기Mood를 정의하고 있다. 대부분의 웹/앱 디자인은 미적인 추구의 대상일 뿐만 아니라 합리적인 조합의 산물이다. 즉 디자이너는 정해진 기능의 UI를 만들기 위해 기존에 만들어놓은 디자인 가이드를 활용하여 구성요소의 레벨을 정리하고 통일성을 갖도록 작업한다. 여기에서 UI 요소의 레이아웃은 마치 문장의 들여쓰기처럼 화면 전체의 정돈됨과 균형감을 만들어 심미성을 가져온다.

기획에서 정해진 구성요소를 바탕으로 디자이너가 UX와 이용자의 편의성 측면에서 다양한 드래프트 시안(초안)을 만들어내면, 그 다음 단계에서는 기획자와 함께 앞으로 좀 더 발전시킬 시안을 논의하게 된다. 선택된 시안은 스토리보드 내에 표현된 모든 종류의 케이스에 대응하기 위해 세분화하는 작업이 필요한데 현장에서는 이를 '바리에이션Variation' 작업이라고 부른다. 시안 작업안을 기준으로 하여 서브 디자이너들이 UI 요소가 열리거나 닫히고, 보이거나 보이지 않는 다양한 케이스를 구성한다. 체크박스가 있다면 체크박스가 선택된 상태와 선택되지 않은 상태, 활성화 상태와 비활성화 상태 등을 모두 만들어낸다. 생각보다 꽤나 시간이 드는 과정이다.

≡ 기획자와 디자이너의 협업 과정 산출물 예시 ≡

1단계 : 와이어프레임
기획자가 작성한
와이어프레임으로 논의

2단계 : 드래프트 시안
디자이너가 작업한
시안 기본안

3단계 : 바리에이션 시안
시안의 기본 케이스를 기반으로
발생 가능한 모든 케이스에 대해
디자인 항목 추가
(체크/미체크, 닫힘 이미지 외에
열림 이미지, 종류별, 버튼별,
목별 케이스 정의)

이 과정이 끝나면 프론트 개발을 하기 위한 '디자인 가이드' 작업을 한다. 디자인 가이드 작업이란 2D로 되어있는 이미지를 프론트 개발 형태로 바꾸기 위한 안내를 말한다. 예를 들어 이미지 시안에서 '검색 창'이 단지 '흰색으로 가득한 네모'로 디자인되었다면, 프론트엔드 개발에서 이는 HTML로 이루어진 네모난 텍스트 입력창이 되어야 한다. 겉보기에는 똑같지만 개발언어로 다시 만들어내야 하는 것이다. 그러려면 디자인과 똑같은 형태가 될 수 있도록 배경 컬러와 텍스트의 크기, 폰트, 여백 넓이 등 필요한 부분을 모두 표시해주어야 한다. 과거 포토샵으로 작업할 때는 시안 작업보다 더 많은 시간이 소요되는 업무였다. 요즘은 스케치^{Skech}와 연동된 제플린^{zeplin} 등의 애드온 프로그램을 통해 자동으로 가이드를 만들어낸다. 하지만 여전히 있을 오차에 대해서는 최종적으로 디자이너에게 확인을 받아야 한다.

UI/UX 디자인은 UI 구성요소와 기능에 대한 정의가 충분한 상황에서도 창의력뿐만 아니라 논리적이고 개연성 있는 사고를 할 수 있어야 나온다. 그리고 무엇보다 손이 많이 가는 작업이다. 그러니 중간에 별 것 아닌 이유로 디자인을 바꾼다면 어떻게 될까?

디자인은 눈에 보인다는 이유만으로 '개나 소나' 한 마디씩 던지기 쉬운 부분이다. 디자인을 바라보는 시각이 '취향의 영역'으로 넘어가 버리면 모두를 만족시키는 디자인은 불가능에 가깝다.

> 디자이너도 서비스 기획자만큼 고민하고 연구하면서 일을 해요.
> 그들을 예민한 아티스트로만 보는 건 아닌지 생각해보면 좋겠어요.
> 그렇다면 마음에 들지 않는 시안을 받았을 때 어떻게 대응하면 좋을까요? 이것은 기획자가 시안을 바라보는 태도에 의해 정해집니다.

이상하게도 기획자들은 갈등을 피하려는 마음에 본인이 직접 디자인하는 방법을 택하곤 한다. 기획자가 포토샵이나 스케치 같은 디자인 툴을 직접 다룬다고 해서 협업의 갈등을 해결할 순 없다. 오히려 포토샵 좀 할 줄 안다고 스스로 디자인을 해버린다면 분란의 씨앗이 될 뿐이다.

기획자가 하루아침에 디자이너가 될 수는 없다. 한두 달 배운 포토샵 기술로는 흉내낼 수는 있을지언정 앞서 말한 디렉팅 업무는 할 수 없다(할 수 있다고 믿는다면 타고난 능력이 뛰어난 것이다.).

나는 기획자가 디자인을 검토할 때 가장 중요한 부분은 '개나 소가 되지 않는 것'이라고 생각한다. 쉽게 말해 컨펌 책임자인 척하지 말자. 기획자의 말이 가치 있는 의견이 되려면 세 가지 규칙을 지켜야 한다.

첫째, 주류 사용자의 관점에서 의견을 제시한다

회사와 현업부서의 목표에 비추어 디자인이 서비스 기획 의도에 적합한지에 대해 의견을 전달한다. 또한 모든 이용 케이스에 호환이 되는지, 개발이 가능한 형태인지에 대한 의견을 전달한다. 이외의 부분은 취향에 따른 의견은 아닌지 의심해본다. 개인 취향이라고 생각되면 디자인 전문가의 역량을 존중하는 것이 맞다. 기획자는 개인 의견이나 만족을 위해 일을 하는 것이 아니다. UX에서 사용자 중심의 사고와 배려는 기본 중의 기본이며, 서비스 전체에서 일관성 있게 지켜야 할 덕목이다.

만약 기획자의 취향에 따라 디자인이 결정된다면 그 서비스는 알록달록 난리가 날 것이다. 실제로 그런 예를 본 적이 있는데, 예전에 한 주니어 기획자가 자기가 새로 만든 팝업이 중요하다며 다른 팝업과는 무조건 다른 색을 넣어달라고 디자인부서와 대치하는 것을 본 적이 있다. 업무를 맡은 본인으로서는 해당 팝업을 강조하고 싶겠지만, 쇼핑몰이라는 서비스 차원에서 보면 아무리 중요한 내용도 상품을 보고 주문하는 것보다 중요할 순 없다. 전체 서비스 관점에서 디자인 레벨은 지켜져야 한다. 그래야 배보다 배꼽이 커지는 것을 방지할 수 있다.

둘째, 디자인이 아니더라도 기획자가 시안에서 체크해야 할 것은 많다

개발 가능성이 낮은 UI를 변경하도록 설명하거나 화면에서 소화해야 하는 다양한 입력 케이스에 대한 예외처리 등이 그러하다. 서비스 기획 과정에서 고려한 고객의 특징과 이용 동선상 문제 있는 것들은 상의해서 수정해나간다. 이 과정에서 디자이너가 잘 모를 수 있는 전체 서비스 방향과 현업부서의 의견을 잘 전달하는 것이 서비스 기획자의 진짜 역할이다.

셋째, 아직은 성급할 필요가 없다

여러 절차를 거쳤음에도 여전히 수정하고 싶은 부분이 남아있다면, 시안 단계에서 무조건 해결하려 들지 말자. 프로토타이핑이나 개발 테스트 등 '살아 움직이는' 형태로 디자인에 대해 상의할 수 있는 시간이 얼마든지 남아있다.

결국 서비스 기획자가 디자이너와 발전적인 협업 관계를 유지하려면 디자인보다 서비스를 잘 알아야 한다. 하나의 UI라도 전체 서비스 맥락에서 잘 흘러가는지 봐야 한다. 때문에 포토샵 기술이나 인터렉션 모음집보다 다양한 서비스를 써보면서 그 UI가 전체 서비스 프로세스에서 적절한 역할을 하는지를 보는 것이 더 중요하다. 어설프게 디자인에 대해 아는 척한다면 디자이너 입장에서는 기획자 또한 '개나 소나'가 되어버린다.

협업자에 맞춘 기획 리뷰하기

주니어 기획자들이 처음 기획한 화면설계서를 들고 디자이너와 개발자에게 리뷰를 하러 가는 뒷모습은 상당히 비장하다. 학부모처럼 따라가서 뒤에서 듣고 있자면 하나라도 더 설명하기 위해서 애쓰는 모습이 안쓰러울 지경이다. 그러나 열심히 기획 내용을 설명하는 그 친구들에게는 미안하지만 가끔 리뷰가 허공을 떠도는 느낌이 들 때가 있다. 기획이 잘못 됐냐 하면 절대 그렇지 않다. 여기서 담당 기획자보다 더 고민을 많이 한 사람은 없다. 우리 주니어는 신나게 설명하는 중이라 눈치채지 못하고 있지만 설명이 길어질수록 시작할 때의 즐거운 분위기가 묘하게 쳐지기 시작하고, 협업자들이 슬슬 스마트폰을 보기 시작한다. 이것은 굉장히 슬픈 시그널이다.

리뷰 때 집중력이 떨어지는 것은 예고편에 지나지 않는다. 진짜 문제는 실제 작업이 시작되면서부터다. 리뷰 때 그렇게 열변을 토하면서 말했는데 협업자가 자꾸 기획 내용과 엇나가는 딴 소리를 한다. 타깃에 맞지 않는 디자인이 나오거나 케이스를 고려하지 않은 개발, 정책을 묘하게 벗어난 결과물들에 기획자는 분노한다. 하지만 기획자는 '갑'이 아니다. 기획 내용을 말했다고 해도 전달되지 않았으면 그것은 말하지 않은 것과 같다. 협업이란 참여하고 싶은 마음이 들도록 해야 하는 것이고, 그들이 나와 같은 생각을 갖도록 계속 확인하고 노력하는 것도 협업에 있어서는 굉장히 중요한 부분이다. 결국 사람이 하는 일이다. 그러니 협업자들에게 처음으로 리뷰를 할 때 두 가지만 명심하자.

첫째, 디자이너와 개발자는 지금 처음으로 기획안을 듣는다는 사실이다

이 기획에 대해서 아직 관심이 없을 뿐 아니라 기획자만큼 오랫동안 고민해보지 않은 상황이다. 중요한 부분들을 환기시켜 계속해서 이 기획에 관심을 갖도록 해야 한다. 즉 흥미를 느끼게 해주려면 스토리 라인이 탄탄한 기획이어야 한다.

둘째, 디자이너와 개발자의 관심사는 다르다는 점이다

화면설계서는 화면의 UI부터 기능개발, 로직적 정책, 회사의 방향성 등등 모든 것이 들어있다. 그러나 디자이너와 개발자가 모든 부분에 관심이 있는 것은 아니다. 디자이너는 UI와 인터렉션, 고객의 사용흐름 등에 집중하고 싶을 것이고 디자인 케이스가 얼마나 다양할 수 있는지 궁금할 것이다. 개발자는 어떤 기준으로 케이스를 나누고 어떤 데이터를 불러와서 어떤 결과물이 나와야 하는지를 궁금해 할 것이다. 관심사가 다른 사람들을 똑같은 문서로 설명한다면 관심이 없을 수밖에 없다.

이러한 문제를 해결하려면 결국 기획자는 협업자들과의 회의에서 MC가 되어야 한다. 리뷰는 결국 계속 듣고 싶은 즐거운 회의가 되어야 한다. 나는 이것이 프로젝트 리더십의 시작이라고 생각한다.

그렇다면 어떻게 하면 좋을까? 협업자에게 리뷰를 할 때는 두 단계로 나누어 하는 것이 좋다.

먼저 개발, 디자인을 포함한 모든 협업자가 이 프로젝트에 대한 집중력이 낮은 상태라면 일단 단합할 수 있도록 해당 프로젝트의 중요성을 설명하는 자리를 만들어서 함께 참여하는 시간을 갖는다.

두 번째로 화면설계서든 요구사항 정의서든 개발자 혹은 디자이너가 알고 싶어 하는 내용들만 쏙쏙 뽑아 각각의 버전을 만들어 업무별로 따로 리뷰를 진행하고 관심사에 대한 논의를 깊이 진행하는 것이다.

내 경우를 예로 들자면 개발적인 내용이 모두 들어간 화면설계서를 1차 작성한 후 디자이너를 위한 복잡 개발 로직이나 개발적 예외처리에 대한 내용이 없는 디자인용 화면설계서 파일을 별도로 만든다. 그런 다음 디자이너와 상의하기 위한 간단한 프로토타입이나 페이퍼 목업을 만들어 리뷰를 한다.

이렇게 각각 업무자별로 분리해서 더 깊이 생각할 내용들을 따로 이야기하면 하품하며 이탈하는 협업자들을 빠르게 몰입시킬 수 있다. 주니어 기획자일수록 상대하는 사람들이 모두 자신보다 직급이 높을 때가 많다. 그럴수록 상대방이 듣고 싶어하는 내용을 중심으로 리뷰를 하는 것이 효과적이라는 것은 시도해 보면 아마 깨달을 수 있을 것이다.

서비스 기획자는
개발을 얼마나 알아야 할까
- 개발자와 협업하기 -

> 개발자가 하는 말을 하나도 못 알아듣겠어요. 코딩이라도 배워야 할
> 까요?

수강생 K가 진지하게 물었다. 요즘은 여기저기 코딩 교육을 하는 곳도 많고
UX만 공부하고도 실무로 뛰어드는 사람이 많다 보니 드는 생각인 듯했다. 주니
어 기획자 사이에서 단연코 많이 나오는 질문이다. 한 마디도 못 알아듣겠는데
민망한 마음에 고개만 끄덕이다가 자리로 돌아오고 나면 눈앞이 캄캄하다고 한
다. 개발을 배워야 하나 고민이 드는 것도 이상할 것이 없다.

서비스 기획을 배우러 오기 전에 개발을 배웠다는 수강생도 적지 않다. 수
강생 H는 개발을 배운 후 이 클래스에 들어온 기획자였다. 그런데 열심히 배웠
는데도 개발자와의 커뮤니케이션은 쉽지 않다고 했다.

배우긴 했는데, 제가 개발을 하는 직무가 아니라서 그런지 개발자와 대화하기가 여전히 어렵네요. 책에서 배운 것과 사용하는 용어도 다르고요.

이처럼 개발을 배웠다고 하더라도 기획자에겐 엄청난 기회가 되지 않는다. 회사에서 코딩을 맡길 리도 없고, 감히 십수 년 된 개발자의 코딩 산출물을 평가하는 입장이 될 수도 없다. 물론 그렇다고 공부할 필요가 전혀 없다는 말은 아니다. 지금 당장 기획에 써먹기 위해 배워야 하는 것이 학원에서의 코딩 수업은 아닐 수 있다는 말이다. 그렇다면 기획자에게 개발에 대한 공부란 어떤 의미일까? 나는 기획자에게 코딩이란 커뮤니케이션을 위한 '언어'이자 '이해의 도구'가 되어야 한다고 말한다.

언어로서의 개발 용어

서비스 기획자의 목표는 어디까지나 원하는 서비스를 산출물로 구현해내는 것이다. 그러려면 개발자와 많은 대화를 나눠야 한다. 그런데 대화를 하다 보면 기술적 단어가 나올 수밖에 없고 특히 '왜 개발이 불가능한지'에 대한 설명을 듣게 될 때면 참으로 난감하다. 뭘 알아들어야 반박을 하든 대안을 제시하든 할 텐데 생소한 용어들에 그저 멍해져 버린다. 이 모든 게 기획자가 개발을 몰라 벌어지는 해프닝일까? 조금이라도 개발을 배워야만 할까? 천만의 말씀. 개발 용어를 언어라고 생각하고 접근한다면 상황은 바뀔 수 있다.

개발자와의 소통에 답답함을 느낀 기획자들이 아무리 코딩 관련 책을 찾아본들 마음에 드는 책은 아마 영영 찾지 못할 것이다. 왜냐하면 기획자 입맛에 딱 맞는 개발 용어집이나 코딩 교재는 시중에 없기 때문이다. 그러니 영어공부를 하던 방식대로 개발언어를 습득해보는 수밖에 없다.

코딩 학습서가 코딩을 짤 수 있게 해주는 영어 문법책이라면, 당장 일해야 하는 기획자가 배워야 하는 건 생활영어다. 작문할 일도 없는데 문법책은 공부는 될지언정 생활에서 요긴하게 쓰긴 어렵다. 외국에서 살다온 사람이 토익 900점을 받은 사람보다 영어를 잘하듯 개발언어도 일상적인 대화가 목적이라면 애써서 코딩을 배우지 않아도 얼마든지 익힐 수 있다. 그리고 그렇게 배우려면 현장이 빠르다.

업무 속에서 개발언어를 습득하는 사례

개발언어를 익히는 방법은 대화와 질문에 있다.

주니어 기획자
최근 본 상품을 중심으로 PC와 모바일에서 같은 상품을 추천받게 해주세요.

개발자
그건 불가능해요. 최근 본 상품은 DB에 저장되지 않고 쿠키에 쌓거든요.

주니어 기획자
?????

개발이나 웹 구조에 대해 모른다면 DB가 뭔지 쿠키가 뭔지 모를 수 있다. 당황하지 말자. 사투리처럼 회사마다 전문 용어도 쓰임이 다를 수 있다. 모를 때는 질문하면 된다. 다만 해당 용어의 활용에 방점을 찍은 질문이어야 한다.

주니어 기획자

DB와 쿠키에 저장되는 게 어떤 차이가 있는 건가요?

개발자

DB에 저장하는 건 어떤 화면이든 같은 기록을 볼 수 있는데, 쿠키는 디바이스별로 달라요.

주니어 기획자

그러면 지금으로서는 최근 본 상품은 디바이스별로 다르게 표현된다는 거네요?

개발자

네, 맞아요. 그래서 지금 구조로는 기획대로 할 수 없어요.

질문이 DB와 쿠키가 무엇인지에 대한 사전적 정의였다면 답을 들었어도 이해하지 못했을 수 있다. 하지만 원하는 기획 요건에 관계된 기능만을 묻고 이해한다면 대화는 쉽게 풀린다. "What do you do?"의 두 번째 'do'가 '하다'라는 동사가 아니라 'for living'을 함축하고 있는지를 물어보는 것과 같다.

다음 단계는 문제 해결이다. 용어는 정확히 몰라도 상황에 대한 이해는 했으니 문제 해결을 위한 질문을 할 수 있다.

주니어 기획자

그럼 DB에다가 최근 본 상품을 저장하면 가능하지 않을까요?

개발자

그러면 DB를 새로 만들고, 상품 상세정보가 들어갈 때마다 저장해야 해요. 원래 예상보다 일정이 많이 소요될 텐데요. 그렇게 해서 가능할지는 좀 더 검토해봐야 할 것 같아요.

주니어 기획자

검토해보시고 말씀해주세요.

이제 기획자와 개발자는 대화를 통해 한 가지 해결책에 대한 '안'을 만들어냈다. 무조건 개발해달라고 하지도 않았고 무조건 개발이 안 된다고 하지도 않았다. 이런 대화를 통해 기획자는 이제 쿠키와 DB에 대한 개념을 정리해나갈 수 있게 된다.

코딩 책 들여다보지 말고 내 옆의 개발자에게 묻자

가끔 보면 기획을 순수 창작물로 여기고 개발 구현은 개발자가 알아서 할 영역이라고 생각하는 기획자가 있다. 개발 구현을 고려하지 않은 기획은 밑그림에 지나지 않는다. 즉 자사 시스템에 어떤 데이터가 들어있고 어떤 로직으로 움직이는지를 알수록 더 좋은 기획이 나온다. 그래서 기존 서비스를 이용해보고, 화면설계서도 보고, 정책 문서도 보면서 애쓰는 것이다. 물론 그렇다고 해서 개발을 고려하느라 기획 방향을 처음부터 제한시켜서는 안 되지만 이는 협업을 위한 중요한 태도다. 시중에 나온 코딩 책이나 학원에서는 회사 각각의 시스템에 대해 가르쳐주지 못한다. 이것이 지금 하고 있는 업무를 회사 내 사람들에게 물어봐야 하는 이유다.

배우고자 하는 태도가 최고의 역량

> 지금 나눠 드리는 프린트물은 제가 저희 회사에서 작성했던 개발 용어집이에요. 개발 출신도 아니고 디자인 출신도 아닌 제가 회사에서 들으면서 익힌 것들인데요. 회사마다 쓰는 용어가 조금씩 다르긴 하지만 개발 용어를 익히는 데 참고는 될 거예요.
>
> (부록1. 주니어 서비스 기획자라면 꼭 만들어야 하는 IT 용어집)

실전에서 쓰는 용어들을 그때그때 정리해두면 일을 해나가는 데 있어 도움이 된다. 현장에서 쓰는 개발 용어를 접할 때마다 정리하다 보면 자사에 가장 적합한 용어집을 만들어낼 수 있다. 회사의 특징을 나타내고 기획자에게 이슈가 될 만한 용어나 상황은 100여 개 내로 추려진다. 디자인도, 개발도, 마케팅과의 협업에서도 마찬가지다.

'공부 의존증'이라는 말이 있다. 모르는 것이 있을 때 스스로 알아보려 하기보다 학원이나 자격증부터 찾아서 준비하려고 하는 현상이다. 기획자들도 이런 모습에서 예외는 아니다. 개발 용어 또한 언어라고 생각하면 어려울 것이 없다. 외국어를 공부할 때 7번 듣고 외우면 머릿속에 각인된다는 이론이 있다. 여기서도 똑같이 적용된다. '쿠키' 같은 기술 용어도 개발부서와 부딪히고 쿠키 때문에 오류도 나보고 그 오류를 해결하는 방법을 모색하다 보면 자연히 쿠키를 활용한 기획을 고려할 수 있다. 그렇게 '배치Batch'가 뭔지, '에이피아이API'가 뭔지, 'JS 파일'이 뭔지, 'SSO'가 뭔지 천천히 알아가면 된다. 용어가 아닌 활용을 이해해나가다 보면 충분히 개발자와 소통이 가능한 기획자가 될 수 있다.

모르는 건 죄가 아니다. 하지만 모르는 용어를 듣고도 왜 사용됐는지 고민해보지 않는다면 그건 잘못이다. 기획자는 누구보다 프로젝트 대상에 관심이 있어야 하고, 항상 신경을 써야 하는 직무임을 잊지 말자. 진짜 기획자에 필요한 역량은 '이슈 상황을 이해하고 해결책을 고민하는 방법을 아는 것'이다. 그걸 누군가는 '문제 해결력'이라고 하고 누군가는 '일 센스가 있다'고도 한다. 그러니까 개발 기술보다 기획자 본연의 근본적 질문에 더 많은 고민의 시간을 갖는 것이 기획자로서의 성장에 더 도움이 되는 것이다.

개발자에 대한 이해 높이기

개발자라고 해서 다 똑 같은 일을 하는 것은 아니다. 과거의 비 IT회사에서 '전산실'이라고 부르고 현재 우리가 '개발하는 사람'이라고 부르는 사람들은 사실 굉장히 세분화되어 있다. '진료는 의사에게 약은 약사에게' 찾아가야 하듯 개발자도 경우에 따라 의논하고 협업해야 하는 사람이 다르다. 물론 스타트업에서는 풀-스택Full-stack 개발자라고 해서 어떤 일이든 다 할 수 있는 전천후 개발자가 많지만 서비스가 크고 복잡할수록 개발자의 역할도 점점 세분화된다.

일하면서 만나게 될 수도 있는 '개발하는 사람들'의 부류를 기획자의 시선으로 정리해봤다. 다소 용어가 어렵더라도 그냥 쓰윽 읽어두면 나중에 일하면서 이 사람들의 역할을 곱씹어 볼 수 있다. 이 글을 소재로 개발자들에게 다가가서 어떤 일을 하는지 물어보고 친해지는 기회로 삼으면 좋을 것 같다.

먼저 기획자가 직접 만나서 일할 기회가 있는 개발자들부터 살펴보자.

웹퍼블리셔(UI 개발자)

UI개발자는 디자인의 PSD 파일이나 스케치 작업파일을 전달받아서 HTML 중심의 마크업을 포함한 기본 화면구성과 CSS를 개발한다. 눈에 보이는 인터페이스의 인터렉션 등을 케이스별로 작업한다. 동작에 대해서 상의할 경우가 많다. 이미지로 들어가야 할 영역과 텍스트로 들어가야 할 영역, 터치 영역의 넓이도 이들과 상의해야 한다.

프론트엔드 개발자

브라우저 위에서 동작하는 코드를 작성하는 개발자로, 모바일 환경이 되면서 그 중요성이 더욱 높아졌다. 최신 HTML5와 VueJS나 AngulrJS 등 자바스크립트 언어를 활용하여 백엔드 개발에서 만들어져 API를 통해 끌어온 데이터를 화면상에 뿌려주고 실제 작동할 수 있도록 만든다. 클라이언트 개발에 속하며 고객과의 실제 UI의 개발을 한다는 점에서 자주 만날 기회가 있다.

백엔드 개발자

서버 프로그램을 개발하는 개발자로 소위 'Back단'에 존재하는 데이터베이스, 웹서버, 네트워킹 등 인프라에서 필요한 데이터를 호출하는 쿼리^{Query}를 통해 데이터를 불러와서 클라이언트 쪽인 프론트 화면으로 전달될 수 있도록 API를 만드는 역할을 한다. JAVA나 C# 등의 언어를 사용하는 경우가 많으나 최근에는 Node.js의 등장으로 javascript를 통해 작업하기도 한다. 상대적으로 비즈니스 로직에 대해 더 많이 이해하고 있어야 프론트엔드 개발에서 사용될 데이터를 적재하고 불러오는 설계를 효율적으로 할 수 있다. 때문에 기획에서 리뷰를 하게 될 때 데이터 설계에 대한 논의를 충분히 해야 한다.

APP 개발(IOS/안드로이드)

IOS와 안드로이드 앱은 언어와 개발환경이 다르다. 따라서 앱에 대해서 개발해야 하는 상황이 있다면 개발자는 최소 두 명일 수 있다. 똑같이 생긴 앱을 IOS용과 안드로이드용을 만들었다면 완전히 개별 앱으로 생각하고 테스트를 각기 따로 같은 수준으로 해야 한다. 똑같은 방식의 UI도 네이티브앱을 만들 경우에는 과정이 다르고 결과물만 비슷하게 보이는 것이라고 봐야 한다. 또한 기획에서 각 앱의 기본 디자인 가이드에 대해 이해를 높이려면 각 개발자들과 충분히 상의하여 OS별 차이에 대해서 인지하고 있어야 한다. 웹을 많이 사용하는 하이브리드앱의 경우에도 동일한 웹 화면을 쓰더라도 각 앱의 웹 뷰어가 다르기 때문에 결과값이 다소 다를 수 있으므로 앱 개발자와 프론트엔드 개발이 협업이 될 수 있도록 함께 리뷰하는 것이 좋다.

여기까지가 주로 만나게 되는 개발자라고 한다면 기획자가 자주 보진 않아도 함께 일해야 하는 개발자도 있다.

SW 형상관리 빌드 담당자

형상관리란 계속 업데이트되는 프로그램을 버전별로 관리하는 기능을 말한다. 형상관리 담당자는 깃허브, SVN 등의 형상관리 프로그램에 버전별로 소스를 담당하고 변경되는 소스를 묶어서 합치고(빌드) 서버에 업로드(배포)하는 담당자가 있다. 개발된 산출물이 실제 운영 서버에 반영되는 과정을 책임지게 되며, 혹시나 반영된 프로그램에 문제가 심각할 경우 형상관리를 통해서 이전 버전으로 돌아가는 '롤백Roll-back'을 처리한다. 반대로 큰 버그가 있어서 긴급하게 서버에 수정 버전을 올려야 할 때도 그들의 도움이 필요하다(때론 집에 있는 그들을 재택근무시키게 한다.). 요즘은 devOps라고 해서 개발과 형상관리가 한 조직에 묶여있는 경우도 많다.

TA(Technical Architecture)

앞서 말한 프론트엔드, 백엔드 개발하는 사람들은 이미 정해진 아키텍쳐 안에서 개발을 한다. 아키텍쳐가 뭔지 몰라도 소프트웨어 개발의 큰 틀이라고 생각할 수 있다. 이때 TA는 데이터, 애플리케이션 아키텍쳐를 지원하는 데 필요한 정보기술을 검토하거나 서버나 DB 등 인프라 요소의 구조나 관계를 정의하는 담당자다. 기획자가 만날 일은 거의 없으나 신기술을 활용한 새로운 기술을 도입할 때 상의할 수 있는 전문가다.

DBA(Database Administrator)

데이터베이스의 테이블 구조를 관리하며 데이터의 정의된 인덱스나 데이터를 불러가는 쿼리가 DB에 부하를 주지는 않는지 검수하는 등의 업무를 한다. AWS의 보급으로 과거의 비해 하드웨어적 관리보다는 소프트웨어적인 관리로 바뀌고 있으며 데이터사이언스 영역의 업무로 전환되기 쉬운 직군의 사람들이다. 기획자가 만날 일은 기존의 데이터 전체를 이관 또는 변경하는 마이그레이션Migration 작업이 필요할 때나 신규 서비스를 오픈하기 전에 부하 테스트를 시행했는데 데이터를 불러오는 과정에서 부하가 발생되어 기획을 변경해야 할 때 정도이다.

정보보안 프로그래머

정보보호와 네트워크 보안을 위한 방화벽을 관리하고, 해킹이나 DDOS 피해를 막기 위한 설계를 하는 정보보안 전문가에 해당하다. 타사의 서비스를 연결하여 사용하거나 신규 서비스가 해킹되지 않을 수 있도록 검수를 받을 때 만날 수 있다. 기획자가 정보보호법을 기반으로 정보보호 정책을 관여하는 전문가에게 검수를 받는다면 시스템은 이 정보보안 프로그래머들을 통해 서비스의 해킹 가능성을 막도록 되어있다. 해외보다 국내에서 굉장히 많이 발달되어있는 분야로 알려져 있다.

기획은 재밌는데
테스트는 재미없다

기획자 산출물 : 테스트 케이스

입사 후 처음 주어지는 임무는 대개 '테스트' 참여일 것이다. 아무리 작은 기획·개발 건이라고 해도 문제없이 운영되려면 예상되는 모든 상황이 기획대로 작동하는지 확인하는 절차가 필요하고 그게 바로 테스트다.

건축 설계나 제조업과 비교해보면, 웹과 앱이 살아가는 소프트웨어의 가장 큰 장점은 유연성인데 이는 시뮬레이션이 가능하고 쉽게 수정할 수 있기 때문에 가능한 일이다. 이런 장점은 린 UX나 애자일 사상과 만나서 산출물의 방향성이 제대로 가고 있는지 판단하는 기준으로도 작용한다. 테스트해보고 문제가 있으면 기획 방향을 다시 수정해야 한다. 물론 테스트 과정은 기획자가 되기 전에는 상상조차 하지 못했던 귀찮은 영역이긴 하다.

테스트는 주로 누가 하나요?

서비스 기획 과정을 배우는 수강생들은 이 귀찮은 영역을 미리 떠올리지 못한다. 어떤 수강생들은 기획을 해서 디자이너와 개발자에게 설명하고 넘겨주면 역할을 다했다고 생각한다. 이후 오픈까지의 과정은 개발팀이 알아서 하는 것이라 여긴다. 하지만 테스트는 서비스 기획의 또 다른 중요한 업무다.

테스트 전문 조직, 즉 전문적인 QA^Quality Assurance, QC^Quality Controll 조직 같은 체계적인 테스트 프로세스와 인력이 회사에 따라 존재하기도 한다. 원래 이 직종은 제조업에서 나온 개념으로 QA는 특정 제품군의 지속적인 출시 업무를 평가하면서 앞으로 제조할 때 꼭 신경 써야 하는 부분을 챙기고 QC는 실제 제작된 제품의 강도나 완성도를 체크한다.

의자를 예로 들면 QA는 계속 의자를 만들어왔기 때문에 제작 프로세스에서 신규 의자 상품을 만들 때 주의해야 할 점들을 챙겨 더 좋은 퀄리티로 제품을 만들 수 있도록 프로젝트 내내 관리하는 역할을 하고, QC는 의자에 압력을 가해보거나 1천 번 앉아보기 등 실제 의자의 내구성과 퀄리티를 체크한다.

QA, QC 역할이 IT 기반의 서비스에 적용되면서 조금 모호해진 부분이 있다. QA가 관장하는 퀄리티 부분은 실제 코딩된 서비스의 여러 조합을 구석구석 판단하기 어려울 뿐만 아니라, 운영 중인 서비스를 개선하는 프로젝트의 경우 기존 서비스와 연관되어 영향을 주는 경우가 많다 보니 그 모두를 관리하기가 쉽지 않다. QC도 제조사보다 숙련된 테스팅 방식을 요구한다. 국가에서 관리하는 제조품질 기준이 온라인 서비스에는 없다 보니 QC는 기획자만큼 해당 서비스의 상세한 방향성을 이해하고 고객에 대해 충분히 숙지해서 기능과 UX 모두를 테스트하고 완성도를 높여주어야 한다. 때문에 기획자는 QA, QC 조직과 충분한 대화를 통해 만들고 있는 서비스에 대해 이해시켜야 할 필요가 있다.

온라인 서비스라는 특성상 QE^Quality Engineer라는 신규 직종도 등장했다. 보통 테스트는 고객에게 보이지 않은 테스트 환경에서 기능과 서비스가 제대로 작동하는지를 먼저 테스트하게 된다. 이때 고객이 활동하지 않는 테스트용 DB와 서버를 사용하게 되는데 경우에 따라서는 DB에 필요한 데이터가 충분하지 않을 수 있다. 웹/앱 서비스는 모든 것이 데이터를 통해 이루어지기 때문에 데이터에 따라 케이스가 굉장히 세분화되고 정책적인 제한도 많다. 보통은 테스트를 관장하는 사람이 이 모든 것을 고민하여 테스트 시나리오 혹은 테스트 케이스를 작성하게 되는데 이 양이 상상하기 어려울 정도다.

그래서 요즘은 QE라는 직군의 사람들을 통해 이 문제를 해결하려는 추세다. QE는 프로그램을 분석하여 실제 데이터에 존재하는 케이스들을 뽑아내고, 테스트용 데이터가 부족한 경우에는 테스트용 환경에 맞는 데이터를 생성해주기도 하고, 실제 데이터와 규칙을 분석하여 테스트 케이스를 작성하는 역할을 하기도 한다. 하지만 이러한 테스트 조직은 조직 구성이 잘된 큰 회사인 경우가 많으며 작은 IT 기업은 기획자와 개발자가 대개 이 역할을 나누어 진행할 수밖에 없다. 기획 과정과는 다른 반복적이고 지치는 작업인 데다 예상치 못한 업무량을 만나게 되는 것이다.

> 저는 테스트해서 생각하지 못한 오류를 발견했을 때 희열을 느껴요.

수강생 B는 기획자가 되고 싶은 이유에 대해서 이렇게 말했다. 테스트가 있는 줄도 모르는 수강생이 있다면 테스트를 기획자의 자질로 생각하는 수강생도 있다. 주니어 기획자 시절의 내가 생각나서 묘한 동질감과 이질감이 동시에 들었다.

신입 시절 나는 테스트에서 찾아내는 오류에 희열을 느꼈다. 상식과 기획 사이 어딘가에서 발견한 오류를 개발자에게 던져줄 때의 묘한 승리감! 한 개발자는 나에게 '악의적인 테스트'를 한다며 그만 좀 오류 등록을 하라고 농담 삼아 말한 적도 있다.

그 말을 들으면서 나는 은연중에 '나는 정말 일을 잘하는 기획자야.'라고 우쭐했던 것 같다. 하지만 테스트를 수행하면서 알게 된 것은 테스트는 오류를 발견하는 것이 끝이 아니라는 것이다. 테스트의 목적은 오류를 찾아내는 것이 아니라 오류를 해결하는 것이다. 그리고 서비스 기획자로서 개발자에게 오류를 해결토록 하려면 두 가지 절차가 필요하다.

> 1. 오류가 발생하는 케이스가 재현될 수 있도록 정확하게 개발자에게 공유하기
> 2. 오류 상황에 대한 원인을 함께 이해하고 적절한 산출물을 정의하거나 한계가 있다면 대안을 빠르게 제공하기

테스트 조직이 있다고 해도 기획자는 테스트에서 자유롭지 못하다. 기획자의 머릿속에 있는 모든 내용을 개발자와 QC에게 전달할 수도 없고 기획자가 미리 예견해서 예외처리를 설계해둘 수도 없기 때문에 기획자도 결국은 테스트에 참여하게 된다. 하지만 테스트만 할 수도 없다. 개발 과정 내내 예상치 못한 사건이 기획자를 기다린다.

위 두 가지 절차 중에서 기획자는 두 번째에 더 많은 신경을 써야 한다. 개발을 해보니 구조적으로 불가능한 부분이나 예상했던 것보다 불편한 점, 혹은 생각조차 못해본 케이스의 출현 등등 갑자기 등장하는 예측 불가능했던 사건들에 대해 기획을 추가하거나 제외하면서 서비스의 완성도를 높여가야 하는 것이다.

이런 부분을 보고 배우라는 의도에서 대부분의 주니어 기획자들이 테스트에 동원된다. 셰프가 되기 전에 설거지 등을 하면서 주방 돌아가는 프로세스를 익히는 것과 비슷하다. 그러나 주니어 기획자 시절에는 이런 의도를 깨닫기보다 '지뢰 찾기' 게임을 하듯 오류 찾기에서 쾌감을 느끼곤 한다. 오류 등록 한 건에 자신의 존재감이 올라간다고나 할까?

하지만 절차와 기준이 명확하지 않은 오류 등록은 개발자에 대한 '지적질'에

불과하다. 예전 나에게 '악의적인 테스트' 운운했던 개발자의 말처럼 내가 신나서 등록했던 오류 중에는 중요하지 않은 악의적인 테스트였던 것도 있었을 테다.

> 전 기획 업무를 몇 년 하다 보니까 이제 테스트는 하기 싫더라고요.

수강생 K는 3년차 스타트업 기획자다. 처음에는 오류 찾기가 재밌었다는 말에 고개를 연신 끄덕였다. K 또한 그랬다고 한다. 하지만 이제는 아니라고…. 일을 배우는 재미가 시들어질 즈음이 되면 '천직' 같았던 테스트가 점점 지겨워진다. 산더미 같은 테스트 케이스만 봐도 답답하다. 그때쯤 깨닫게 된다. 왜 프로젝트 과정 중 가장 지루하고 몸도 마음도 힘든 때가 '테스트 기간'이라고 하는지 말이다. 물론 오픈하고 나면 시원섭섭하고 카타르시스도 극에 달하지만 그 직전의 테스트는 더! 더! 더! 더욱 힘들게 느껴진다. 서비스 기획자라는 직업의 매력이라면 '새로움을 창조하는 과정'에 있지 않은가. 어서 오픈시켜버리고 다른 새로운 기획이 하고 싶어지는 것은 당연지사. 서비스 기획자가 테스트하기 싫다고 생각하는 이유는 이런 것들이다.

1. 다른 기획이 빨리 하고 싶다.
2. 모래밭에서 열쇠 찾기처럼 잔잔한 오류만 나온다.
3. 기획 전체를 바꿔야 할 만큼 심각한 오류만 나온다.
4. 테스트하느라 화면을 너무 많이 봤더니 오류도 안 보일 지경이고, 게슈탈트 붕괴로 모든 게 이상해 보인다.
5. 테스트를 너무 많이 했더니 서비스 개선 전의 UI가 기억나지 않고 개선 후가 익숙해져 버렸다.

이유를 나열하자면 끝이 없지만 사실은 그냥 테스트가 귀찮고 싫다. 그래서 때로는 "나는 기획자이지 테스터가 아냐!"라고 외치며 개발자나 QA, QC에게 다 미뤄버리고 싶어지는 것도 사실이다. 꽤 오랜 기간 일해온 나 역시 테스트 기간이 다가오면 숨이 막힌다. 그러나 테스트 기간은 위대하다. 큰 프로젝트를 할 깜냥이 되지 않는 주니어 기획자도 테스트 기간만 전략적으로 잘 보내면 '기획력'을 껑충 성장시킬 수 있다.

테스트로 키워지는 기획력

수많은 주니어들이 무엇을 하면 기획력이 향상되느냐고 묻는다. 경험에서 얻은 답을 해보자면 기획력은 단연코 '고민하며 테스트를 할 때' 향상된다. 초창기 웹기획 관련 서적을 읽다 보면 기획자의 중요한 역할 두 가지가 나온다.

1. 확장성에 대한 고려
2. 대부분의 케이스에 대한 고려

그리고 UX라는 개념이 일반화되면서 한 가지가 더 늘었다.

3. 고객의 디바이스 환경과 콘텍스트를 고려한 UX에 대한 기준과 목표

처음 두 가지는 기존 시스템이나 새로 만들 시스템에 대한 이해가 제일 중요하다. 시스템은 정책 문서로만 이해하기는 어렵다. 시스템을 파악하려면 많이

사용해볼 수밖에 없는데, 이때 테스트 기간이 있으면 인위적으로 시스템을 사용해봄으로써 시스템에 대한 이해도를 높일 수 있다. 게다가 신규 서비스에 대한 테스트라면 누구보다도 신규 시스템을 잘 이해할 수 있는 계기가 될 수 있다.

UX가 대중화되면서 강조된 세 번째 기획자의 역할을 위해 테스트는 더더욱 세분화되었고 그 경험은 더더욱 중요해졌다. 디바이스의 종류와 해상도의 종류, OS의 다양한 버전 등 어쩌면 이용자 수만큼이나 파편화된 이용 환경은 테스트로만 확인할 수 있다. 그리고 그런 테스트가 '자연스러운 인터렉션'을 가능하게 한다(아이폰과 안드로이드폰이 새로 나올 때마다 전 세계 기획자와 개발자는 기쁘면서도 슬프다.).

많은 후배들이 선배들의 스토리보드 디스크립션에 감탄하며 '척하면 척' 프로세스를 예측하고 기획할 수 있게 되는 시점을 묻는다. 사실 선배들의 산출물을 아무리 분석해본들 그 많은 예외사항과 제약 상황은 체화하기 어렵다. 서비스 기획을 잘하는 가장 좋은 학습 방법은 스토리보드 연습이 아니라 테스트를 하나하나 해보고 이해하는 것이다. 모든 테스트를 신경 써서 집중한다면 어떤 교육보다 빠르게 배울 수 있다.

예를 들어 주문서를 테스트한다고 생각해보자. 주문서에 진입했을 때 '나' 자신을 기준으로 기획한다면 '일반회원'과 '프리미엄회원'으로만 생각할 수 있다. 하지만 테스트를 하게 된다면 '청소년 회원', '외국인 회원', '본인인증 없이 가입한 간편 가입회원' 등 내가 접하지 못했던 케이스를 떠올리고 인위적으로 체험해볼 수 있다. 게다가 동일 주문서를 안드로이드폰과 IOS 폰으로 접속했을 때, 웹으로 접속했을 때와 앱으로 접속했을 때로 구분해볼 수 있다. 폰의 OS 버전별 제약사항도 떠올릴 수 있다.

이런 식으로 테스트 케이스는 의도한 동작이 여러 조건에서 어떻게 나타나는지 세세하게 정의된 것들을 확인하는 작업이 되고, 만약 부족하면 추가로 기획 작업이 이루어지기도 한다. 테스트하다 보면 평소 인지하지 못한 케이스에 대해 경험이 쌓이고 그 경험이 다음 기획이나 테스트를 할 때 디테일을 챙길 수 있는 능력으로 나타난다.

아무리 테스트를 잘해도 빠지는 부분은 있다

이처럼 테스트는 중요한 의미가 있다. 그럼에도 테스트는 여전히 귀찮다. 귀찮음 외에 테스트를 만날 때 기획자가 느끼는 또 다른 감정은 자괴감이다. 배울 것이 너무 많다는 체감을 할 때 기획자는 스스로 작게만 느껴진다. 특히 내가 직접 기획한 것이라면 테스트 케이스에서 오류를 발견할 때마다 자괴감은 커지기 마련이다. 그렇다면 최대한 스트레스를 안 받는 테스트가 되려면 어떤 마음가짐을 가져야 할까?

첫째, 테스트가 기획을 보강할 기회임을 인정하되 오픈에 대한 최소 기준을 정의한다

아무리 완벽하게 기획을 했다고 해도 놓치는 것이 있을 수 있고, 서비스 구현 중에도 오류를 만날 수 있다. 테스트를 통해 완벽해지기를 바란다면 스트레스는 더 쌓일 것이다. 완벽한 테스트 결과가 나올 때까지 오픈을 무한정 미룰 수는 없다. 일정 시점을 정하여 필수적으로 처리해야 하는 것을 필터링한 후 오픈해야 한다. 오픈 시점까지 해결이 불가능한 경우 의사결정 피드백을 빨리 내릴 수 있도록 '기획 우선순위'에 대한 기준을 미리 마련해둔다면 모든 오류 건에 대해 스트레스를 받을 필요가 없다. 모든 개발 건은 '오픈 후 잔존 결함 처리' 기간이 있기 마련이니 조금은 마음을 내려놓아도 된다.

둘째, 테스터 케이스를 유사한 것끼리 묶어 저장해두고 다음 기획 시 참고 자료로 사용하기 위한 과정으로 생각한다

마이크로 기획을 하려면 '단위 테스트 케이스'를 모으고 처음 사용부터 이탈까지의 시나리오를 익히고 싶다면 '통합 테스트 케이스'를 모은다. 그래야 스스로 기획하는 것보다 다양하고 넓게 분석해볼 수 있다. 어쩌면 선배의 화면설계서에 적힌 디스크립션보다 시스템에 대한 생생한 지식을 얻을 수 있다. 꼼꼼하게 처리한 선배들의 노하우도 흡수할 수 있다. 내가 만약 다시 신입이 된다면 내 시간을 털어서라도 소위 '큰 건'의 테스트를 돕고 시험족보 외우듯 선배들의 테스트 케이스를 씹어 먹을 것이다.

다시 말하지만 테스트는 지겹다. 그런데 그 기간이 지루하게 길다는 건 그만큼 시스템을 디테일하게 경험할 기회가 많다는 뜻이기도 하다. 서비스는 넘쳐나고 기획할 것은 태산이다. 아직 갈 길이 먼데 테스트 때문에 미리부터 질리지 않았으면 좋겠다.

제휴 팝업에 대한 단위 테스트 케이스 (부분 샘플)

단위 테스트란 각 UI와 로직, 인터렉션 등 세부적인 케이스별로 모든 부분을 테스트하기 위한 테스트를 의미한다.

테스트 번호	구분 대	구분 중	유형	테스트명	사전 준비	테스트 내용	기대결과	디바이스별 결과 안드로이드	IOS	결과	테스터	테스트 일자	관련 결함 번호
TEST_F0001	팝업 노출	상품 추천형	UI	상품추천형 UI 노출	1. 네이버 채널 변동로 제휴추천 등록(헨드백 등 상품에 지갑상품 연결 10%쿠폰) 2. 헨드백 상품을 네이버 채널을 통해서 주문한다.	1. 제휴추천 팝업 노출 여부를 확인한다. 2. 배너에서 상품 영역을 확인한다. 3. 배너에서 쿠폰 정보를 확인한다.	1. 상품추천 팝업이 노출된다. 2. 지갑 카테고리의 상품 중 최소가 준금액 이상 판매가의 상품이 노출된다. 3. 배너에서 카테고리명에 '지갑', 쿠폰 금액이 10% 노출되며, 상품에는 할인액이 10% 또는 최대할인액으로 개선되어 판매가가 노출된다. 4. 해당 쿠폰이 다운로드되어있다.	PASS	PASS	PASS		20XX-XX-XX	
TEST_F0002	팝업 노출	상품 추천형	기능	상품추천형 쿠폰 다운로드	1. 제휴 쿠폰배너가 노출되도록 한다.	1. 회원정보에 해당 쿠폰이 다운로드 되어있다.	1. 해당 쿠폰이 다운로드되어있다.	PASS	PASS	PASS	XXX	20XX-XX-XX	
TEST_F0003	팝업 노출	제휴 추천 배너형	인터랙션	배너 딤 돌러서 닫기	1. 제휴 쿠폰배너가 노출되도록 한다.	1. 옆에 딤처리된 공간을 터치한다.	1. 팝업이 닫힌다.	FAIL	FAIL	FAIL	XXX	20XX-XX-XX	JIRA-XXXX
TEST_F0004	팝업 노출	행사 배너형	기능	행사배너형 상품 웹 내 링크 이동	1. 다나와 채널변동로 행사배너형 등록 2. 링크를 웹이동으로 상품으로 등록한다.	1. 다나와로 접근 시 행사 배너 노출을 확인한다. 2. 링크를 클릭한다.	1. 행사배너가 노출된다. 2. 웹 내에서 해당 상품으로 링크 이동한다. 3. 링크 이동 시 이벤트 파라미터가 AC_프로모션변동로 이동된다.	PASS	PASS	PASS	XXX	20XX-XX-XX	
TEST_F0005	팝업 노출	행사 배너형	기능	미등록 채널에서 행사배너 비노출	1. 다나와 채널변동로 행사배너형 등록 2. 링크를 웹이동으로 하여 상품으로 등록한다.	1. 에누리닷컴으로 접근 시 행사배너가 노출을 확인한다.	에누리닷컴 프로모션이 없어서 노출되지 않는다.	PASS	PASS	PASS	XXX	20XX-XX-XX	

제휴 판업에 대한 통합 테스트 매트릭스 (부분 샘플)

통합 테스트는 전체 흐름을 테스트하는 데 필요한 주요 항목들이 조합을 기준으로 흐름을 이어서 하는 테스트를 의미한다.

테스트 번호	인입채널	구매 상품 수	프로모션 등록	유형	회원 기존 대상 여부	제한 기간 여부	쿠폰 다운로드	링크 이동	앱 설치 여부	앱 배너 확인	디바이스별 결과		결과	테스터	테스트 일자	권한결합 변동
											안드로 이드	IOS				
SNTEST_001	네이버	1(핸드백)	O	상품추천형	X	-	O	-	X	O						
SNTEST_002	네이버	2(핸드백, 구두)	O	상품추천형	O	제한 기간 종료	O	-	O	O						
SNTEST_003	네이버	2(핸드백, 구두)	O	상품추천형	O	제한 기간 미종료	X	-	X							
SNTEST_004	다나와	1(핸드백)	O	행사배너형	O	O	-	O(웹 내)	X							
SNTEST_005	다나와	1(핸드백)	O	행사배너형	O	O	-	O(앱 이동)	O							

서비스 기획자는
어디까지 관여해야 할까

"저도 제가 하고 싶어서 요청하는 거 아니에요."

눈물이 왈칵 솟고 가슴에서 욱 하는 말이 올라왔다. 평소 친하게 지내던 개발자와 디자이너의 눈에는 불만이 가득했다. 갑작스러운 기획이었고 개발을 검토할 시간도 없이 무리한 일정만 있었던 프로젝트. 나 역시 동료들을 존중하며 일하고 싶었지만 사실 '윗분들'의 한마디에서 벌어진 억지 같은 기획이었다. 내 직무의 뿌듯함보다는 사내 정치가 내 목을 조르던 날, 결국 삑 사리가 나 버렸다. 똑같이 월급 받고 일하는 입장인데 왜 나만 설득하는 입장이어야 하는지 억울했다. 하지만 회의실을 나온 그 순간부터 후회는 시작됐다. 몇 번이나 메신저로 사과하고 그들의 불만 요인을 조금씩 제거해가며 개발과 디자인이 가능하도록 기획을 수정했다. 여전히 속은 상했지만 난 결국 이 일을 해내야 했기 때문이다.

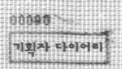

a day for me
*
date ....
list

성장하지 않고 감정만 쓰는 기분

문득 이런 생각이 드는 날이 있다. 나만 뒤쳐지고 정체되고 바닥으로 한없이 가라앉는 것만 같은 기분. 젖은 낙엽처럼 이 회사의 서비스라는 틀에만 매여서 더 이상 성장하지 못할 것만 같은 기분. 이름만 다른 똑같은 UI 페이지와 어찌 됐던 매출밖에 목표도 없는 뻔한 프로젝트를 무한 반복하자면 '내가 뭐 나 좋자고 이런 일을 하는 것도 아닌데...' 하는 생각이 든다.

기획자가 챙겨야 할 일은 왜 그리도 많은지 이리저리 뛰어다니다 보면 퇴근시간이 되어버리고, 그대로 남아있는 화면설계서 작업을 하기 위해 다시 자리에 앉는다. 화면설계서 없이는 개발을 시작하지 못한다는 생각에 마음이 급하다. 집에 갈 시간을 조금이라도 당겨보겠다며 삼각김밥을 입에 물고 마우스를 잡는다.

메일은 잔뜩 쌓여있지만 정작 내가 요청한 현업부서의 회신은 며칠째 오지 않고, 한참 늦은 밤 하루의 마무리로 최후통첩 메일을 보낸다. 내일까지 답변 안 하면 이번 기획 건은 없는 것으로 할 테니 알아서 하라는 내용이다. 마음 한 구석이 답답해진다. '도대체 이런 것까지 왜 나만 챙기고 있지?' 박차고 나온 사무실 밖은 이미 까만 밤이다.

기획자 다이어리

a day for me
*
date ....
list

　　"대체 왜 기획자만 굽신굽신 해야 하죠?"

　　얼마 전에도 후배 하나가 볼이 잔뜩 부어 나에게 물었다. 다 같이 진행하는 프로젝트인데 왜 기획자만 부탁을 하고 다녀야 하는지 답답하다는 것이다. 나 또한 문득문득 드는 고민이었지만 이제야 곰곰이 이유를 생각해보았다. 그런데 이유는 의외로 간단했다.

　　기획자의 역할이 바로 그것이기 때문이다! 여기에는 구조적인 이유가 있다. 하나의 서비스 개발 프로젝트에는 여러 직무가 참여를 한다. 프로젝트 개발 업무를 요청한 현업부서, 기획자, 디자이너, 개발자(백엔드, 프론트엔드, 인프라 등), QA, QC 등등 여럿이다. 벌써부터 느낌이 오겠지만 이중에서 자기 역할이 가장 모호한 사람은 기획자뿐이다.

　　프로젝트가 끝나고 나면 평가는 어떻게 이루어질까? 예를 들어 새로운 전시 매장을 개발하는 프로젝트를 진행했다고 해보자. 덕분에 페이지에서 매출이 빵빵 터졌다고 하자. 이 프로젝트와 프로젝트 참여자들의 개인 평가는 어떻게 이루어지나?

　　매출은 마케팅이나 상품 운영이 영향을 미치는 부분이다. 매출이 높다고 잔잔한 오류가 없다는 뜻은 아니다. 화면 부하가 있을 수도 있다. 그렇

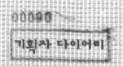
다면 현업 실무자는 높은 평가를 받아도 개발자와 테스터의 평가는 나쁠 수 있다. 디자이너는 어떠한가? UI는 기획자와 디자이너가 함께 논의하지만 결국은 디자이너의 최종 산출물이다. 기획자가 설계를 잘했어도 디자이너 역량이 산출물에 더 크게 작용한다.

그렇다면 기획자는 무엇으로 평가되는가? 사실 기획자에게 중요한 역량은 어디까지나 '커뮤니케이션'이다. 프로젝트가 순항되어 정해진 일정에 목표한 만큼의 수준에 맞춰 오픈시킬 수 있느냐가 가장 중요한 직무적 목표다. 하지만 평가자의 입장에서 생각해보자. 자신이 참여하지도 않은 세부 과정을 평가한다는 것이 가능하기나 할까? 결국 평가자는 기획자를 단 두 가지로 판단한다.

1. 미션에 대한 적절한 기획을 했는가?
2. 기획을 얼마나 안정적으로 구현시켰는가?

앞의 항목이 기획문서와 스토리보드라면 후자는 프로젝트 오픈 이후 보이는 모든 것이 된다. 모든 과정에서 기획자가 안달하는 것은 바로 이 때문이다. 최종 개발 산출물이야말로 기획자의 일한 과정 그 자체가 되기

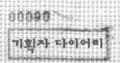

a day for me

* *date* ....

list

때문이다. 그래서 다 참고 일하라는 말인가? 아니다. 기획자가 느끼는 것

과 다른 지점에서는 기획자가 꼭 굽실거리는 존재가 아니기도 하다.

 현업 실무자가 보는 기획자 → 갑질 요건 철옹성
김나나 대리

 디자이너가 보는 기획자 → "아, 이건 좀~" 까다로운 월권자
디자인 디렉터

 개발자가 보는 기획자 → "왜 안 돼요?" 떼쟁이
개발자

 QA, QC가 보는 기획자 → "이런 것도 꼭 확인해주세요." 테스트도 안 하면서 입만 산 시누이
QA, QC 테스터

기획자는 이 세상에 나만 존재하지 않는다. 나와 나의 후배는 부탁을 하

느라 친절함을 택했다면 어떤 기획자는 화도 내고 어떤 기획자는 소위 갑

질도 한다. 그리고 개중에는 기획안만 내고 방관하는 이들도 있다.

어떤 기획자도 완벽할 수 없다

"그래서 도대체 기획자가 얼마나 관여해야 하나요?"

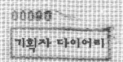

a day for me
*
date ....
list

　이 질문은 결국 '일에 대한 욕심에 따라 달라진다'에서 시작되는 질문이다. 다 참견하자니 일이 고되고 협업하는 사람과 마찰이 생긴다. 관여하기 싫어서 관여하지 않으면 운이 나쁠 경우 기획자에 대한 평가가 최악이 된다.

　기획자 업무의 핵심은 무엇인가. 나는 '주어진 환경에서 최대한의 차선을 찾는 것. 즉 문제 해결'이라고 생각한다. 주변 환경이 완벽할 순 없다. 나의 기획이 완벽할 수 없듯이 협업자의 이해도나 사상이 나와 똑같기를 바라는 것은 이상적인 꿈일 뿐이다. 이런 환경에서 문제를 해결해야 하는 것은 기획자뿐이다. 흔히 '커피 타는 거 빼고 다 한다'는 기획자의 관여 범위는 그런 면에서 명확해진다. 기획자가 수정하고 싶고 바로 잡고 싶은 것이라면, 그것이 바로 기획자의 관여 범위가 된다.

　그렇다면 이제 인정하자. 관여 범위가 너무 많아서 힘들다는 것은 결국 자기 기준이 높은 것뿐이다. 잘 해내고 싶고 잘 만들고 싶은 기획자의 목소리일 뿐이다. 그래서 난 차라리 내 욕심을 인정한다. 그것이 나의 지친 감정을 위로하는 데 도리어 도움이 되니까.

Chapter 5.

서비스의
탄생

서비스야, 건강하게만 자라다오

- 서비스 오픈 -

오픈을 결정하는 기준 MVP

　테스트 기간이 막바지로 다가오면 이제 정말 남은 일은 '오픈'뿐이다. 오픈이란 개발한 서비스가 실제 고객이 이용하는 데이터와 서버에 반영되는 것을 말한다. 하지만 무조건 시간이 되었다고 오픈할 수 있는 것은 아니다.

　테스트 기간 동안 매일매일 미팅이 진행된다. 개발과 디자인, QC, QA와 함께 오류 사항을 체크하고 처리 방법을 고민한다. 이 시기에는 모든 사람이 달려들어 서비스 품질을 높이고 오류를 최소화하기 위한 노력을 한다. 효율적으로 오류를 신고하고 처리된 오류를 확인해서 문제가 해결되었음이 확인되는 과정을 잘 만들어야 한다. 하지만 복잡한 서비스일수록 모든 오류가 테스트 기간 내에 완전히 해소되기는 어렵다.

연차가 늘어날수록 테스트 기간에 오류가 안 나오는 게 더 무서워요.

내 말에 몇몇 수강생들이 피식하고 웃었다. 농담 같지만 농담이 아니다. 테스트 기간 막바지에 다다를수록 모두가 미처 발견하지 못한 큰 오류가 있을까 봐 겁을 낸다. 분명한 건 오픈 이후에도 발견하지 못한 결함이 분명 나올 거라는 점이다. 그래서 오픈 이후에도 서비스가 정상적으로 작동되는지를 판단하고 관리하는 '안정화 기간'을 가진다. 프로젝트 구성원들이 다른 프로젝트에 바로 배정되지 않고 여전히 이 프로젝트에 집중할 수 있게 하는 것이다.

안정화 기간에 편안하게 지내려면 테스트 기간 내에 오류를 최대한 해결해야 한다. 하지만 일부 오류는 꼭 남는다. 오류를 알긴 알았으나 어떻게 해야 재현되는지 알 수가 없어서 남겨진 오류도 있고, 사소해서 우선순위는 낮지만 고치려면 시간이 걸려서 문제가 되는 것도 있다. 기능적으로 문제가 될 건 없는데 테스트하면서 알게 된 불편한 UI도 있을 수 있다. 경우에 따라서는 처음 생각보다 너무 많은 개발 작업이 필요해서 오픈 후에 다시 일정을 잡자고 넘어간 기능도 있을 수 있다. 서비스에 없어서는 안 될 중요한 기능이라면 오픈 전체를 늦추겠지만 그렇지 않다면 안정화 기간에 작업을 하기도 한다.

잔존 오류와 우선순위에서 밀린 기능 등등 오픈 후 안정화 기간의 업무를 정리하기 위해 가장 중요한 것은 기준이다. 서비스 기획자가 맨 처음 만드는 기획서는 100% 목표치일 수 있다. 협의를 하면서 조금 줄어들고 실제 프로젝트를 진행하면서 다시 조금 줄어든다. 몇 번의 협의 과정에서 기획자는 명확한 기준으로 합의를 이끌어내야 한다. 이때 MVP^{Minimum Viable Product}라는 개념이 중요하다.

MVP란 서비스 프로덕트가 지켜야 할 최소한의 기능 단위를 의미한다. 우리는 100%의 완성도를 원하지만 어쨌거나 이 정도까지만 개발되어도 서비스의 목적을 달성했다고 볼 수 있는 수준, 그러니까 전체 기능 목록에서 MVP에 해당하는 것은 60%일 수도 있고 20%일 수도 있다. 어떤 경우에는 100%가 필요할 수도 있다. 서비스에 따라 다르다.

MVP 수준까지는 결함 없이 완벽하게 구현되어야 오픈 일정을 맞출 수 있다. MVP를 기준으로 매일 회의에서 오류 상태를 점검하고 오픈 가능 여부를 체크하는 이유다.

서비스 이용 교육 또한 기획자의 일

서비스가 오픈되면 간단한 공지를 띄우거나 어떻게 이용하면 좋은지 화면에 표시해주는 튜토리얼Tutorial 화면을 추가해 이 새로운 서비스를 고객에게 소개한다. 고객 입장에서는 새로운 서비스를 이용할 때 큰 학습이 필요하지 않다. 진짜 문제는 내부 관리자다. 서비스를 운영하는 관리자에게는 공지만으로는 해결이 안 되는 지점이 있게 마련이다.

서비스는 고객이 보는 프론트 화면과 관리자가 보는 어드민 화면으로 구분된다. 내부 사용자(관리자)가 서비스를 제대로 사용하지 못한다면 서비스는 제대로 운영될 수가 없다. 그래서 서비스 오픈 즉시 운영이 가능하도록 오픈 전부터 관리자들을 교육해야 한다.

교육은 보통 매뉴얼 문서를 제공하고 시연을 하는 설명회로 이루어진다. 매뉴얼 문서는 앞으로 운영하게 될 서비스의 어드민 화면을 사용자의 이용 순서와 케이스별로 설명한 문서다. 생각보다 작성에 꽤 오랜 시간이 걸리므로 테스트 전후에 짬짬이 작성해두어야 한다. 쌀을 잘 씻어서 밥솥에 앉혔어도 기획자는 한시도 가만있을 수가 없다.

> 그냥 화면설계서를 전달해주면 되지 않나요? 거기 화면도 있고 설명도 있는데…

수강생 C의 질문이었다. 이미 많은 문서가 과제로 나가고 있어 부담스러웠던 것 같다. 하긴 틀린 말은 아니다. 화면설계서에는 모든 프로세스가 정리되어 있으니 그것만 잘 읽어도 분명 잘 이해할 수 있다.

> 화면설계서를 그대로 보여주기에는 문제가 있어요.

일단 화면설계서를 던져주면 제대로 읽는 관리자(현업부서)가 거의 없다. 과도한 정보가 담겨있는 탓이다. 어드민 화면을 써야 하는 관리자는 모든 이용자 케이스와 데이터에 구성, 화면의 로직, 인터랙션 방식 등 프로젝트 참여자나 알아야 하는 디테일한 정보에는 관심이 없다. 오로지 내가 원하는 목적을 위해 어드민 화면을 어떻게 쓰면 되는지가 궁금할 뿐이다. 이것이 과도한 정보를 걸어내고 관리자의 목적에 맞추어 매뉴얼을 다시 구성해야 하는 이유다. 그리고 가능하면 화면설계서보다는 이미 구현되어 테스트하고 있는 실제 화면을 캡처해서 만들어주는 것이 이해하기에 편하다. 사용 매뉴얼을 작성할 때는 몇 가지 원칙을 지켜서 만든다.

1. 매뉴얼 대상을 파악한다
팀이나 직무, 역할에 따라 매뉴얼이 구분될 수 있다.

2. 이용 순서와 설명 순서를 일치시킨다
번호만으로 따라할 수 있도록 구성한다.

3. FAQ를 만들어 마지막에 넣어라

오픈 후 예민한 시기에 전화를 피하려면 최대한 모든 질문을 예상하여 넣어둔다.

4. 오픈 콘텐츠 등록 일정을 확인시켜라

오픈 일자 전에 정상적으로 콘텐츠를 수급하고 채워넣을 수 있게 일정을 관리한다.

가능하면 관련 부서인 CS 부서 등에도 매뉴얼을 전달하여 고객에게 문의가 왔을 때 대응할 수 있도록 하면 좋다. 마지막으로 매뉴얼에 없는 오류신고나 이슈에 대해서는 기획자에게 연락이 오도록 해야 한다. 만약 개발부서의 연락처가 게재된다면 오픈 전후 예민한 개발 담당자가 괴로울 수 있다. 이용자들은 개선요청과 개인의 불만, 오류를 명확하게 구분하지 못한다. 기획자가 이런 상황을 정리하여 오류는 안정화 기간에 처리하고 개선사항은 추후 프로젝트에 포함시킬지 여부를 검토한다.

세상에 나온 서비스는 생명체와 같다. 수많은 이용자 사이에서 관계를 맺으며 흥망성쇠를 이루며 흘러간다. 이를 보면 기획자로서의 뿌듯함과 안타까움, 애증의 마음이 동시에 올라온다. 하지만 오픈하고 안정화 기간이 지나도 기획자는 서비스와 이별을 고할 수 없다. 자식이라고 해도 무방한 관계이기 때문이다.

결과에 쿨해지자

- '린'한 서비스 개선 -

> 자, 이제 정말 오픈까지 끝냈어요. 하지만 서비스 기획자에게는 일이 남았습니다.

기획 과정을 지나 험난한 개발과 테스트 과정을 거쳐 서비스가 오픈되면 기획자도 한시름 놓을 수 있다. 이 시기에 높은 확률로 아팠던 병이 나아지거나 반대로 긴장이 풀려 병이 나는 사람이 많다. 안정화 기간까지 참았다가 해외로 여행을 가는 동료도 있다.

하지만 기획자가 한번 맡은 서비스는 다른 프로젝트에 투입었어도 계속해서 신경을 써줘야 한다. 오픈하고 나면 끝인 듯싶지만 기획자 관점에서는 시작에 가깝다. 우리가 적용한 가설이 맞는지 검토하고 새로운 교훈을 얻어야 한다. 즉 '성찰'이 필요하다.

이를 위해서는 애초 기획 시점에서 과업목표^{KPI}를 명확히 설정하는 것이 중요하다. 요즘은 기술이 좋아져서 여러 가지 툴을 연결해놓으면 행동 데이터 분석을 쉽게 할 수 있지만, 정말 필요한 데이터는 1차 데이터가 아니라 특정한 생각을 가지고 추론하여 만들어진 2차, 3차 가공 데이터이다. 그런 데이터를 얻으려면 일정기간 동일한 기준의 데이터를 수집해두는 것이 필요하다. 그래야 오픈 전후의 차이를 확인하는 등 여러 방면으로 활용할 수 있다. 이런 성찰 과정은 서비스 방향성을 판단하는 데도 중요하고 앞으로의 서비스 개선을 위해서도 중요하다.

무언가를 개선하는 과정은 필연적으로 욕을 먹는다. 오랜 고민 끝에 기획을 하고 테스트까지 한 기획자는 바뀐 UX에 익숙한 상태지만, 사용자는 오픈되고 나서야 처음 서비스와 마주한 것이기 때문에 낯설기만 하다. 어떤 서비스의 이용방법에 대해 학습된 프로세스를 '멘탈 모델'이라고 부르는데, 사용자 입장에서는 갑작스럽게 멘탈 모델이 틀어져 반감이 생길 수 있다. 특히 국내 서비스의 사용자 리뷰는 변화에 대한 칭찬보다는 불만이 올라오는 경우가 많으므로 각오를 해야 한다.

사용자 경험이 자리를 잡고 수치적인 변화가 나타나려면 한두 달의 시간이 필요하다. 두세 번 이용하면서 반감이 사라질 즈음 수치적 변화가 일어난다. 이런 문제를 최소화하려면 기존 고객의 멘탈 모델을 잘 파악하여 큰 차이 없이 만들어야 하지만 원하는 개선 목표를 달성하기 어려울 수도 있으니 서비스 기획자로서 잘 판단해야 할 문제다.《나이키의 상대는 닌텐도다》라는 책에서 말하기를 닌텐도는 일부러 고객이 노력해야 습득할 수 있는 경험을 제공하여 개인의 몰입도를 높인다는 전략을 세운다고 한다. 이커머스에서는 사용자의 결제를 바로 유도해야 하기 때문에 이런 전략이 적합하지 않을 수 있지만 서비스에 따라 전략은 바뀔 수 있다.

> 그런데 서비스 방향성이 잘못 됐으면 어쩌죠?

취업을 준비 중인 수강생 G가 물었다. 아직 저질러본 적이 없기에 겪는 두

려움일 수 있다. 회사에서 만나는 대부분의 주니어 기획자들은 둘 중 하나다. 본인의 기획을 확신한 나머지 그럴 리 없다고 믿는 기획자, 아니면 개발자에게 문서를 넘기기도 전에 불안에 떠는 기획자. 사실 정답은 없다. 그걸 모르니까 A안과 B안을 모두 개발해서 효과적인 안을 고객 데이터로부터 확인하는 A/B 테스트를 하는 것이고, 그걸 모르니까 일단 맞다고 생각하는 것을 오픈해보는 것이다. 이런 개념을 린 'UX^Lean UX'라고 한다.

린 UX는 애자일과 많이 혼용되어 사용되지만 본질은 다르다. 애자일은 사상적인 면에 방점을 찍으며 구성원 모두가 평등하고 스프린트에 적극적으로 참여하는 속에서 서비스와 구성원 모두가 성장해가는 프로젝트 방법론에 가깝다. 반면 린 UX는 서비스 기획 관점에서 무엇이 옳고 그른지 알 수 없을 때 서비스의 핵심을 담아 빠르게 생산해 시장에서 테스트해본 후 더 나은 쪽으로 학습하고 방향을 설정하는 피봇팅^Pivoting을 강조한다. 두 가지 모두 빠른 시도를 강조하기 때문에 비슷하게 사용되지만 엄연히 다른 개념이다. 기획자에게는 애자일 방법론보다는 린 UX의 개념이 와 닿을 수밖에 없다.

린 UX의 핵심 키워드	애자일 방법론의 핵심 키워드
• 최소 구현 가능 프로덕트(MVP) • 퍼널 분석(Funnel Analysis) • A/B 테스트(A/B test) • 피봇팅(Pivot)	• 스프린트(Sprint) • PO(Product Owner) • 스크럼(Scrum) • 스크럼 마스터(Scrum Master) • 칸반 보드(Kanban) • 사용자 스토리/백로그(User Story/Backlog)

린 UX에서 강조하는 개념을 잘 받아들이려면 자신의 가설이 틀릴 수 있음을 항상 마음에 담아두어야 한다. 그것을 인정하고 빠르게 다시 시도하는 것이 중요하다. 물론 이런 부분은 자존심이 걸린 문제라서 쉽지만은 않다. 하지만 그

래야 서비스가 성장한다.

서비스 개선에 대한 의견을 제시할 때

> 기존 서비스 화면을 보니까 하나도 이해가 안 되고, 대체 왜 이렇게 만들었는지 모르겠더라고요.

개발자 출신 수강생 K는 요즘 입사 준비 중이라 기획 포트폴리오를 만들기에 한창이다. 가져온 문서를 보여주었는데 특정 앱에 대해서 첫 장부터 UI 지적질이 한창이다. 이것도 불편하고 저것도 불편하다며 개선안을 깨알같이 적었다. 불안했다. 그것을 읽을 사람들이 떠올라서였다. 남의 기획을 비난하기는 쉽다. 하지만 그것이 사람의 감정을 상하게 하는 것이라면 생각해볼 문제다.

전에도 비슷한 경험이 있었다. 사내에서 인턴 친구들이 과제 발표를 하는 날이었고 과제 내용은 기존 서비스에 대한 개선안이었다. 그런데 인턴의 이야기를 들을수록 묘하게 마음이 불편했다.

> 우리 회사 UI는 타사에 비해 불편해서 이렇게 바꾸는 게 고객에게 좋고…

선을 넘고 있었다. 이미 몇몇 선배의 표정이 살짝 굳어졌다. 얼마 전에 개선되어 오픈한 지 얼마 안 된 서비스였다. 결국 질의시간에 한 선배가 불편한 UI를 선택할 수밖에 없었던 이유를 설명해주었고 난 그 설명 속에서 선배의 상한 감정을 똑똑히 느낄 수 있었다. (아마 인턴은 못 느꼈겠지.)

비난과 의견은 한끝 차이다. 기획자가 서비스 개선에 대한 의견을 제시할 때는 절차가 필요하다. 특히 주니어 기획자라면 어딘가 있을 해당 서비스를 최초로 기획한 '엄마 기획자'들의 이유부터 들어볼 필요가 있다.

얼굴에 홍점이 난 아기를 보고 "저런, 아기 얼굴에 홍점이 있네."라고 했다고 해보자. 이 말을 들은 아이 엄마의 기분은 어떨까? 만약 어떤 병이나 사고로 아이 얼굴이 그렇게 된 거라면 이 말은 상처와 분노가 될 것이다. 기획에 있어 논쟁은 쿨해 보일지 모르지만 그것이 자신에게 날아온 화살이 된다면 전혀 쿨해지지 않는다. 무례하고 예의 없어 보인다. 다른 기획자를 존중해야 하는 것은 기본 중의 기본이다.

흔히 임원이나 팀장급은 신입에게서 살아있는 비난을 이끌어내려 한다. 서비스 개선 과제를 시스템에 대해 아무것도 모르는 인턴에게 주었다는 것 자체가 그런 시도다. 하지만 이런 과제는 기획자에게 미션을 부여하는 것과는 성질이 다르다. 그저 신입 사원의 서비스에 대한 관심도를 파악해보려는 것이거나 고객의 시선을 싼값에 파악하려는 것일 뿐이다. 그렇다면 제대로 된 서비스 개선 의견은 어떻게 내야 할까?

첫째, 먼저 기준을 설정해야 한다

해당 서비스에 대해 실제 사용자들이 생각하는 태도와 서비스 이용방식 등 우리가 진짜 바라봐야 하는 사용자의 기준을 먼저 잡아야 한다. 데이터나 인터뷰 등으로 원하는 사용자를 정할 수 있다. 그런 다음 기획의도와 어떤 점이 달라졌는지를 비교해야 한다. 그리고 나서 개선사항에 대해 의견을 내야 한다.

둘째, 히스토리 파악도 중요하다

이게 없다면 아무리 좋은 의견도 비난이 되어버린다. 히스토리를 알면 진짜 대안을 고민해볼 수 있다. 조건 없는 문제 해결은 존재하지 않기 때문이다. 사실 운영 기획에서는 개인의 능력보다 서비스의 히스토리를 얼마나 알고 있는가가 더 중요하다. 히스토리란 정책과 배경, 시스템적 한계, 사내 입장 차이로 인한 논쟁까지 포함된다. 비합리적으로 보이는 서비스도 탄생 과정을 알고 나면 오히려 그것이 합리적인 선택이었음을 알게 될 수도 있다. 히스토리를 고려하지 않은 의견이 인정받기 어려운 이유는 바로 여기에 있다.

기획의 산출물인 서비스는 살아 숨 쉬는 생명과 같다. 예상한 대로 되지도 않고 어떤 때는 처음 세운 가설이 전혀 중요하지 않을 때도 있다. 어쨌든 내가 기획한 서비스라도 객관적인 평가에는 쿨해져야 한다. 언제든 수정할 수 있다는 마음가짐이 중요하다. 물론 나는 어떠냐고 묻는다면 '노력하고 있습니다' 정도가 되겠다. 그래도 이것만은 분명하다. 서비스의 성장이 기획자의 자존심보다 중요하다.

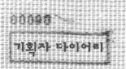
a day for me

*
date ....
list

끝까지 함께하는
나의 서비스

진행하던 프로젝트를 내어주고 다른 사람이 하던 프로젝트를 받아야 했던 때가 있다. 특별한 사건이 없는데도 나는 계속 화가 났다. 아무리 생각해도 모든 것이 마음에 들지 않았다. 마치 온 우주가 날 방해하는 것만 같은 기분이다.

내가 진행하던 프로젝트를 인수인계 받은 사람들의 회의 소리가 매일 조용하게 들려왔고, 우연히 전해들은 바에 의하면 애초의 기획과는 정말 많이 바뀌어 있었다. 내가 세운 가설들이 하나하나 부서지는 듯했다.

마음이 답답했다. 아무도 대놓고 그러지 않았지만 "이건 대체 왜 이렇게 해놨대?" 하며 어디선가 내 기획을 비난하는 듯한 말이 들리는 것 같았다. '나의 기획'이 '나 자신'을 의미하는 것이 아님에도 자존심이 흔들리는 기분이었다. 종이처럼 구깃구깃해졌다. 나에게 기획이란 그런 존재였다.

이어받게 된 프로젝트도 쉽지는 않았다. 나의 역량과 권한을 벗어나는 중요한 프로젝트였다. 덕분에 자유로운 생각의 기회도 제한적이었다. 기

기획자 다이어리

a day for me
*
date ....
list

획의 순서도 생각의 자유도 꽉 막힌 답답한 상황이어서 내가 만든 서비스지만 마음에 들지 않을 것만 같았다.

"아, 왜 이딴 걸 나한테 시키는 거야?"

내 것이 아닌 것만 같은 마음에 계속 집중하지 못했다. 나는 오픈할 때까지 이 낯선 프로젝트를 책임져야 되는 상황에 계속 화가 났다.

프로젝트 담당이 꼬이다 보면 '낳아준 엄마'와 '키워준 엄마'가 다를 수 있다. 두 엄마 사이의 신경전은 눈에 보이지 않게 일어난다. 서로의 기획관이 완전히 같을 수는 없기에 인수인계를 받았다고 해도 이견은 생기게 마련이다. 더 이상 발전시킬 수 없는 이전 담당 기획자는 뒤에서 멍하니 서비스가 바뀌어가는 모습을 봐야 하고, 이어받은 기획자도 자신이 완벽히 이해되는 형태로 바꾸기 전에는 일을 할 수 없는 상황이 되어버린다. 나쁜 사람은 하나도 없지만 속상한 사람은 생긴다.

머리로는 이해를 해도 이런 상황을 마주하게 되면 불쑥불쑥 정제되지 않는 감정과 마주하게 된다. 자신이 기획한 것에 관한 한 기획자의 미련과 욕심은 끝이 없기 때문이다. 이것은 기획자의 '자부심'이기도 하다.

하지만 한참이 지나고 나서야 깨달을 수 있었다. 중간에 떠나보낸 서비스도, 이어받은 서비스도 결국은 내 자식이었다.

a day for me
*
date ....
list

히스토리 관점에서 기획자와 서비스의 관계를 생각해보자. 하나의 서비스는 누구의 것인가. '낳은 기획자'도 '키운 기획자'도 모두 히스토리에서 벗어날 수 없다. 기획자가 밟아온 모든 과정 자체가 서비스의 히스토리가 된다. 그래서 둘 다에게 소중한 대상일 수밖에 없다.

내가 쏟은 애정의 양과 관계없이 내가 참여한 서비스는 계속 날 쫓아다닌다. 부모 자식 관계를 떼어놓을 수 없듯이 이 관계도 끊어지지 않는다. 때론 어렴풋하게만 기억나는 4~5년 전 잠깐 참여했던 서비스에 대해서도 문의를 받을 때가 있다. 히스토리를 뒤지다가 결국 나에게 도착하게 된 것이다. 갑자기 그 옛날이야기를 떠올리려니 기획서를 다시 보는 수밖에 없었다. 만약 생각의 흐름과 관점이 명확하게 정리되어있지 않다면 나 자신도 나의 예전 기획에 비난할 수밖에 없지 않을까?

결국 기획에는 책임감이 필요하다. 사고 쳐서 낳은 아이가 되지 않도록 사랑으로 낳고 사랑으로 키워야 한다. 모든 산출물이 시스템화되는 이곳에서 그 시스템에 의미를 불어넣는 과정은 그야말로 사랑이다. 대충 해치우지 말자. 내 분신과도 같은 내 서비스를. 아마도 누군가에게는 영원히 기억될 기획자의 히스토리 그 자체일 수도 있다.

대한민국
서비스 기획자는
위대하다

아마존, 페이스북, 구글, 알리바바, 텐센트, 에어비앤비, 우버…. 듣기만 해도 기획자의 가슴은 뜨거워진다. 우리에게 이들은 말 그대로 '유니콘'과도 같은 비현실적인 기업처럼 느껴졌다.

과거에도 해외 선진기업들은 국내 비즈니스맨에게는 동경의 대상이었다. 하지만 당시의 동경은 〈하버드 비즈니스 리뷰〉를 읽으면서 케이스 스터디를 할 때와 같은 이상적인 동경이었기에 그 기업에 입사하려 한다거나 그 기업과 비교하며 괴로움을 느끼지는 않았다. 하지만 오늘날의 서비스 기획자는 글로벌 온라인 서비스를 보면서 단순한 부러움을 넘어 열등감, 질투와 이를 넘어선 패배감까지 복잡한 감정을 느낀다.

절대다수의 사용자를 가지고 자유로운 환경에서 다양한 아이디어를 실현하는 절대 이길 수 없을 것 같은 그들, 하루에도 몇 개씩 등장한다는 유니콘 스타트업의 신화에도 유명한 기획자들은 빠지지 않고 등장한다. 전 세계인이 함께 쓰는 에세이 플랫폼 '미디엄Medium'에서도 수많은 성공신화 속에서 자신의 이름을 드러낸 기획자들의 이야기를 쉽게 접할 수 있다. 그럴 때면 어쩐지 부러움을 넘어 불안함까지 느껴진다. "해외 유학을 갔어야 했는데.", "기획자가 아니라 디자이너나 개발자가 되어서 글로벌 서비스를 하는 회사로 갔어야 했는데."라는 후회로 사무친다. 심지어 일을 하면 할수록 디자이너나 개발자처럼 해외로 이직할 수 없을 것만 같아 한숨만 나온다.

그렇다면 대한민국에서 '기획자'는 어떤 의미가 있으며 우리는 얼마나 오랫동안 살아남을 수 있는 것일까? 그리고 세계로 진출할 수는 없는 것인가?

최근 페이스북에서 근무하는 프로덕트 매니저의 특강에 참여한 적이 있다. 많은 한국 기획자들이 그들의 업무 스타일에 대해 질문을 했다. 들으면 들을수록 놀라웠던 점은 작성하는 문서와 환경은 다르지만 대체로 비슷한 업무를 하고 있다는 것이었다. 물론 완벽하게 같다고 하기에는 무리가 있지만 저기는 무려 페이스북이 아닌가! 일부만 비슷하다고 해도 우리가 느끼는 안심의 강도는 남달랐다.

미국보다 유니콘이 많다고 하는 중국도 미친가지다. 중국의 人人都是商品经理(모두가 프로덕트 매니저입니다 http://www.woshipm.com)라는 사이트에는 수많은 중국의 产品经理^{Product manager}들의 업무 이야기를 읽어볼 수 있다. 그들 역시 비즈니스 방향성에 대해, 화면설계서의 디스크립션에 대해 고민하고 개발자와의 소통방식에 대해 이야기한다.

전 세계 수많은 직업인이 직업적 에세이를 남긴다는 미디엄에서도 'Product manager'라는 키워드로 검색해보면 수많은 프로덕트 매니저의 경험담을 찾을 수 있다. 프로젝트를 준비하고 고객의 UX를 고민하는 동시에 회사의 비즈니스 모델에 적합한지를 판단한다. 그리고 이것이 기술적으로 가능한지 개발자와 디자이너와 함께 일을 한다. 데이터를 분석하고 개선하고자 하는 프로젝트의 논리를 만들어나간다.

　　이러한 유사성은 글로벌 교육 플랫폼인 'Udemy'에서도 찾아볼 수 있다(www.Udemy.com). Udemy에는 프로덕트 매니저들이 올려놓은 직무강의가 있다. 나 또한 2~3개의 강의를 구매하여 수강하였는데, 애플과 나사에서 근무한 프로덕트 매니저와 페이스북, 사운드클라우드 프로덕트 매니저의 이야기를 들을 수 있었다. 내가 느끼기에 기본적인 사상과 업무는 유사했다. 다만 국내보다 많은 의사결정권을 가진 것으로 보였고, 조직과 개발 프로세스가 애자일 프로세스에 기초했다는 것을 느낄 수 있었다. 그러나 그것은 방법론과 환경의 차이일 뿐 하는 일은 우리와 크게 다르지 않았다.

　　그렇다면 이렇게 유사한 업무를 하고 있음에도 개발자와 디자이너에 비해 기획자의 해외 진출이 많지 않은 이유는 무엇일까? 아마도 소통의 문제가 아닐까 싶다. 디자이너와 개발자는 그림과 개발언어라는 공통적인 산출물을 가지고 있다. 반면 기획자가 하는 업무는 소통이 많이 필요하고 문화적인 맥락에서 바라봐야 하는 일이 많다. 몇 년 새 국내 기업들은 국내 기획자들을 중심으로 서비스의 해외 진출을 많이 시도했는데, 현지 기획자를 채용하지 않는 이상 실패를 경험해야 했다. 그만큼 기획은 서비스 대상의 문화적 맥락과 작은 UX 차이를 이해하고 논의할 수 있어야 하는 직무다. 즉 업무적 유사함을 가지고 있음에도 고립된 것은 직업적 문제라기보다는 소통의 문제다.

해외 프로덕트 매니저나 국내 서비스 기획자의 업무 자체는 서비스를 기획하고 만드는 과정을 함께 한다는 점에서 충분히 비슷하다. 스트레스 넘치는 직업이라는 점에서도 말이다. 그렇다면 국내 서비스 기획자는 왜 그렇게 미래를 불안해할까?

여기서 우아한 형제들 김봉진 대표의 재치 있는 배달의 민족 브랜딩 이야기나 적자 속에서도 자신 있게 포부를 다지는 쿠팡 김범석 대표의 모습이 떠오른다. 아무리 훌륭한 서비스 기획자가 있다 해도 외부에 노출되지 않으면 아무도 모른다. 고객은 수익적인 면보다는 서비스의 사상과 가치를 먼저 본다. 다시말해 기획자의 대표성은 서비스의 사상과 가치를 외부에 이야기하는 것에서 시작된다.

아마존에서는 서비스를 글로 먼저 기획한다고 한다. 소위 '6page memo'라고 부른다. 글은 파워포인트 문서나 엑셀보다 해석과 논리가 중요하다. 논리적인 여섯 장의 기획문서에는 기승전결이 완벽하고 새로운 서비스의 정확한 청사진이 표현된다. 기획자에게는 여러 가지 능력이 요구되지만 그중에서 논리력이 가장 중요하다는 해석을 해볼 수 있다.

서비스 기획자로 롱런하려면 자신의 기획을 하나의 흐름으로 논리적으로 설명하고 그것을 충분히 드러낼 수 있어야 한다. 우리가 대한민국이란 작은 땅에서 서비스를 기획하고 있다는 것은 문제가 되지 않는다. 우리가 얼마나 고민하고 논리적으로 일하고 있는지 외부에 드러낼 기회가 없던 것이 문제일 수 있다. 미국이나 중국 기업에 유명 기획자들이 많아 보이는 것은 자신의 업무를 드러내는 문화적 성향 탓도 크다. 개인적인 역량은 우리 또한 뒤지지 않는다.

물론 조금씩 변화는 일어나고 있다. 미디엄과 유사한 국내 플랫폼 '브런치'에 수많은 국내 스타트업 기획자들이 서비스를 만드는 과정과 고민을 글로 풀어내고 있다. 이런 글들이 영어나 중국어로도 쓰인다면 어떨까? 지구 끝 먼 곳에서도 대한민국에서 일하는 기획자의 가능성을 충분히 알 수 있지 않을까? 이제는 우리가 하는 일을 좀 더 자신 있게 드러내야 할 때가 되었다고 생각한다. 이 책 또한 그런 보통의 대한민국 기획자로서 우리의 존재감을 보여주기 위한 노력의 일환이다. 한 명의 기획자가 겪는 경험은 제한적이기에 이 책 또한 개인의 경험에 의해 쓰인 부분이 더러 있지만, 이 경험이 서비스 기획자의 길을 걷기 시작하는 누군가에게 등대가 되었으면 한다. 기획자로서의 산출물인 서비스가 항상 최고의 결과를 가져오지 못할 수도 있다. 아직 현장에는 IT에 대한 지식이 없는 리더나 방어적인 개발자, 더 깊게 알고 싶어하지 않는 현업자들이 넘친다. 이미 구축된 시스템의 한계로 어이없는 프로세스를 선택해야 할 때도 있다. 그러므로 기획자로서 자존심 상하는 산출물에 고개를 숙일 필요는 없다. 모든 결정은 기획자가 단독으로 하는 것이 아니므로 자존감을 해칠 필요는 없다. 하지만 기획자조차 오너십을 가지지 않는다면 우리의 서비스는 누가 지킬 수 있을까?

일을 하면 피할 수 없는 이런저런 여러 가지 복잡한 마음이 아마도 책 속에 깊이 배어있지 않을까 싶다. 이게 진짜 대한민국의 평범한 기획자의 일하는 모습이고 우리는 그 일을 하고 있는 것뿐이다. 그래서 더 대견하다.

이 책은 5기수를 함께한 서비스 기획 스쿨 학생들의 수업 중에 있었던 에피소드 일부와 브런치에 연재해왔던 기획자로서의 에세이를 담고 있다. 누군가의 배움을 돕는다는 과정이 나에게 얼마나 큰 공부가 될 수 있는지를 다시 한 번 깨닫는 시간이었다. 부디 이 책을 읽은 이들이 자신의 날개를 펼쳐 대한민국 기획자가 얼마나 위대한지 만천하에 보여주면 좋겠다. 나도 계속해서 열심히 현장에서 노력할 것을 다짐한다. 대한민국 기획자도 위대하다.

Thank to.

드디어 대장정의 막이 내린다. 주말을 통째로 책 쓰기에 매진하는 와이프를 지켜봐주고 응원해준 남편 이건호 님과 바쁘다고 연락도 먼저 못하는 나를 이해해주는 사랑하는 가족들. 박보숙 여사님, 우리 혜준 언니와 형부, 시부모님께 감사하다는 말씀을 전하고 싶다. 그리고 주니어 기획자 시절부터 지금까지 성장할 수 있도록 기회와 용기를 주신 이종봉 팀장님과 임정선 수석님, 최근 가장 지독한 프로젝트에서 계속 의지가 되어주신 서호정 수석님, 본인은 전혀 모르겠지만 선배 기획자로서의 사명을 심어준 후배 노혜민에게 감사를 보낸다. 마지막으로 낯선 서비스 기획자라는 직군을 이해해주고 개론 위주의 이론서가 아닌 빡센 실무에 대한 책에 공감해주고 어설픈 원고가 책이 되어 세상에 나올 수 있도록 도와주신 초록비책공방 윤주용 대표님께 진심으로 감사드린다.

부록 1.
주니어 서비스 기획자라면
꼭 만들어야 할 IT 용어집

서비스 기획자로 처음 일하면서 힘들어하는 부분이 바로 생소한 IT 용어들이다. 사실 모든 회사가 모두 같은 어휘를 사용하지는 않는다. 해당 회사에서만 통하는 내부 언어들이 있게 마련이다. 똑같은 UI를 보면서도 회사마다 부르는 명칭이 다른 경우도 있다.

〈서비스 기획자는 개발을 얼마나 알아야 할까〉 꼭지에서도 말했듯이 이러한 용어는 외국어 배우듯 공부하는 것이 중요하다(p.276 참조). 인터넷을 찾고 개발자에게 물어가면서 개발 용어를 이해하고 이를 단어집처럼 정리해두면 업무를 하는 데 큰 도움이 된다.

다음 예시는 내가 실제 업무를 하면서 정리한 용어집으로 입사 5년차 즈음 작성한 문서다. 아직도 사내에서 신입사원들에게 전달되고 있는 문서다. 제일 중요한 부분은 실제 용례를 통해서 바로 업무에 활용할 수 있도록 하는 것에 있다. 그러려면 업무 현장에서 모르는 용어를 만날 때마다 기록해두는 것이 좋다. 이 예시를 참고로 자신만의 IT 용어집을 만들어보는 것을 추천한다.

구분	용어명	우리 회사에서 통용되는 설명	우리 회사에서의 실사용 용례
퍼블리싱	오버 효과	마우스 오버된 상태에서 나타나는 효과	'마우스 ON했을 때'라고 말하는 사람도 있다.
테스트	QC (Quality Controll)	테스트 진행 시 테스트를 전문적으로 진행하며 시스템 품질을 진행하는 사람	
테스트	QA (Quality Assurance)	시스템의 품질을 보장하기 위한 모든 제반적인 활동을 프로젝트 진행과정에서 담당하는 직무의 사람. 일부의 경우 QC와 동일한 의미로 사용된다.	
테스트	QE (Quality Engineer)	프로젝트 진행 과정에서 테스트를 안정적으로 하기 위해 테스트 케이스를 작성하는 프로그램이나 데이터를 전문적으로 다루는 사람	
테스트	크로스 브라우징	크롬, IE, safari 등 다양한 브라우저 환경에서 동일한 웹 화면을 테스트해보는 것	
테스트	OS 파편화	안드로이드나 ios가 폰 기종이나 해상도에 따라서 동일한 UI임에도 다르게 작동하거나 다르게 노출되는 현상	
인프라	WAS (Web Application Server)	하나의 웹페이지는 고객들이 몰릴 것을 대비해서 N개의 WAS 서버에 복사 저장됨	- 대형 프로젝트 테스트 시 WAS 서버를 나눠서 순차 배포 및 테스트를 반복 - 각 WAS 서버별로 호스트 세팅이 가능
인프라	ETL (Extract, transform, load)	하나의 DB에서 다른 DB로 데이터를 추출, 변형, 적재하는 것	- 커머스는 MySQL과 오라클을 동시에 쓰는 곳이 많음. 아마존의 경우에도 주문은 AWS에 오라클을 설치하여 사용한다고 함(들은 내용이라 확인 필요) - 요즘은 AWS로 전환이 많이 돼서 MogoDB나 DynamoDB를 사용하기도 함
인프라	오라클 DB	오라클을 사용한 DB, 보통 안전해야 하는 주문 후 뒷단에서 사용	
인프라	MySQL	MySQL을 사용한 DB, 보통 빠른 전시	최근 전시 쪽은 AWS를 활용한 DynamoDB(DDB)도 많이 사용됨
인프라	CDN (Contents Delivery Network)	내부 DB나 서버가 아니라 자주 사용되는 콘텐츠 정보를 접근이 빠른 분산된 서버에 데이터를 저장해서 사용자에게 전달하는 시스템	- image.XX.com은 CDN 사용하고 있어서 IP가 여러 개일 수 있음 - 테스트나 IP로 제어해야 할 서비스가 있는 경우 CDN 사용 서비스에 대해서는 유의 필요

인프라	스키마 (Scheme)	- 사전적 의미로는 어떤 것에 대한 정의 - DB Table Scheme : 테이블의 항목 값이 NUMBER인지 TEXT인지 글자 수 제한은 얼마인지 DBA가 만들어 놓은 기초 정의 - 모바일 앱 스키마 : 모바일 파라미터명 중 하나로 특정 앱을 구분하기 위해 사용	- 뭔가 개발을 요청했는데 개발자가 "그건 DB에 텍스트로 되어있어서 안 된다"고 한다면, 이건 DB 테이블 스키마가 Text라서 NUMBER 같은 코드로는 받아들이지 않는다는 의미 - 모바일 앱 관련 화면 기획을 하는데 특정 앱에서만 노출시켜야 한다고 하면 앱의 스키마 값을 이용할 수 있음
인프라	SVN	- 형상 소스 관리 툴의 이름 - 소스를 업로드할 때마다 버전이 채번되어서 롤백 시 유용	- 프로젝트 시 하나의 파일을 여러 개 발자가 동시에 수정할 경우 계속해서 수정하던 파일이 다시 옛날 오류로 돌아갈 경우 SVN에 업로드하여 버전 관리가 잘 되고 있는지 물어볼 필요가 있음 - 요즘은 Git을 많이 사용함
인프라	VPN (Virtual Private Network)	- 외부에서 내부 사설망의 네트워크에 접속하기 위해 필요한 보안 솔루션 - 외부에서 PRO에 접속할 경우 VPN ID/PASS를 발급받아서 접속	- 일부 외주 개발자가 외부에 있으면서 개발을 할 경우 제공해주기도 하지만 거의 그런 일은 없음 - VPN은 외부 서비스와 연결이 필요할 때 양사 간 네트워크에 VPN을 통한 접속이 필요할 수 있다.
인프라	DB 필드 (DB Field)	같은 종류의 의미를 갖는 데이터들을 저장하기 위한 항목	- 서비스를 위해 신규 값을 추가할 경우 필드 추가해야 한다는 얘기를 많이 함 - 주요 테이블에 필드를 추가할 경우 PM 작업까지 이루어질 수 있음
인프라	DB 테이블 (DB Table)	필드로 구성된 데이터의 집합체	대부분 신규 서비스를 만들거나 신규 데이터 구성체를 만들어야 할 경우 테이블 설계가 필요하다고 개발 PM분들이 피드백을 많이 줌
시스템	PMS	프로젝트 관리 도구의 통칭. 일부 솔루션 사에서 제공하는 어드민이 이런 이름일 때가 많다.	
마케팅	PV (Page View)	특정 페이지에 대해 페이지가 접속될 때마다 체크한 수	
마케팅	ARPU (Average Revenue Per User)	특정 기간 1명의 사용자가 지불한 평균 금액, '알푸'라고도 함.	
마케팅	객단가	1명의 사용자가 주문 시 결제하는 평균 금액	
마케팅	LTV (Live Time Value)	고객 생애 가치 지표. 신규 고객이 우리 서비스에 접속해서 이탈하기까지 전체 기간을 기준으로 했을 때 생산해낸 수익을 의미	

마케팅	CAC (Customer Acquisition Cost)	신규 고객 획득 비용. 1명의 고객을 우리 서비스로 유입시키기 위해 투입된 금액. 광고비에 1만 원을 써서 5명의 신규 사용자가 유입되었다면 CAC는 2,000원. 항상 LTV보다 낮게 유지해야 한다.	
마케팅	ASO (APP Store Optimzaition)	앱스토어 최적화. 앱스토어에서 자사 앱이 상위에 검색되도록 하는 최적화 작업	
마케팅	DAU (Daily Active User)	하루 간 이용하는 액티브 유저의 수	
마케팅	MAU (Montly Active User)	월 기준으로 이용하는 액티브 유저 수	
마케팅	UV (Unique View)	일정 기간 동안 중복 없이 체크한 유니크한 접속자 수	
마케팅	CPI (Cost Per Install)	1개의 앱을 설치하는 데 사용된 광고 비용	
마케팅	CVR (Conversion Rate)	전환율	
마케팅	Bounce Rate	이탈률	
마케팅	CPC (Cost per Click)	광고주가 배너가 클릭된 횟수에 따라 광고비를 지불하는 방식	
마케팅	CPM (Cost Per Mille)	1,000임프레션(노출) 단위로 카운트하여 배너 노출 횟수에 따라 광고비를 지불하는 방식	
마케팅	CTR (Click Through Ratio)	광고가 노출당 클릭되는 비율	
마케팅	EP(Engine Page) PCS(Price Copare System)	- EP는 가격비교와 같은 통합 검색엔진에서 운영하는 페이지에 상품정보를 전달할 때 사용되는 API를 의미한다. - PCS는 가격비교 서비스를 의미한다.	네이버, 다나와 가격비교 연동 등 제휴사별로 공통 규격이 없어서 제휴사에서 제공해주는 기준에 따라 연동 개발을 모두 새로 해야 함

마케팅	리타겟팅 마케팅	- 상품 상세를 볼 때 스크립트를 통해서 리타겟팅 마케팅을 하는 회사로 상품번호를 전달하고, 해당 마케팅사의 쿠키 파일에 해당 상품정보를 저장해놓은 뒤 해당 회사가 확보한 타사의 사이트에 있는 광고 영역에서 해당 상품을 재노출시키는 광고 프로그램 - 주문 완료, 장바구니, 상품 상세에 리타겟팅 마케팅을 할 상품의 스크립트를 삽입	- 대표적인 회사는 크리테오 - 구글 광고나 페이스북 광고는 수집된 데이터를 기반으로 한 추천이나, 리타겟팅 광고는 엄밀히 말하면 저장된 정보를 보여주는 방식에 해당한다.
마케팅	제휴 스크립트 (Affiliate Scripe)	리타겟팅 마케팅처럼 광고사에서 효율 측정 및 데이터 전달을 위해 삽입 요청한 스크립트	- 추천 스크립트, 이벤트 스크립트, 제휴처가 데이터 수집하기 위한 용도로도 삽입 - 내부 용도로 BIZ 스마트와 와이즈로그 등 BI 프로그램용도 삽입됨
디자인	딤(Deem), 딤처리	레이어 팝업이 노출될 때 뒷부분의 명암을 넣어서 레이어 팝업에만 집중하도록 한 형태	
디자인	보더(Border)	박스 영역의 테두리	"여기 이미지에 border가 들어가 있는데 이거 원래 이미지에 들어가 있는 건가요?"라고 묻는다면, 이미지 자체에 테두리가 포함되어있는지를 묻는 것
기획	WBS (Work Breakdown Structure)	작업 분할 구조라고 하며 프로젝트에서 수행해야 하는 활동 기준으로 작업들을 계층화, 상세화하여 프로젝트 범위를 분류하는 것으로 주로 간트 차트가 쓰이며 애자일 방법론에서는 칸반보드로 대체되기도 한다.	
기획	RFP (Request for Proposal)	- 제안요청서로서 SI나 웹에이전시에 프로젝트 구축 요청 시 발행하는 문서 - 프로젝트에 제안 받을 내용이나 프로젝트 요구사항이 들어있으며 이를 바탕으로 각 수행사에게서 제안서를 받아서 비딩을 진행하여 수행사를 선발한다.	수행사가 "이거 RFP에 없었잖아요."라고 말한다면 해당 업무가 계약된 범주를 넘어선다는 의미로 이 부분에 대해서는 조율이 필요하다.
기획	와이어프레임 (Wireframe)	화면 레이아웃을 2차원 그림으로 설명한 것으로 서비스의 흐름이나 UX/UI 설계 정보를 전달하기 위한 그림(컬러와 이미지를 제외)	
기획	스토리보드 (Storyboard, SB, 화면설계서)	- 기획문서로 와이어프레임의 기능정의, 디자인 레이아웃, 화면구성과 각 케이스별 예외정보 및 기본적인 화면의 로직이나 프로세스 등 구축에 필요한 모든 정보를 담은 문서. - 크게 화면정보(와이어프레임 또는 목업)와 디스크립션 영역으로 구성되며 화면번호가 있을 경우 IA나 정책도 포함한다.	

기획	IA (Information Architecture)	정보설계. 화면 간의 계층 관계를 표시하여 정보 목록화시킨 화면 목록, 화면의 일련번호를 포함. 주로 엑셀을 이용하여 사이트 맵을 Depth로 표시	
기획	댑스 (Depth)	- 정보 계층의 깊이를 의미 - Depth가 높다고 할수록 고객이 더 쉽게 접근할 수 있고, Depth가 낮다고 할수록 접근하기 위해서는 더 많은 절차를 거쳐야 한다.	
기획	목업 (Mock-up)	화면을 실제 디자인이 입혀진 것처럼 구성한 형태로 와이어프레임을 실제 이미지와 콘텐츠를 담아서 유사하게 만든 것을 의미한다. 주로 2D로 구성하거나 종이로 인쇄하여 동작들을 수동으로 움직여서 페이퍼 목업으로 사용성 테스트에 사용하기도 한다.	
기획	프로토타입 (Prototype)	- 미완성 버전 또는 주요 기능만을 구현한 시스템의 초기 모델 - 프로토타이핑 툴을 이용하여 실제와 유사하게 동작하는 시뮬레이션용 화면	
기획	플로우차트 (Flow Chart)	과업 순서에 따라서 플로우를 그려놓은 순서도	
기획	요구사항 정의서	개발이나 수행사에 전달하기 위한 요구사항 정의 목록	
개발	SI (System Intergration)	SI 업체라고 하면 신규 시스템을 구축하는 업무를 주로 하는 업체를 의미	
개발	에이전시	기획이나 디자인을 전문적으로 수행하는 외주 업체를 의미	
개발	SM (System Management)	SM 업체라고 하면 기존 구축된 시스템의 유지보수를 대행하는 업체를 의미	
개발	HTML5	웹문서 제작을 위한 마크업 언어로 하위버전인 HTML에 비해 별도의 플러그인이 없이도 화려하고 동적인 효과를 구현한다.	
개발	JQuery	JavaScript의 라이브러리 중 하나로 자주 사용되는 인기 패키지를 묶어서 만들어놓은 것이며 오픈 소프트웨어로 개발자들이 많이 사용	
개발	자바 (Java)	JavaScript는 클라이언트 사이드의 언어이고, Java는 서버 사이드의 언어	

개발	텐서플로우 (Tensor Flow)	- 구글에서 배포한 머신러닝을 위한 오픈소스 라이브러리 - 파이썬과 세트다.	
개발	파이썬 (Python)	프로그래밍 언어 중 하나로 초심자들 이 접근하기 쉬운 언어로 유명하나, 머 신러닝과 텐서플로우의 유행으로 함 께 대세가 되고 있음	
개발	미디어 쿼리 (Media Query)	- 반응형 웹 혹은 적응형 웹을 구현 하기 위해 해상도별로 설정해놓은 CSS 속성 - 반응형 웹을 구상할 때 웹브라우저 의 width 값에 따라서 UI가 변경되 도록 구성하므로, 그 변경이 되는 기 준과 변경되는 CSS에 대해서 저장 한 것이 미디어쿼리이다.	
개발	API (Application Programming Interface)	- 하나의 문장으로 된 전문 형태로 데 이터를 주고받는 연결 방식 - 자수단위, 혹은 특정 문자 단위로 끊 어서 데이터를 주고 받는다.	API는 실전화처럼 생각할 수 있다. 서 로의 시스템이 주고받을 때 중간에 전 달이 끊기거나 유실되면 정상적으로 전달이 되지 않는다. 그래서 API는 전 달했을 때 상대방이 OK하고 피드백 값을 주도록 되어있다.
개발	OPEN API	- 공개되어있어서 누구나 활용 가능 한 API - Open API 제공자가 정해준 형식은 보통 가이드로 공유되며 그에 따라 서 개발이 필요	페이스북 연동 API, 카카오톡 연동 API, 네이버 지도 API
개발	null	데이터가 빈 값일 경우에 나타나 는 용어	
개발	NA	결과가 확인되지 않을 때, 확인 불가 상태	개발에 결함 신고를 했는데 N/A라고 처리를 못하겠다고 하면, 정확한 오류 상황 및 케이스가 확인되지 않아서 처 리하기 어렵다는 의미이다. 똑같은 상 황을 정확하게 재현해서 개발부서에 제시해야 한다.
개발	세션 (Session)	접속이 되어있다는 의미로 사용 예: 서비스에 유저가 접속했다 = 세션 이 열렸다.	HOST 변경 후 세션 연결 없이 깔끔하 게 IE를 호출해서 테스트하려면 IE 설 정에서 바로 가기 주소에 '-nomerge' 를 추가하면 된다.
개발	HOST 설정했 어요?	- Host name을 지정해서 특정 도메 인을 특정 IP로 접속하도록 세팅하 는 것 - 보통 고객들이 접속하는 IP와 다른 테스트 서버에 동일 도메인으로 접 속할 때 사용한다.	- 테스트 시 변경된 IP로 정상적으로 접 속됐는지 확인하기 위한 야매 방법 - 네트워크 연결이 잘 되었는지 보기 위한 ping 테스트를 하면 해당 도메 인에 연결된 IP를 역으로 볼 수 있 다(사실 ping테스트는 속도를 보기 위한 것이다. 시작-cmd에서 작동 시킨다).

개발	프로시저 (Procedure)	특정 기능을 작동시키기 위해 동작하는 일련의 프로그램 전체를 지칭	- 주문 프로시져라고 하면 주문번호를 생성하고 주문 데이터를 쌓는 그 모든 과정을 하나의 모듈화시켜둠. - 개발에서 프로시저를 건드려야 된다고 이야기하면서 표정이 어두울 경우 관련 영향받는 범위가 넓을 수 있으므로 동일 프로시저를 사용하는 영향 범위를 꼭 체크해봐야 함
개발	펑션 (Funcition)	공통의 화면상의 기능을 function명으로 지정해놓고 여러 화면에서 호출해서 사용	- PC화면에서 상품 상세 링크를 확인 시 Javascript:fn_goodsCheckAdult와 같이 펑션명 뒤에 펑션값을 입력하면 상품 상세로 이동. - 만약에 오류가 나서 원인 파악을 했는데 "펑션명이 겹쳤었어요."라고 한다면 서로 기능이 다른 두 펑션이 이름이 동일해서 문제가 생겼었다는 의미다. 어디에서 사용하는지 다 모를 때는 검토해보고 수정해야 한다.
개발	배치 (Batch)	- 실시간 처리가 아니라 시간을 두고 일괄로 특정 시간표에 맞춰서 작동시키는 방식 - 실시간 처리 시 부하가 많을 것으로 예상되는 경우 배치 방식을 많이 사용	출고지시의 경우 실시간 처리를 하지 않고 모아놨다가 15분 간격으로 Batch 처리
개발	JSP (JAVA Server Pages)	HTML 내에 자바 코드를 삽입하여 웹서버에서 동적으로 웹페이지를 생성, 웹브라우저에 돌려주는 언어.	우리 회사에서는 수정 및 개발 시 전형적인 인프라팀의 형상 기억 배포 프로세스가 필요하다.
개발	CSS (Cascading Style Sheets)	- 웹 문서의 전반적인 스타일을 미리 저장해놓은 스타일시트 - 주로 통합적인 텍스트 사이즈나 컬러, 규격 등 UI적인 면에 영향을 준다.	- 화면기능은 멀쩡한데 화면이 틀어져 보일 경우 CSS만 수정해서 정상화시킬 가능성이 높다. - 단, 일부 CSS의 경우 파일로 분리되지 않고 JSP 파일 안에 직접 작성되어 들어가 있을 수 있다. 그럴 경우 퍼블리싱에서 처리가 어렵다고 알려주기도 한다.
개발	SDK (Software Development Kit)	- 소프트웨어 개발 키트 - 네이티브 앱을 개발하기 위해 안드로이드, ios에서 제공하는 기본 소스 - 네이티브 앱에 특정 기능을 심기 위해 삽입하는 파일	마케팅 제휴에서 광고대행사에서 받았다고 앱에다 SDK를 넣어야 한다고 요청할 경우에는 위험 여부에 대한 IT 검토가 있어야 하고, SDK를 통해서 데이터를 전달할 경우, 정보보호의 문제나 테스트 방법에 대한 문제도 체크해야 한다.
개발	APK (Android Application Package)	안드로이드 앱을 설치하기 위해 직접 다운로드받는 파일 확장자	앱을 테스트할 때는 각 APK를 테스트용 서버용으로 따로 빌드해서 배포한다.

개발	파라미터 (Parameter)	- URL에 &○○○= 의 방식으로 정의 된 값 - 개발적인 의미로는 특정 조건을 설정 하기 위한 값이라고 생각할 수 있다.	
개발	스크립트 (Script)	- 프로그램 언어로 작성한 명령어 의 통칭 - 스크립트 오류가 발생할 경우 기능 동작 작동이 정상적으로 이루어지 지 않는 경우가 있으며, 크롬에서 [F12] 키를 눌러서 Network 혹은 Console 부분 체크 시 스크립트 오 류를 확인할 수 있다.	
개발	UDID (Univerally Device Idenrifier)	- 주로 스마트폰 디바이스별로 가지고 있는 고유의 값 - 개인정보로 보기 때문에 직접 UDID 수집은 불가하다. - UDID 대용으로 각 사이트가 발급하 여 고유 디바이스를 구분해낼 수 있 는 디바이스별 일련 번호	
개발	쿼리 (Query)	- DB에 있는 데이터를 질의하는 방 법이다. - DB에 있는 데이터에 인덱스가 있는 컬럼이라면 인덱스 기준으로 조회되 나, 인덱스가 없는 컬럼은 없는 대로 조회된다. 단, 인덱스가 있는 경우 데 이터 조회 속도가 상승하나 데이터 가 정렬이 잘 되어있어야 해서 데이 터의 입력, 수정, 삭제가 잦을 경우 DB에 부하를 높일 수 있다. - 화면상에서 DB를 불러오는 쿼리를 만들 경우, 쿼리의 성능에 따라 화 면 전체의 로딩 속도와 작동에 문제 가 생길 수 있다(신규 쿼리는 DBA의 검토가 필요).	개발자가 "쿼리 검수 맡겼는데 퇴짜 맞았어요."라고 한다면 쿼리가 DB 호 출 시 부하를 일으키는 구조로 짜여 있 거나 DB 테이블에서 호출하기 좋은 데이터가 아니라 이중삼중으로 연결 해서 불러오는 데이터라서 무리하다 는 의미이다.
개발	타임아웃 (Timeout)	쿼리 혹은 API로 데이터를 호출 시 일 정 시간 내에 답변이 오지 않을 경우 를 말한다.	타임아웃은 주는 쪽 혹은 받는 쪽에서 일부러 설정해놓는 경우이다. "여기에서 호출한게 답이 안와서 뻗 는 거에요."라는 말을 들으면 "타임아 웃을 넣을 수는 없나요?"라고 물어볼 수도 있다. 반대로 우리가 아니라 호 출한 대상 쪽에서 타임아웃이 있는 경 우에는 타임아웃을 당했을 때 화면상 의 안내 등의 예외처리도 가능한지 물 어봐야 한다.
개발	이클립스 (Eclipse)	JAVA 개발용 프로그램의 이름	"이클립스가 갑자기 안 되요."라든가 "이클립스가 먹통이 됐어요." 등의 문 구로 밖에 들을 일 없음

개발	세션 스토리지	- 브라우저 종료 시 자동 삭제되는 저장 데이터 - 세션이 종료되면 날아간다.	크롬에서 [F12] 키를 누르고 [Application]-[Strage]-[Session Strage]에서 조회 가능
개발	쿠키 (Cookie)	- 웹을 기반으로 저장되는 인터넷 임시파일. 대략 15~30일 사이면 쿠키 파일이 초기화된다. - 텍스트 형태로만 저장되며 cookie 파일을 이용한 서비스가 과도할 경우 쿠키 파일이 꽉 차서 오류가 발생하기도 한다. - 웹을 기반으로 하기 때문에 http와 https로 연결된 프로토콜이 다를 경우 각각 따로 쿠키가 생성된다.	- 디바이스별로 쿠키 파일이 다르기 때문에 동일한 값이 보이지 않는다. - 화면을 수정 배포 후 [Ctrl]+[F5] 키를 눌러도 제대로 보이지 않을 경우 쿠키 삭제 후 재접속해봐야 한다. - 크롬에서 [F12] 키를 누르고 [Application]-[storage]-[Cookies]에서 조회 가능
개발	로컬 스토리지 = 웹 스토리지	- 모바일 웹에서 쿠키와 유사한 방식으로 만들어놓은 저장 데이터 - 대부분의 jsp 파일 혹은 이미지의 경우 1회 로딩 시 로컬 스토리지에 저장되며 이름이 동일할 경우 기존에 저장된 파일을 불러온다. - 자동 삭제 주기는 대략 24시간 단위이나 분명치 않다.	- 때문에 모바일에서 기존 JSP나 CSS에 소스 수정이 있을 경우 대부분 파일명을 날짜 등으로 변경하여 등록하고, 코너에서 이미지만 수정했는데 모바일 앱에서 변화된 이미지로 보이지 않는 경우는 파일명이 같기 때문이다. - 모바일에서 최근 본 상품코드와 고객명, 기존 검색어 등 저장 - 크롬에서 [F12] 키를 누르고 [Application]-[storage]-[Local Strage]에서 조회 가능
개발	셀렉트 (Select)	개발에서 특정 조건에 맞는 데이터를 찾아내는 명령어	이런 대상이 있는지 긴가민가할 때 개발자에게 가서 찾아달라고 조르고 화면을 뚫어지게 쳐다보면 select 후에 테이블을 지정하고, 조건값(IF, else, OR 등을 사용)을 쓴 후 [Enter] 키를 치면, 개수 혹은 해당하는 주문번호나 ID 리스트 등 결과값이 노출되는 걸 볼 수 있다.
개발	Orage	DB 조회 및 설계 프로그램	우리 회사의 경우, 대부분의 개발자가 DB 접근 권한이 막혀 있고 설치도 해주지 않음. "저는 권한이 없어서 못봐요."라든가 "Orage 설치가 안 되서 못 봐요."라는 말을 들을 수 있음
개발	데이터 마이그레이션	기존의 DB를 새로운 형식으로 데이터를 변환처리하는 것.	신규 개발로 컬럼이 추가되거나 기존 DB 컬럼의 용도가 바뀌어서 기존의 모든 데이터를 수정 처리해야 할 때 데이터 마이그레이션이라고 지칭한다.
개발	소스 머징 (Source Merging)	- 각기 다른 개발 소스를 합치는 업무 - 동일한 화면에 대하여 두 가지 이상 수정이 일어났을 경우, 하나의 파일로 소스를 합치는 작업을 의미한다.	프로젝트 단위로 업무를 진행할 때, 운영에서 운영하는 소스와 프로젝트에서 개발하는 소스를 합치는 작업을 "소스머징한다."라고 한다.
UI	GNB (Global Navigation Bar)	PC 화면에서 주로 사용되는 방식으로, 어느 페이지에 보여지는 상단에서 펼쳐지는 네비게이션 시스템.	

개발	소스 프리징	대형 개발건으로 인해 잔잔한 변경 사항을 소스 머징하기 어려울 경우 소스를 수정 배포하는 운영 개발을 중단하는 기간을 의미한다.	소스 프리징 기간에는 대부분 N개의 프로젝트나 운영 소스 간의 소스 머징과 테스트 기간인 경우가 많다.
개발	다운타임 (Downtime)	- 서비스가 제공이 불가하여 서비스가 내려가 있는 시간을 뜻한다. - 영향도가 많은 대형 프로젝트의 배포를 위해 사이트를 일시적으로 사용하지 못하도록 내리는 것이다.	- 서버 다운타임 : 서버가 먹통인 시간. - DB 다운타임 : DB 조회가 먹통이었던 시간. - 서비스 다운타임 : 서버든, DB든 뭔가 작업을 위해 고객이 서비스에 접근하지 못하도록 막아놓은 시간
UI	LNB (Local Navigation Bar)	PC 화면에서 주로 사용되는 방식으로 특정 페이지에서 동일하거나 더 하위 depth 페이지로 이동하기 위해서 사용되는 왼쪽에 위치한 하이퍼링크 메뉴 리스트	
UI	SS (Sky Scraper)	PC 화면에서 주로 사용되는 방식으로 스크롤에 따라 이동하며 항상 같은 자리에 위치하는 네비게이션 혹은 배너 영역. 주로 오른쪽에 위치하며 '둥둥이'라고 하기도 한다.	
UI	FNB (Foot Navigation Bar)	화면의 하단에 고정적으로 노출되는 하단 메뉴. 주소, 카피라이팅 등이 있는 영역	
UI	헤더 (Header)	일반적으로 웹사이트 상단에 노출되는 영역으로 로고나 햄버거 메뉴, GNB가 포함된다.	
UI	푸터 (Footer)	일반적으로 웹사이트 하단에 노출되는 영역으로 회사 정보나 사업자 정보 등이 포함된다.	
UI	네이티브 앱	안드로이드나 ios에서 제공되는 SDK를 이용하여 제작한 앱	
UI	하이브리드 앱	네이티드 앱과 웹뷰를 이용하여 웹이 일부 사용되어 제작한 앱	
UI	브라우저	웹을 표현하는 웹뷰 화면. 기본적으로 Ios의 safari나 안드로이드의 크롬을 말한다.	
UI	반응형 웹	모든 해상도 혹은 특정한 기준에 맞추어 콘텐츠의 사이즈가 변경되거나 위치를 이동하여 화면을 구성하는 웹으로 화면을 새로 불러오지 않고도 브라우저의 사이즈에 반응하는 웹	
UI	Drawer	모바일상에서 PC의 GNB처럼 사용되는 메뉴 영역으로 한쪽 면에서 덮이듯이 노출된다.	

UI	적응형 웹	- 가로나 세로의 특정 해상도를 기준으로 크거나 작을 때의 모습을 정해 놓고 이에 맞춰서 화면의 모습을 몇 가지 형태로 나누어 만들어놓은 웹. - 반응형 웹에 비하여 해상도에 맞추어 각각 디자인되어 애매한 해상도에서도 어색한 영역이 적은 편인 경우가 많다.
UI	레이어 (Layer)	평면 화면 내에서 Z값이 더 높이에 있어서 다른 영역을 덮는 형태의 영역. 웹과 앱에서 모두 동일한 용어를 사용한다. 웹에서는 주로 팝업창과 대응하여 기존 브라우저 내에서 팝업창을 대용해서 사용하는 개념으로 사용된다.
UI	팝업 (Window Popup)	PC에서 주로 사용되는 개념으로 IE에서 새로운 윈도우로 열리는 작은 창을 의미한다.
UI	얼럿 (Alert)	특정한 경우에 호출되는 안내 메시지로 안내문구와 [확인] 버튼으로 이루어져 있다.
UI	컨펌창 (Confirm)	특정한 경우에 호출되는 선택용 메시지로 안내문구와 이에 대한 [확인]과 [취소] 버튼으로 이루어져 있다. 보통 [확인]은 안내 내용에 대한 컨펌을 의미한다.
UI	셀렉트 박스 (Select Box)	드롭 다운(Drop Down) 메뉴라고도 하며 화살표를 누르고 목록을 선택하는 UI
UI	입력 폼 (Form)	글씨를 입력하도록 하는 UI
UI	라디오 버튼 (Radio Button)	선택 시 동그라미가 까맣게 변하는 형태로 N개 중 1개만 사용 가능할 때 사용
UI	체크 박스 (Check Box)	N개를 동시에 선택가능할 때 사용하는 네모에 선택 시 체크가 되는 형태
UI	햄버거 버튼	모바일에서 사용되는 석삼(三)처럼 생긴 drawer 메뉴 호출 버튼

부록 2.
서비스 기획자의 역량을
파악해내는 실무 면접 질문

서비스 기획 스쿨에서는 12주차가 끝나면 실무면접에 대한 대비를 해주는 특강을 진행한다. 실무면접이란 보통의 인성면접과 달리 해당 직무에 대한 적합성을 보는 면접으로 면접관은 보통 해당 회사에서 서비스 기획을 하는 팀장이나 선임인 경우가 많다.

경력과 신입으로 입사한 사람들에게 물어가며 면접 질문 리스트를 만들어서 모의면접을 실시하고 개별로 피드백과 개선할 점을 1:1로 코칭해주는데 12주간 서로 많은 대화를 나눈 사람들일수록 같이 일하고 싶은 기획자로서의 강점을 찾아주기가 쉬웠다.

이 책을 읽는 분들도 다음 질문에 대한 답변과 의도를 읽어보고, 자신의 답을 고민해보면 좋을 것 같아 내용을 수록한다.

> ## 우리 회사(면접 보는 회사)에서 좋아하는 서비스는
> ## 무엇이며 어떻게 개선하고 싶나요?

서비스 이해도에 대한 질문이다. 자사 서비스에 대해 써보지도 않은 사람을 뽑을 회사는 많지 않다. 많이 써본 사람은 서비스를 보는 눈이 다를 수밖에 없다. 그러므로 꼼꼼하게 분석해가는 것은 분명 중요하다. 하지만 마음에 안 드는 부분에 대해 심하게 비판한다면 듣고 있는 면접관의 기분이 상할 수 있다. 회사의 전략과 서비스의 목표에 대해 파악했다는 것을 이 질문에서 드러내야 한다. 경쟁사와 비교하는 것은 바람직하며 개선하고 싶은 부분에 대해서는 자신의 관심과 흥미를 강조하며 의견을 개진하는 것이 좋다.

> ## 진행했던 프로젝트에서 자신의 기여도는 얼마나 되며
> ## 진행 시 어려웠던 점, 일하면서 중요시했던 부분은 무엇인가?

직무 경험과 직무 역량에 관해 묻는질문이다. 프로젝트는 실전이다. 모든 프로젝트는 체계적인 일정과 순간순간 일어나는 일들에 대한 긴급대응이 필요하다. 이 질문은 꼬리에 꼬리를 물고 이어지면서 실전에 얼마나 강한 사람인지 그리고 프로젝트에 적합한 사람인지 파악할 수 있다. 서비스 기획자는 프로젝트에서 리딩을 하면서 스스로 일을 찾아서 해낼 수 있고 이슈가 발생했을 때 협력을 통해서 원만히 해결해낼 수 있는 사람이어야 한다. 카리스마형, 설득형 등 여러 가지 리더십의 형태 중 태도적인 면에서 해당 회사와 적합한지를 파악하기 위해 묻는 질문이기도 하다. 웹/앱에 관련된 프로젝트를 진행해봤다면 좋겠지만 그런 경험이 없는 경우 팀플처럼 단기간에 사람들이 협력하여 산출물을 낸 경험을 프로젝트 예시로 설명할 수 있을 것이다. 업무와

관련한 경험이 없다고 해서 대답을 피하지 않도록 하자. 그것이 당신의 업무 적응력을 가늠할 수 있게 면접관을 돕는 길이다.

> **진행하고 있는 프로젝트에서**
> **프로젝트 개발자가 요청한 기획 방향에 동의하지 않고,**
> **처음 요청한 부서에서의 의견과 정반대되는 의견을 내고 있습니다.**
> **이럴 때 프로젝트 PM으로서 어떻게 대응하겠습니까?**

프로젝트를 기획하는 과정에서 의사결정이 필요한 순간 우선순위를 잘 구분하여 협업자들과 원만하게 협의할 수 있는지 태도적인 부분을 질의하는 질문이다. 서비스 기획자가 아니더라도 일을 하면서 협업자를 대하는 태도가 드러나게 되어있으며, 회사의 전략에 대한 태도적인 부분도 볼 수 있는 유용한 질문이다. 서비스 기획자가 요청자(현업부서)의 의견만을 받아들여 협업자(개발자, 디자이너 등)에게 갑질하는 것도 문제가 있고 반대로 요청자의 요청사항을 완전히 무시하는 것도 문제가 있으므로 자신의 판단 기준을 잘 정리해서 말하는 것이 중요하다.

> **만약 아이나 할머니에게 자신의 직무에 대해**
> **설명한다면 어떻게 설명할 건가요?**

서비스 기획자라는 직무는 아직 그 역사가 짧고 교육하기가 쉽지 않은 직군이다. 그래서 여전히 수많은 기획자 꿈나무들은 단순히 UI를 설계하여 상상의 나래를 펼치는 직무라고 착각하기도 한다. 이 질문은 IT 서비스를 설계함에 있어 서비스 기획자의 업무를 제대로 이해하고 있는지를 묻는 질문이다. UI적인 UX 이야기나 서비스를 상상하는 것에 너무 초점을 맞추지 말고 프로젝트 진행이나 실제 구현 가능한 기술에 대한 이해, 비즈니스적인 부분에 대해 언급하도록 하자. 비슷한 질문으로 "백오피스와 백엔드의 다른 점이 뭔지 아시나요?"처럼 UI를 벗어나는 부분에 대한 이해도를 직접적으로 묻는 경우도 있다.

> **기획자로서 자신의 강점은 무엇이며**
> **단점은 무엇이라고 생각하나요?**
> **그리고 어떻게 보완해나갈 생각인가요?**

모든 기획자에게는 캐릭터가 있다. 어떤 기획자는 조용하고 신중하게 일을 처리하고, 어떤 사람은 협업자들과 허물없는 관계를 통해서 진행한다. 또 어떤 사람은 즐거운 분위기를 잘 띄우면서 일을 한다. 본인은 어떤 캐릭터의 기획자인지, 그리고 그 캐릭터가 어떻게 좋은 방향으로 작용할 수 있는지 답할 수 있어야 한다. 면접 중 가장 기본적인 질문이다. 단점도 장점이 되는 마법을 준비할 필요가 있다.